Our City Fukuoka

新修 福岡市史
ブックレット・シリーズ❶

わたしたちの
福岡市

………歴史とくらし………

刊行のごあいさつ

令和 3 (2021) 年 3 月　福岡市長　髙島宗一郎

　福岡市は、大陸とのつながりが深く、歴史的に見ても、志賀島を拠点として海人・安曇族が活動した時代や中世博多商人の時代のように、人や物が交流することによって、多様性を受け入れながら拠点都市として発展してきました。現代においても、アジアをはじめ、世界中から多様な方々が来訪し、さまざまな交流が都市の活力の源となっています。現在、福岡市では、こうした歴史的・文化的背景を踏まえ、「人と環境と都市活力の調和がとれたアジアのリーダー都市」を目指したさまざまなチャレンジ「FUKUOKA NEXT」に取り組んでいます。

　未来への挑戦を続ける中で、原始以降の歴史を、学問的裏付けを持ち、体系的に著すことを目指す『新修 福岡市史』刊行は、重要な取り組みと考えています。なぜなら、歴史を振り返ることは、福岡という都市の今を知るための作業であり、また、この先向かうべき方向性を考える際のベースとなりうるからです。私は、歴史というものは、現在、そして未来のまちづくりに活かすことができると信じています。

　今回から、刊行を開始する「新修 福岡市史 ブックレット・シリーズ」は、「昔々、こんなことがありました」だけでは終わらない、未来の福岡を考えるきっかけとなるような本を目指します。今後、地域や時代など様々な切り口で福岡市の歴史を発信していきますので、過去・現在・未来をつなぐ本シリーズにご期待ください。

　最後になりましたが、今回刊行の巻を作成するにあたり、資料の提供などにご協力をいただきました皆さまに深く感謝申し上げます。

この本を手に取ってくださる皆さまへ

　福岡市では、貴重な歴史資料を収集・編さんして次の世代に継承し、地域の文化的資源として広く活用することを目指して、平成22(2010)年から『新修 福岡市史』を刊行しています。私たちはこれらの歴史資料を元に、より多くの市民の皆さまに地域の歴史の豊かさを届けたいと考え、手に取りやすい形での新しい福岡市史のブックレットをシリーズとして刊行していくことを予定しています。その第1冊目が今回の『わたしたちの福岡市』です。

　国際化、情報化、少子高齢化によって特徴付けられる大きな社会変動の中で、かつて地域社会が担ってきた、郷土の歴史を語り伝えるという役割は変容しています。また、活力ある福岡の街が招き入れる新しい市民にとって、地域の歴史はすぐには馴染みにくいかもしれません。学校教育においては、近年、学習指導要領で郷土学習への比重が高まりましたが、手に取りやすい魅力的な参考書は多くないと思います。

　そのような現状をふまえて、この本は、「福岡市とはどんなところか?」という問いに答えるべく、福岡市をめぐる基本的な情報を、歴史をベースに、地図や図版をたくさん使って、さまざまな角度からわかり易く伝えることを目指しています。この本は、小学校の先生方や保護者の皆さんはもちろん、地域の歴史に関心のある市民や市外の読者の皆さんのお役に立つと思います。内容は三年生から六年生の小学校社会科で学習する内容に対応しているので、ちょっと頑張ってみようと思う小学生の皆さんもチャレンジしてみて下さい。

　私たちは、地域の歴史の豊かさと深みを多くの人にわかりやすく伝えるという作業を、手探りで始めたばかりです。これから多くの皆さまの声を聴きながら、立派なものにしていきたいと思っています。その意味で、この本は新しい福岡市史ブックレットの「パイロット版」といえるかも知れません。ご感想をお待ちしています。

令和3(2021)年3月　福岡市史編集委員会委員長
福岡市博物館総館長

有馬　学

Contents
もくじ

3学年（1）	身近な地域や市区町村の様子
3学年（2）	地域に見られる生産や販売の仕事
3学年（3）	地域の安全を守る働き
3学年（4）	市の様子の移り変わり
4学年（2）	人々の健康や生活環境を支える事業
4学年（4）	県内の伝統や文化、先人の働き
4学年（5）	県内の特色ある地域の様子
6学年（2）	我が国の歴史上の主な事象

>> 学年表記の詳細は、P6の凡例をご覧ください。

凡例

一、この本は小学校社会科で学ぶ内容を、対応する学年と単元ごとに見開きでまとめたものです。小学校社会科では、3年生で市町村のことを、4年生で都道府県のことを、5年生で日本のことを、6年生で日本の歴史・政治・世界の中の日本のことを学びます。この本では、3年生で学ぶ「身近な地域や市区町村の様子」、「地域に見られる生産や販売の仕事」、「地域の安全を守る働き」、「市の様子の移り変わり」、4年生で学ぶ「人々の健康や生活環境を支える事業」、「県内の伝統や文化、先人の働き」、「県内の特色ある地域の様子」、6年生で学ぶ「我が国の歴史上の主な事象」について扱っています。ただし、4年生の県内の話題は対象地域を福岡市にしぼっています。また、6年生の「我が国の歴史上の主な事象」も福岡市の歴史を中心とした内容としています。

一、全体構成は、学年・単元ごとには並んでいませんが、見開きの左ページにあるインデックスで対応する学年・単元を確認することができます。

一、地図は、市域全体を扱ったものは上を北にして配置しています。一部の地域を拡大した地図や回転したものは適宜方位記号を入れています。

一、地図データは、国土数値情報（https://nlftp.mlit.go.jp/ksj/）や福岡市オープンデータ（https://www.open-governmentdata.org/fukuoka-city/）で公開されている情報を使用しました。

一、統計データは、e-Stat 政府統計の窓口（https://www.e-stat.go.jp）、福岡市統計情報（https://www.city.fukuoka.lg.jp/shisei/toukei/index.html）を主に利用し、福岡市校区データ（https://www.city.fukuoka.lg.jp/shimin/community/life/blog_2.html）を適宜参照しました。

一、この本は、参考文献として机上で利用することを想定し、開きやすく手で押さえなくても開いた状態を保つことができるつくりにしました。

FUKUOKA CITY

Chapter 1

福岡らしさとは？

　皆さんは福岡市と聞いて、まず何を思い浮かべますか？　お祭りでしょうか？　食べ物でしょうか？　それともどこかの景色でしょうか？　そのイメージは市内に住んでいる人と市外の人とでは違っているかも知れませんし、世代によってもまた異なることでしょう。しかし、観光案内や地域のシンボルマーク、校歌やご当地ソングの歌詞などをつぶさに見ていくと、いくつかの共通したイメージが浮かび上がってくることがわかります。

　そこで、最初の章では、こうした福岡市に関する様々なイメージが、どのように生まれ、まとまっていくのかについて、発信されるメディアと時代による違いに注目して読み解きます。

校歌と地名

　中学、高校の校歌は忘れてしまったけど、小学校の校歌は今でも歌えるという方は案外多いのではないでしょうか？　小学校の校歌には、学校周辺の自然、町並みの他、地域の名所・旧跡などが歌詞に織り込まれていますが、こうした地域のイメージは幼い頃から校歌を通じて人々の記憶の深いところに刻まれていきます。ここでは福岡市立の小学校の校歌でどういった情景・場所を歌ってきたのかまとめました。子どもたちは校歌からどのような地域像を描くのでしょうか？

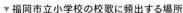
▼ 福岡市立小学校の校歌に頻出する場所　　※4回以上登場するもの（「世界」「日本」を除く）

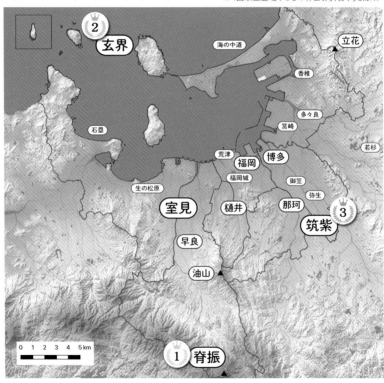

ランキング 50 位以下（1 回）

野多目の池	浄水	帆柱石	長浜	八田が丘	住吉の社	能古島
豊かな池 ※野間大池	水源池 ※曲渕水源池	宮家	名島の潟	瑞梅寺川	聖寺の松	樟の並木
老司池	大遺跡 ※板付遺跡	伊崎が浦	三苫の浜	七隈川	寺の森	ポプラ並木
伊都の国	那珂久平の大井堰	小戸（の浜）	赤坂の丘	織物	日吉の森	白い砂
下原の遺跡	名島城跡	袖の浦曲	臼井の丘	櫛田の杜	山王	白砂の丘

第1章 福岡らしさとは？

第2章 福岡という空間

第3章 土地に刻まれた記憶

第4章 くらしといとなみ

第5章 興し、伝え、守る

第6章 福岡のあゆみ

校歌に出てくる地名ランキング

福岡市立小学校（閉校含む）の校歌に出てくる具体的な地名、情景、史跡等を集計した。主に『福岡の校歌』（定直泰雄 編著、1989年）から抽出し、1989年以降に開校した学校についてはホームページと学校への聞き取りで確認した。

順位	地名など（別の表記）※注記	回数
1	脊振（山、の山、の山なみ、山脈、の峰、の霞）	47
2	玄界（灘、の風、の灘、の波）	45
3	筑紫（野、の丘、の里、の野辺、の峰、山脈、文化、路）	35
4	室見（川、の川、の流れ）	21
5	世界（の空、の友、の旗、の果て、を結ぶ銀翼）	20
6	油山（の山）	19
7	那珂（川、の川、の流れ、の津）	18
8	早良（野、川、の川、の里、の地、の土、の野、街、の歴史、	17
9	博多（湾、駅、港、の街）	16
10	立花（山、の峰）	14

順位	地名など（別の表記）※注記	回数
11	樋井（川、の川、の流れ）	12
12	福岡（の空、大福岡）	11
13	福岡城（舞鶴城、石垣、お濠、輝く濠、城の丘、城の道、濠の水、城南）	8
14	荒津（の丘、の崎、の山、山）	7
15	日本（新日本、文化日本、科学日本）	6
15	筥崎（宮、の宮、八幡宮、八幡様）	6
15	御笠（川、三笠の流れ、三笠のほとり）	6
18	石塁（弘安、蒙古山）※元寇関係	5
18	海の中道（海の道、中道）	5
18	香椎（潟、の海、大名潟）	5
18	多々良（川、の川、の流れ）	5
18	若杉（山、の峰）	5
23	生の松原	4
23	香椎（宮、の宮）	4
23	弥生（の文化、の人）	4
26	愛宕（山、の山）	3
26	綾杉（神の御衣木）	3
26	荒平（山、城跡）	3
26	飯盛（山、のみどり）	3
26	空港	3
26	鴻巣山（鴻の巣）	3
26	しろうお	3
26	那の津（の海、の岸）	3
26	八丁（川、の清い流れ）	3
26	宝満山	3
36	今津湾	2
36	金塚	2
36	叶岳（叶が岳、叶の峯）	2
36	工場	2
36	三郡 ※三郡山地	2
36	志賀島	2
36	主基の里（御田の跡）※主基斎田	2
36	高祖（山、の峰）	2
36	団地	2
36	筑紫富士 ※可也山	2
36	茶（お茶・茶の里）	2
36	名柄川	2
36	松原	2
36	宮崎開き	2
36	百道（浜、の浜）	2

美和の台地	新幹線	大漁旗	鐘撞山	勧農	三日月山	高麗びと
桧原台	タワーの光 ※福岡タワー	千代の松原	竈門山	玉橋	紅葉山	唐土
煙突	花園	奈多の青松	柑子岳	宗湛	諸岡山	アジアの空
汽車道	比恵	松の緑	原田山	山笠	榎田	
機動船	古屋敷	緑の松	菅家	毘沙門	塩煮塚	

ふくおか校章マップ

　これは福岡市立の小学校の校章で作った市の地図です。市章を基にした校章が最も多い
ですが、歴史の古い学校は太陽の光が放射状に広がる旭日デザインが目立ちます。海辺の
学校は波や松葉、香椎宮（かしいぐう）周辺は椎の葉、東南部は桜といったような特徴も見られます。また、
地域の人びとの様々な想い・願いがデザインに込められている場合もあります。校章には地
域の歴史が刻まれているのです。

3学年（1）身近な地域や市区町村の様子

波

市章

廃校・合併した学校の校章

第1章 福岡らしさとは？

第2章 福岡という空間

第3章 土地に刻まれた記憶

第4章 くらしといとなみ

第5章 興し、伝え、守る

第6章 福岡のあゆみ

松葉

旭日

椎葉

鳥

桜

梅

稲

市章

3学年（1）身近な地域や市区町村の様子

明治42（1909）年6月2日、福岡市は「福岡日日新聞」と「九州日報」に市徽章図案の募集広告を掲載しました。当選者に対しては50円を贈与するとあり、締切は7月15日に設定されました。

実は、この段階でも市には徽章が存在していたようなのですが、意匠が定まっておらず、翌年に開催する第13回九州沖縄八県連合共進会の各種装飾等に用いるのに不都合を生じていました。そこで、共進会賛助会が市に要望を出し、公募することになりました。

図案は全国から集まり、その数は1763通に達しました。一次審査は東京美術学校教授・岩村透、同・和田英作、図案家・井手馬太郎に依頼し、その後、賛助会の選定を経て、最後は市会と市参事会で審議しました。

選考の結果、明治42（1909）年10月11日に決まったのが、カタカナの「フ」を9個組み合わせて「福」を表現したデザインの市章です。当選者は神戸市奥平野在住の黒柳梢月という人物でした。

なお、明治42年以前の徽章については、「意匠拙劣にして画数多く、之れか為め人目を惹き一般の記憶にも存し難く、徽章本来の目的に副はさるの嫌ひある」（市参事会議事録第292号）とありますが、具体的なデザインについては、今のところ分かっていません。

市の木・花・鳥

市の木・花は、昭和54（1979）年10月に市制90周年記念事業の一環で制定したものです。一般公募の中から、町の木に「クロガネモチ」、広場の木に「クスノキ」が、また夏の花に「フヨウ」、冬の花に「サザンカ」が選ばれました。

市の鳥は、平成元（1989）年6月に市制100周年記念事業の一環で制定したものです。一般公募の中から野山の鳥に「ホオジロ」、海の鳥に「ユリカモメ」が選ばれました。

FUKUOKA CITY

第1章 福岡らしさとは？

第2章 福岡という空間

第3章 土地に刻まれた記憶

第4章 くらしといとなみ

第5章 興し、伝え、守る

第6章 福岡のあゆみ

区のマーク

市の各区のシンボルマークは昭和63(1988)年9月28日に市制100周年を記念して、区民に親しまれる区役所づくりと区民意識を高めようと、区の象徴として制定したものです。一般公募で寄せられた作品2,158点の中から審査を行い選定しました。

東区
ひがしく

東区の「地形」をデザインしたもので、九州における物流の拠点、交通の大動脈のイメージと21世紀への飛躍を表現する。色は海の中道とそれをとりまく空と海をイメージしたスカイブルー。

博多区
はかたく

博多区の「ハ」に港湾の波頭とどんたくの躍動感をデザインし、区勢と区民の輝かしい未来に向かって伸びゆく様を表現する。カラーは紫で、伝統ある寺社や山笠等の祭りをイメージしたもの。

中央区
ちゅうおうく

中央区の「中」を、人と人とのふれあいや交流を中心に表し、文化、経済の発展の輪が周辺に好影響している様子を表現。色は、福岡市の中心としての情熱をイメージした赤。

南区
みなみく

南区の「m」で3つの盛り上がりによる躍動感を表現し、全体の円は区民の調和ある団結と発展を表現する。

城南区
じょうなんく

城南区の「J」をシンボル化し、区民相互の連帯感と未来に伸びゆく様を表現する。濃紺は油山を源とする樋井川と文教地区をイメージしたもの。

早良区
さわらく

早良区の「さ」を鳥のイメージでシンボル化し、区民の融和と平和ある団結で明日へ飛躍発展していく様子を表現する。色は緑で、緑豊かな清新なまちをイメージしたもの。

西区
にしく

西区の「西」を威勢のよい稲妻型にデザインし、力強く躍進する西区を表現する。色は躍動する若い町と夕陽の美しさをイメージしている。

編入した町の町章

福岡市は大正元(1912)年の警固村を皮切りに昭和50(1975)年の早良町の編入まで、周辺の30の町村との合併を繰り返しました。ここでは町章が分かっている2例を紹介します。

志賀町
しかまち

博多湾と日本海の波頭、及び「し」を表現したもの。昭和28(1953)年7月5日の町制施行と同時に制定。昭和46(1971)年4月5日に福岡市に編入され廃止された。

香椎町
かしいまち

昭和24(1949)年11月、公民館にて町紋章を募集し制定。香椎・浜男・下原・唐原の四つの大字を椎の葉で表し、その中間に波濤をあしらったもの。旧町域の小学校の校章にその名残が見られる。

公共施設のマーク

市営地下鉄の駅のシンボルマーク

　福岡市は全国でも珍しい市営地下鉄のシンボルマークを定めています。空港線と箱崎線のマークをデザインしたのは、博多のグラフィックデザイナー・西島伊三雄氏（1923〜2001）です。七隈線は伊三雄氏の素案を元に長男・雅幸氏（1949〜）が完成させました。いずれのマークも地域のシンボル・歴史・地名がモチーフとなっています。

空港線（1981年開業、1993年全通）

 姫浜
／小戸ヨットハーバー

 室見
／室見川

 藤崎
／藤の花

 西新
／「N」、筆記具（学生の町）

 唐人町
／壺、唐、唐草模様

 大濠公園
／桜の花

 赤坂
／「ア」、平和台陸上競技場

 天神
／天神さまの梅、街の中心

 中洲川端
／中、川、山笠のハッピの柄

 祇園
／博多祇園山笠

 博多
／博多織の献上柄

 東比恵
／「ひ」、比恵遺跡の土器

 福岡空港
／空港

箱崎線（1982年開業、1986年全通）

 呉服町
／日宋交易船

 千代県庁口
／十日恵比須神社

 馬出九大病院前
／東公園の鳩（平和・看護）

 箱崎宮前
／筥崎八幡宮の大鳥居

 箱崎九大前
／千代の松原、九大の「九」

 貝塚
／巻貝の渦模様（交通のポイント）

七隈線（2005年開業）

 橋本
／飯盛山、紅葉八幡宮

 次郎丸
／室見川のホタル

 賀茂
／賀茂神社のナマズ伝説

 野芥
／椿水路

 梅林
／梅の花

 福大前
／福岡大学応援歌「七隈トンビ」

 七隈
／地名の由来「七車（ななぐるま）」

 金山
／「金」の字、虹

 茶山
／お茶の新芽

 別府
／別府大橋跨線橋

 六本松
／松の木

 桜坂
／桜の花

 薬院大通
／福岡市動植物園

 薬院
／薬を作る乳鉢と乳棒

 渡辺通
／路面電車

 天神南
／「通りゃんせ」

社会教育施設等のシンボルマーク

公共施設の中でも市民と関わりの深い図書館・博物館・市民センター等の社会教育施設や児童厚生施設のマークを集めました。近年では開設と共に施設のあるべき理想像をマークに込めることも多くなっています。

第1章 福岡らしさとは？

第2章 福岡という空間

第3章 土地に刻まれた記憶

第4章 くらしといとなみ

第5章 興し、伝え、守る

第6章 福岡のあゆみ

福岡市総合図書館

1996年開館と共に制定

福岡市美術館
FUKUOKA ART MUSEUM

1979年開館
2019年制定

福岡市保健環境学習室
「まもるーむ福岡」

1997年開館
2000年制定

2002年開館
2013年制定

福岡市博物館
Fukuoka City Museum

1990年開館
2013年制定

なみきスクエア
NAMIKI SQUARE

香椎副都心公共施設
「なみきスクエア」

2016年オープンと共に制定

福岡市動植物園

1953年開園
2018年制定

福岡アジア美術館
Fukuoka Asian Art Museum

1999年開館と共に制定

さいとぴあ
SEIBU Regional Community Center

福岡市西部地域交流センター
福岡市西部出張所
西部図書館「さいとぴあ」

2010年オープン 2013年制定

福岡市立中央児童会館「あいくる」

1970年開館
2016年制定

福岡市科学館
FUKUOKA CITY SCIENCE MUSEUM

2017年開館と共に制定

コミセンわじろ
WAJIRO Regional Community Center

福岡市和白地域交流センター
和白図書館「コミセンわじろ」

2003年オープン 2012年制定

マスコットキャラクター

　市が関係する事業のキャラクターが増加するのは1990年代以降です。これらの中にはいかにも福岡をイメージさせるデザインのものもありますが、意外にも少数派です。多くは事業をわかりやすく説明する「普及啓発」のために生み出されたものになります。みなさんはいくつ分かりますか？

3学年（1）身近な地域や市区町村の様子

大きな催事　①

⑤　⑥ぱちゃぽ

㉛　㉖　⑫シーライ　シャーニー

地域の振興

㊸さわ☆ラッキ　㊴　㊲しかモン

②　⑦　③ユニバーサル都市・福岡

情報化・人権・ユニバーサルデザイン

税金・引越し

ふりかえると、笑顔。④　⑨

㊷　㊵

道路・地下鉄・自転車

㉝　㉞　㊾　㊽

学校・放課後

㊿

環境を守る

⑬　㉑　⑰　⑱　㉒　⑳　⑲

第1章 福岡らしさとは？

第2章 福岡という空間

第3章 土地に刻まれた記憶

第4章 くらしといとなみ

第5章 興し、伝え、守る

第6章 福岡のあゆみ

安心・安全な生活

文化・観光・レジャー

農林水産業の振興

健康・子育て・福祉

水道・下水

①太平くんと洋子ちゃん(1987)／アジア太平洋博覧会 福岡'89／©手塚プロダクション

総務企画局
②イクトくん(2009?)
③「ユニバーサル都市・福岡」ロゴマーク(2011)

財政局
④ふりかえるくん／口座振替促進マスコット

市民局
⑤カバブーとその家族(1995)／第18回ユニバーシアード大会1995福岡／©F.U.O.C
⑥ぱちゃぽ(2001)／2001年世界水泳選手権／©公益財団法人日本水泳連盟
⑦ココロン／人権啓発センター
⑧イーグレットくん(2008)
⑨(名前無し)(2020)
⑩(左から)キャッチキャット・サイトくん・これっきりン先生・ウノミン・ウマスギー(いずれも2016)／消費生活センター
⑪スーナちゃん(2008)
⑫(左)シーリイ(右)シャーニー(2022)／2022年世界水泳選手権

こども未来局
⑬(左から)ホップ・ステップ・ジャンプ

保健福祉局
⑭(左)よかろーもん(右)ぼちゃろーもん／福岡市健康づくりイメージキャラクター

⑮いくちゃん(2007)／福岡市食育推進キャラクター
⑯田中タマと柴田太郎(2018)

環境局
⑰かーるちゃん(1990)／ごみ減量シンボルマーク
⑱クリンパ(2000)／クリーンパーク・臨海
⑲モッテコちゃん(2007)／マイバッグキャンペーンキャラクター
⑳エコッパ(2003)／福岡市の環境シンボルキャラクター
㉑(左)パッピーちゃん・クラウディくん・ナゾノ博士・ヘラーリくん・まもるくん・キャンディちゃん・ヨーグルちゃん・たくどん／まもる〜む福岡
㉒(上)ごちそうクマ(2019)(下)宴会部長完食一徹(2016)／福岡エコ運動啓発キャラクター

経済観光文化局
㉓(左)ペラ坊(2004)(右)ペラ美(2015)／BOAT RACE福岡
㉔たまちゃん・コウコ・しかさん／埋蔵文化財センター
㉕益軒先生と亀井くん(2013)／博物館常設展示室
㉖ふくおか官兵衛くん(2014)／官兵衛プロジェクト
㉗オッペケケン／「福岡検定」キャラクター
㉘こぶうしくん／美術館

農林水産局
㉙みのりん(2007)／福岡市農林水産業・市場のシンボルマーク
㉚FUKUOKAおさかなレンジャー(2018)／博多湾海底ごみ削減啓発キャラクター

住宅都市局
㉛グリッピ(2005)／アイランド花どんたく

道路下水道局
㉜ドレイン博士(2000)／ぽんプラザキャラクター
㉝チャリ・エンジェルズ(2001)／©2001チャリ・エンジェルズ
㉞(左)ざっしょのクマ(右)電車くん(2015)

港湾空港局
㉟海っぴ(2008)／福岡市海浜公園マスコット
㊱ポートくん(1999)／博多港マスコット

東区
㊲しかもん(2014)／志賀島イメージキャラクター

中央区
㊳うぉーキングくん(2008)

南区
㊴ため蔵(2009)／南区広報担当キャラクター

城南区
㊵(左)油山の妖精ニッコりん(右)O-157の王様ワルもん(2004-)／城南区シンボルキャラクター(2009-)

早良区
㊶ぴかりん(2001)
㊷サザエさん(2012)／早良区「サザエさん通り」キャラクター／©長谷川町子美術館
㊸さわ☆ラッキー

西区
㊹ウエストン(2008)／通信型メタボ講座「ウエストリーグ」キャラクター
㊺カブーとガニー／西区子育て応援キャラクター

消防局
㊻ファイ太くん(1991)／福岡市消防局マスコットキャラクター

水道局
㊼フクちゃん(1995)／福岡市水道局マスコット

交通局
㊽ちかまる(1996)／地下鉄マスコット
㊾メコロ・キューコ(2009)／地下鉄環境キャラクター

教育委員会
㊿みるん(2006)／総合図書館 映像ホール・シネラ
51(左)スタンバード(2010)(右)フレンドシープ(2019)

福岡タワー
52フータ

17

福岡のシンボル（明治〜現代）

　福岡らしさ、福岡の象徴の移り変わりを考える上で格好の素材となるのは、市が作成した観光案内や広報誌などです。これらの広報媒体には他の地域にはない市の魅力を発信する役割が課せられており、紹介する内容やデザインには、福岡市について知ってほしいこと、行ってほしい場所に関するエッセンスが凝縮されています。

1916年

1916年

1927年

1931年

1936年

▲ 戦前の福岡市の案内本

『福岡市案内』ほか／1916〜1936年／福岡市ほか

この時期の案内本の表紙で使われている風景は博多湾、松原、西公園の桜が多い。人物のシルエットは、明治37（1904）年に東公園に完成した亀山上皇や日蓮上人の像。この他、歌舞伎や浄瑠璃に登場する博多小女郎や黒田官兵衛の家臣の母里太兵衛がモデルとなった黒田武士もガイドブックやポスターでよく使用される。

◀ 献上柄があしらわれた本

（左）『福岡』／1950年／「福岡」刊行会
（右）FUKUOKA SCENE／1997年／福岡市

献上柄とは博多織で使われる紋様のことで、仏具の独鈷と華皿を表現している。福岡を紹介する本や広報媒体のデザインとして使われる他、市内にある公共施設（県立美術館・市博物館・市総合図書館など）の建築意匠としてもよく用いられている。

第1章 福岡らしさとは？

第2章 福岡という空間

第3章 土地に刻まれた記憶

第4章 くらしといとなみ

第5章 興し、伝え、守る

第6章 福岡のあゆみ

表紙／甲斐順一氏 撮影

表紙／川上信也氏 撮影

▶『鴻都』
65・67・70・73・74号

2006〜9年／福岡市

古代の外交施設「鴻臚館」にちなみ「アジアの情報を受発信する都市」という意味をこめた市の広報誌。1989年3月から2009年3月まで74号が発行された。65号以降、福岡タワーを含む百道浜周辺の景観が表紙を飾ることが多くなった。

表紙／川上信也氏 撮影

表紙／椎原一久氏 撮影

▲ ロゴマーク
「FUKUOKA NEXT」

2015年6月15日〜／福岡市

アジアのリーダー都市を目指して、福岡市を次のステージへと飛躍させるためのチャレンジの総称のマーク。福岡PayPayドーム、ヒルトン福岡シーホーク、福岡タワー、福岡城のシルエットがあしらわれている。

▲ ロゴマーク「一人一花」

2018年1月4日〜／福岡市

花と緑があふれ、豊かな心が育まれるまち「フラワーシティ福岡」を創る取り組みのマーク。花に囲まれた中に、福岡タワー、福岡PayPayドーム、ヒルトン福岡シーホークを想起させるイラストが挿入されている。

▲ ロゴマーク
「博多旧市街プロジェクト」

2017年12月5日〜／福岡市

「天神ビッグバン」と対をなす市のプロジェクトのマーク。博多部を国際的な観光地にすることを目指す。博多千年門、福岡大仏、博多祇園山笠、東長寺の五重の塔がシンボルとしてデザインされている。

福岡のシンボル（江戸時代）

　江戸時代、ある地域を認識するシンボルとなっていたものの一つに大名家の家紋や旗があります。家紋と旗は、戦乱の時代にあっては敵味方を区別するため、平和な時代にあっては権威の象徴としても用いられ、なかには使用が制限されるものもありました。江戸時代の福岡市域を治めた黒田家が主に用いた紋は白餅（黒餅、石餅）と藤巴です。これらは城の瓦や旗をはじめとしたあらゆる道具に使われ、福岡藩主黒田家のシンボルとしてそのイメージが江戸時代の人びとに定着していました。

▲ 関ケ原戦陣図屏風（部分）

江戸時代／作者不詳／福岡市博物館蔵

黒田家の中白の旗や吹き流しの馬印が見える。陣羽織の背中に白餅紋が入っている。

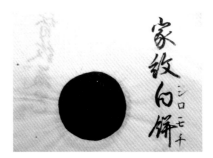

▶ 黒田家の家紋に関する資料

江戸時代後期／黒田家／福岡市博物館蔵

系図調査の結果を江戸幕府に提出したもの。替紋の一つである永楽銭の使用例は白餅、藤巴に比べるとかなり少ない。

▲ 福岡藩軍船之図

江戸時代後期／作者不詳／福岡市博物館蔵

船印と舵の覆いに白餅紋が使われる。幔幕は軍旗と色違いの「中白」のデザイン。

▲ 藤巴紋軒丸瓦

江戸時代／作者不詳／福岡市博物館蔵

軒丸瓦の瓦当部分。福岡城や江戸屋敷、藩の役所などの軒を飾った。白餅紋は主に鬼瓦に使われた。

◀ 白餅・藤巴紋陣笠

江戸時代／作者不詳／福岡市博物館蔵

主要なデザインは替紋の藤巴で構成されているが、正面に家紋の白餅がくるように配置されている。

藤巴紋のひみつ

　黒田家が藤巴紋を使っている理由として、黒田孝高（官兵衛・如水）が荒木村重に幽閉された時に藤の花によってはげまされたから、という物語があります。これは1916年に金子堅太郎が『黒田如水伝』の中で「筑前古老の話」として紹介したものが、小説などに引用されて広まったものです。一方、江戸時代に藩が行った家紋調査では、黒田家の元の主君であった小寺家の紋（右）を改変して藤巴にしたのではないか、という分析がなされています。

第1章 福岡らしさとは？

第2章 福岡という空間

第3章 土地に刻まれた記憶

第4章 くらしといとなみ

第5章 興し、伝え、守る

第6章 福岡のあゆみ

福岡をうたう（現代）

　戦後から現代まで発表された曲の中で、福岡の情景はどのように変化してきたのでしょうか？　完全なデータではありませんが、ここでは福岡の地名や名物が登場する374曲を、昭和戦後、平成前期、中期、後期〜令和初期の4期に分けて見ていきます。70年以上にわたって常に登場する地名がある一方で、歌われなくなった場所や題材も見られます。また、2000年代以降に多様な歌詞が現れるようになるのはご当地アイドルの隆盛とも関係しているようです。歌はその土地の移り変わりやイメージを知る上での良い教材と言えます。

❶ 1948〜1988年（昭和戦後）♫56曲

- 玄界灘 ③　玄海 ②
- 西戸崎　海の中道　3号線
- 千代の松バラ　松原みち　松原
- 柳町 ③　千鳥橋　千代町流　筑前しぼり
- 博多人形 ⑦　博多の町 ②
- 博多 ㉙
- 山笠 ②　博多山笠
- 博多帯 ②
- 博多の帯　博多の人　博多の女　博多女
- 川端 ②　博多どんたく　どんたく
- 中州 ⑨　中洲 ⑦　東中州
- 那珂川 ⑧　天神 ③　春吉橋　柳橋
- 福岡 ③　天神通り　照和
- 西公園 ②　親不孝通り　大濠公園
- 西浦　能古島　姪浜

注：カバー曲は統計に含めず、オリジナル曲のみを採用した。2回以上登場する場合は回数を地名等の末尾に付けた。文字の大きさは登場回数に比例するが、❹期は数が多いため、拡大率を小さくしている。

❷ 1989〜1999年（平成前期）♫44曲

- 玄界灘 ②　玄海 ②　玄界　空港
- 志賀島　倭の奴の国
- 博多献上　博多の女　筑紫路
- 博多っ娘
- 博多 ⑭　山笠 ③　博多山笠 ②
- 大黒流　川端　祇園　どんたく
- 博多川 ②　屋台　からしめんたい
- 中洲 ⑦　中州 ②　人形小路
- 那珂川　春吉橋
- 天神 ⑤　親不孝通り ②　西通り　吹く丘
- 福岡 ⑬
- 福岡ドーム ②　大濠公園　百道浜
- よかトピア ③
- 室見川 ②

③ 2000〜2009年（平成中期）♫97曲

博多 (35)　福岡 (29)　中洲 (9)　中州 (7)　那珂川 (7)　天神 (8)

玄界灘 (6)　玄海 (3)　玄海嵐　福岡空港 (2)　HAKATA

親不孝通り、親不孝 (4)

対馬小路　古門戸　土居通り　中州界隈　冷泉　川端　寿橋　屋台

人形小路　であい橋　福博の町　キャナルシティ　ラーメンスタジアム

長浜通り　長浜　長浜ラーメン　八っちゃん　てぼ

西通り (2)　吹く丘（福岡）　筑前　西通りプリン

天神駅　照和　大名　平尾駅

平和台球場　大濠公園 (2)　六本松　桜坂　西新

百道 (2)　百道浜　福岡タワー (2)　西新

西ノ浦　姪浜　室見川 (2)

大浜　神屋町　奈良屋　博多駅　博多の美人　博多の女

博多のGAL　博多どんたく　どんたく

博多川 (2)　博多プラプラ

博多弁　博多にわか　博多人形 (2)　献上　筑前しぼり

博多山笠 (3)　山笠　博多祇園山笠　祇園山笠　追い山笠

辛子明太子　辛子明太　博多明太　明太子　博多料理

3号線　旧3号線　可笑しい（香椎）　博多祭り男　お櫛田さん

志賀島　海の中道　中道　奈良の海岸　博多の街 (2)

④ 2010〜2020年（平成後期〜令和初期）♫177曲

博多 (65)　福岡 (40)　天神　中洲 (20)　中州 (10)　那珂川 (16)　警固公園 (21)　Hakata ハカタ (3)

親不孝通り、親不孝、親富孝通り (8)

玄界灘　玄海 (4)

志賀島　香椎浜　香椎北浜　福岡空港　空港　博多の空

博多の湾　板付魂　雑餉隈　名島　3号線 (2)

博多の付魂　ギオンイチノイチ　都市高

山笠 (7)　祇園山笠 (7)　箱崎　放生会

博多駅　博多口　博多地下街　アミュプラザ博多店

祇園の祭り　飾り山笠　櫛田入り　博多の夏

櫛田神社　櫛田の大銀杏　仁和加　博多弁　博多の夏

大博通り (2)　太閤通り　博多の町

どんたく (5)　博多どんたく (2)　どんたく囃子　どんたく祭り　博多風

博多の街　太閤町割七流　大黒流　呉服町　祇園　祇園町

博多美人　博多の女子 (2)　博多の女　ハカタガール

博多ッ子　博多っ子純情編　博多人形 (2)　博多の帯 (2)　博多帯

博多川 (4)　川端　川端ぜんざ〜い　博多橋

タワー　ベイサイド　手一本　博多一本締め

キャナルシティ　キャナル　博多ラーメン　中州ラーメン　メンタイコ

博多埠頭

中川　博多の明太子　博多明太　博多料理

人形小路　西中洲　博多の屋台　中州屋台　であい橋

出逢い橋　博多バリカタスタイル

FUKUOKA フクオカ　福岡県

筑紫　黒田武士　水天宮　天神町　天神西　天神コア

ライオンの前　大濠面前　西鉄電車　薬院　やまちゃん　はっちゃん

けやき通り　舞鶴公園　大濠公園 (2)　大濠

福岡ドーム　ヤフオクドーム　よかトピア通り

福岡ソフトバンクホークス　ホークスタウン

ヒルトン福岡シーホーク　よかトピア通り　福岡タワー (2)

百道浜 (2)　百道　西新　早良　早良区 (2)

能古島 (2)　室見川 (2)　姪浜 (2)　糸島 (2)

福岡をうたう（江戸時代以前）

　かつて詠まれた様々な漢詩や和歌から具体的な地名を拾っていくと、当時の人びとの記憶に残ったのはどういった場所だったのかが浮かび上がってきます。ここでは中国の「瀟湘八景」にならって作られた2つの「博多八景」と、奈良時代から戦国時代にかけて詠まれた和歌から、博多湾岸の「名所」の移り変わりについて見ていきます。

中世・近世の「博多八景」

中世の博多八景（鉄庵道生）	近世の博多八景（『石城志』）
❶香椎暮雪（かしいぼせつ）	❶濡衣夜雨（ぬれぎぬやう）
❷箱崎蚕市（はこざきさんし）	❷箱崎晴嵐（はこざきせいらん）
❸長橋春潮（ながはししゅんちょう）	❸若杉秋月（わかすぎしゅうげつ）
❹荘浜泛月（しょうはまはんげつ）	❹奈多落雁（なたらくがん）
❺志賀独釣（しかどくちょう）	❺博多帰帆（はかたきはん）
❻浦山秋晩（うらやましゅうばん）	❻横岳晩鐘（よこたけばんしょう）
❼一崎松行（いっさきしょうこう）	❼竈山暮雪（かまどやまぼせつ）
❽野古帰帆（のこきはん）	❽名島夕照（なじませきしょう）
※鉄庵道生は鎌倉時代末期の1319～1322に博多・聖福寺の住職を務めた人物	※『石城志』は津田元顧・元貫親子が明和2（1765）年に著した博多の地誌

第1章 福岡らしさとは?

第2章 福岡という空間

第3章 土地に刻まれた記憶

第4章 くらしといとなみ

第5章 興し、伝え、守る

第6章 福岡のあゆみ

古代・中世の歌枕

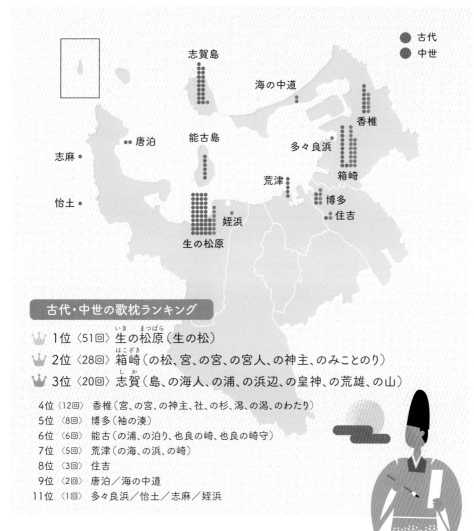

古代
中世

志賀島
海の中道
香椎
能古島
多々良浜
唐泊
箱崎
志麻
荒津
怡土
博多
住吉
姪浜
生の松原

古代・中世の歌枕ランキング

👑 1位 〈51回〉生の松原（生の松）
いき まつばら

👑 2位 〈28回〉箱崎（の松、宮、の宮、の宮人、の神主、のみことのり）
はこざき

👑 3位 〈20回〉志賀（島、の海人、の浦、の浜辺、の皇神、の荒雄、の山）
しか

4位 〈12回〉 香椎（宮、の宮、の神主、社、の杉、潟、の潟、のわたり）
5位 〈8回〉 博多（袖の湊）
6位 〈6回〉 能古（の浦、の泊り、也良の崎、也良の崎守）
7位 〈5回〉 荒津（の海、の浜、の崎）
8位 〈3回〉 住吉
9位 〈2回〉 唐泊／海の中道
11位 〈1回〉 多々良浜／怡土／志麻／姪浜

●古代は以下の歌集等から福岡に関する具体的な地名を詠んだ91首を抽出した。

『海人手古良集』『安法法師集』『伊勢大輔集』『栄華物語』『永久四年百首』『小野小町集』『柿本集』『兼澄集』『金葉和歌集』『国基集』『江帥集』『後拾遺和歌集』『小大君集』『小町集』『実方集』『実方中将集』『散木奇歌集』『しけゆき』『四条宮下野集』『成尋阿闍梨母集』『千載和歌集』『大弐高遠集』『橘為仲集』『経衡集』『詞花和歌集』『四条大納言定頼集』『拾遺和歌集』『周防内侍集』『長秋詠藻』『中つかさ』『中務集』『浜松中納言物語』『檜垣嫗集』『袋草紙』『弁乳母集』『保安二年九月十二日関白内大臣忠通歌合』『万葉集』『康資王母家集』『六条修理大夫集』『六百番歌合』

●中世は以下の歌集等から福岡に関する具体的な地名を詠んだ40首を抽出した。

『閑塵集』『九州道の記』『古事談』『拾塵集』『衆妙集』『松下集』『浄照房集』『新後撰和歌集』『宗祇集』『続古今和歌集』『続草庵集』『筑紫道記』『鶴岡放生会職人歌合』

Chapter 2

福岡という空間

　皆さんが生活している地域は10年前はどのような様子でしたか？　あるいは50年前、100年前はいかがですか？　先祖代々同じ場所に住んでいる人でない限り、こうした質問にすらすらと答えられる人は多くはないのではないでしょうか。福岡市は近年、人口増加に占める転入者の割合が高くなってきています。外部から移り住む人が増えることは都市の活性化に繋がりますが、同時にその土地の古くからの来歴を知る人の割合が相対的に減っていくことも意味します。

　そこで、第2章では、福岡市がいかにして現在のような都市へと発展してきたのか、土地利用や人口の変化、市役所・学校などの公共機関や交通の移り変わりを中心にその歴史を紹介します。

福岡の地形

　福岡市は、北は博多湾を介して玄界灘に面し、南は脊振山地をひかえ、東西は丘陵部によって周辺と区切られています。

　市の中央部には脊振山地からのびる春日原台地と呼ばれる高台が広がり、博多湾に注ぐ主要な河川の流域に平野が展開します。川と平野は東から多々良川と糟屋平野、御笠川・那珂川と福岡平野、室見川と早良平野、瑞梅寺川と糸島平野です。なお、福岡市には一級河川が存在せず、これらの川はいずれも二級河川です。

　市域には人が居住する島が4つあります（南から能古島、志賀島、玄界島、小呂島）。その中で最も大きい志賀島は海の中道から陸続きになっています。いずれの島も最高地点で100m以上の標高を有しています。

　市域の平均標高は44.4mです。最も高い山は1,055mの脊振山、一方、国土地理院の地図に掲載された中で最も低い山は、東区にある21mの小岳です。

　湖や池は、東区の三日月湖、早良区の脊振ダム貯水池・曲渕水源地、南区の野多目大池、中央区の大濠公園の面積が広いですが、いずれもダム湖、農業用ため池、公園といった人為的に作られたものです。

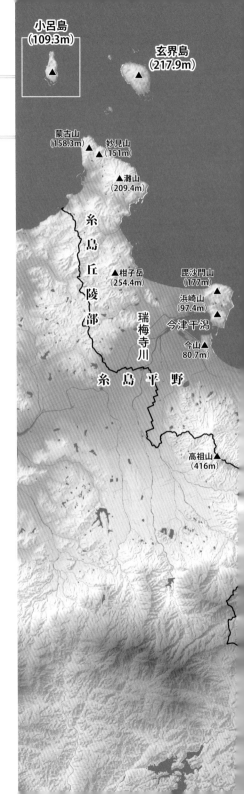

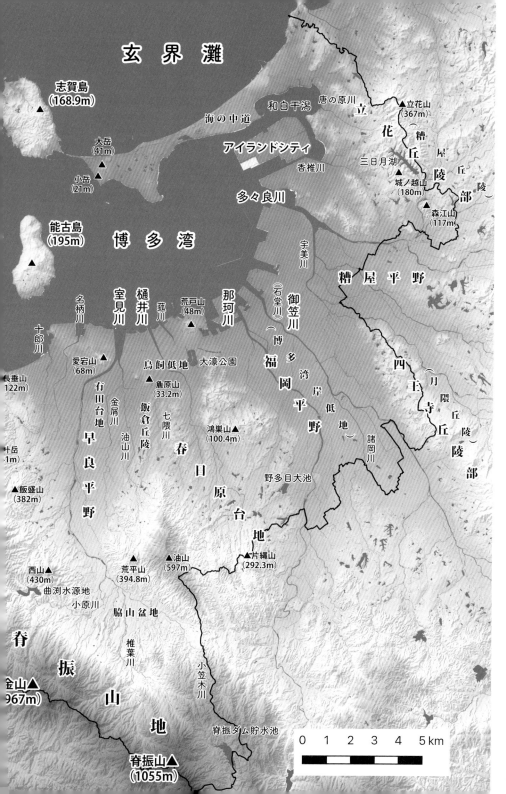

玄界灘

志賀島
(168.9m)

大岳
(41m)

小岳
(21m)

海の中道

和白干潟

アイランドシティ

香椎川

唐の原川

立花山
(367m)

立

花

丘

陵

部

糟

屋

丘

陵

三日月湖

城ノ越山
(180m)

森江山
(117m)

能古島
(195m)

博多湾

多々良川

宇美川

御笠川

糟屋平野

(石堂川)

福

岡

平

野

博

多

湾

岸

低

地

名柄川

室見川

樋井川

荒戸山
(48m)

那珂川

菰川

四

王

寺

(月隈丘陵)

月隈丘陵

部

十郎川

愛宕山
(68m)

鳥飼低地

麁原山
(33.2m)

大濠公園

諸岡川

長垂山
122m

有田台地

金屑川

飯倉丘陵

七隈川

春

日

原

台

地

鴻巣山
(100.4m)

野多目大池

油山川

十岳
1m

飯盛山
(382m)

早

良

平

野

西山
(430m)

曲渕水源地

小原川

荒平山
(394.8m)

油山
(597m)

片縄山
(292.3m)

脇山盆地

椎葉川

脊

振

山

地

金山
967m)

小笠木川

脊振ダム貯水池

脊振山
(1055m)

0 1 2 3 4 5 km

第1章 福岡らしさとは？

第2章 福岡という空間

第3章 土地に刻まれた記憶

第4章 くらしといとなみ

第5章 興し、伝え、守る

第6章 福岡のあゆみ

現代の福岡

　福岡市は昭和47（1972）年に政令指定都市となり、同50年に人口が100万人を突破します。同年には山陽新幹線が博多駅まで開通し、その後、昭和55年には都市高速が、翌56年には市営地下鉄が開通するなど都市のインフラ整備が進みます。平成元（1989）年のアジア太平洋博覧会「よかトピア」の開催後は、アジアを中心に据えた数多くの国際政策に取り組むようになります。そして、平成26年に国家戦略特区に指定されて以降は、「FUKUOKA　NEXT」と総称されるアジアのリーダー都市を目指したさまざまな取り組みが続けられています。

◀ **よかトピア会場全景**

1989年／アジア太平洋博覧会協会撮影

早良区百道浜の博覧会会場を北側から空撮した写真。博覧会の正式名称は、「アジア太平洋博覧会－福岡'89」（愛称：よかトピア）。テーマは「新しい世界のであいを求めて」。1989年3月17日から9月3日まで171日間にわたり開催され、期間中の入場者数は約823万人に達した。福岡タワーや福岡市博物館はこの時に建設された建物だが、それ以外にも様々なモニュメントが現在も百道浜には残されている。

◀ **天神から博多湾**

2015年／福岡市

天神地区を南東側から空撮した写真。奥に見える博多湾には西から能古島、玄界島、志賀島が浮かぶ。中央やや左に写る白い色の建物が福岡市役所（1988年完成）で、その右の樹木で覆われた建物が福岡県庁の跡地に建設されたアクロス福岡（1995年完成）。福岡市では2015年2月から「天神ビッグバン」と称したオフィスビルや商業ビルの建て替えを促進するプロジェクトを進めている。

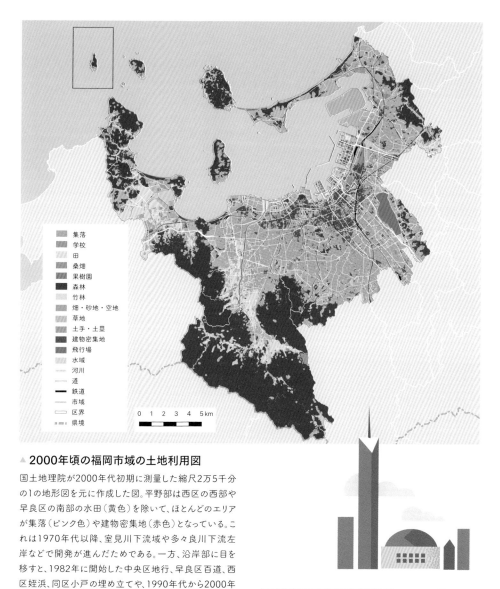

第1章 福岡らしさとは？

第2章 福岡という空間

第3章 土地に刻まれた記憶

第4章 くらしといとなみ

第5章 興し、伝え、守る

第6章 福岡のあゆみ

凡例：
集落
学校
田
桑畑
果樹園
森林
竹林
畑・砂地・空地
草地
土手・土塁
建物密集地
飛行場
水域
河川
道
鉄道
市域
区界
県境

0 1 2 3 4 5 km

▲ 2000年頃の福岡市域の土地利用図

国土地理院が2000年代初期に測量した縮尺2万5千分の1の地形図を元に作成した図。平野部は西区の西部や早良区の南部の水田（黄色）を除いて、ほとんどのエリアが集落（ピンク色）や建物密集地（赤色）となっている。これは1970年代以降、室見川下流域や多々良川下流左岸などで開発が進んだためである。一方、沿岸部に目を移すと、1982年に開始した中央区地行、早良区百道、西区姪浜、同区小戸の埋め立てや、1990年代から2000年代にかけて行われた東区の香椎浜やアイランドシティでの埋め立てによって、面積が大幅に増加している。

▶ 博多駅　2014年／福岡市

博多駅を西側から撮影した写真。建物は2011年3月に開業した駅ビル「JR博多シティ」。この建物が建つ以前は、博多井筒屋を核テナントとする駅ビルが1963年から2007年までの44年間にわたり建っていた。博多駅周辺でも天神同様にビルの建て替えを促進する「博多コネクティッド」というプロジェクトが進んでいる。

高度成長期の福岡

　昭和30（1955）年から昭和45年頃まで、日本は実質経済成長率が毎年10％を超える好景気が続きました。福岡市もこの間、人口が54万人から85万人まで増加し、成長を続けますが、交通渋滞、上下水道の整備、住宅不足など様々な都市問題が起こりました。そうした中、昭和47年、市は念願の政令指定都市となります。ここでは、高度経済成長期の街の様子や土地の使われ方を紹介します。

◀ 新駅ビル屋上から展望

1964年8月1日／池田善朗氏撮影／福岡市博物館蔵

出来町公園付近にあった博多駅は昭和38年12月1日、現在地に移転し開業した。この写真は新たにできた駅ビルから大博通りを撮影したもの。通りを路面電車が通るが、車や人通りはまばらで、まだ空地も多い。画面奥に左から能古島、玄界島、志賀島を遠望できる。画面左には九州朝日放送の電波塔が、中央右よりには同39年10月17日に開業を控えた博多パラダイスのタワーが確認できる。

◀ 昭和40年代の天神

1973年頃／福岡市観光課撮影／福岡市博物館蔵

市役所と県庁を中心に天神地区を南側から空撮した写真。博多湾側には須崎ふ頭（1963）や福岡市民会館（同年）、博多パラダイス（1964）などが確認できる。天神中心部の戦前からの建物は天神ビル（1960）や福岡ビル（1961）の出現により目立たなくなっている。マツヤレディス（現・ミーナ天神）が建設中なので、1973年頃の風景と考えられる。

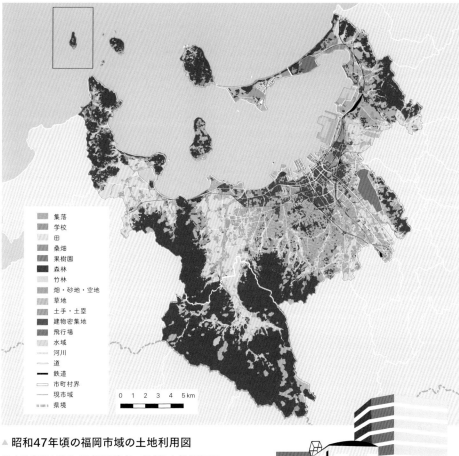

第1章　福岡らしさとは？

第2章　福岡という空間

第3章　土地に刻まれた記憶

第4章　くらしといとなみ

第5章　興し、伝え、守る

第6章　福岡のあゆみ

▲ 昭和47年頃の福岡市域の土地利用図

国土地理院が昭和47（1972）年に測量した縮尺2万5千分の1の地形図を基に作成。戦前までに128.82㎢まで広がっていた市域は昭和29年から46年まででさらに11の町村を編入し254.56㎢となり、ほぼ倍増する。箱崎と香椎（東区）では大規模な埋め立てが進み、市街地は急速に拡大し、鴻巣山（中央区・南区）の北側に広がっていた山林が住宅地に飲み込まれる。一方、北崎（西区）や島しょ部の畑の多くが森林へと変わっている。この年、雁ノ巣（東区）と板付（博多区）の飛行場がアメリカ軍から返還された。

▶ 指定都市発足パレード

1972年4月／『福岡市史昭和編続編（一）』（1990年、福岡市）口絵写真より
中央でたすき掛けをして手をふるのが阿部源蔵市長。

終戦後の福岡

3学年（4）市の様子の移り変わり

　昭和19（1944）年6月16日未明、アメリカ軍のB-29爆撃機が八幡市（現・北九州市の一部）を空襲して以降、日本各地の都市に焼夷弾が降り注ぐようになります。福岡市が空襲されたのは翌20年6月19日から20日にかけてのこと。統計資料によって若干数字は異なりますが、1万4,000戸余りの家屋が全焼・全壊し、およそ6万人に及ぶ人々が罹災しました。罹災者の内、死者は902名、行方不明者は244名、重軽傷者は1,000名以上を数えました。

　日本は同年8月15日にポツダム宣言を受諾し、終戦を迎えます。その後、博多港は日本最大級の引揚げ港として139万人の帰国者を受け入れるとともに、50万人の朝鮮半島及び中国の出身者を故国へ送り出しました。

▲ **天神から博多方面**　1945年／撮影者不明／福岡市博物館蔵

松屋百貨店（現・ミーナ天神の場所）から北東方向を撮影したものか。中央を横切るのは那珂川。左奥が立花山、右奥の高層建築は呉服町にあった8階建ての片倉ビル。中央奥の3階建ての横長の黒い大型建造物は奈良屋国民学校（現・博多小学校）。空襲後、学校の廊下には焼死した人たちの遺体が次々と並べられた。

第1章　福岡らしさとは？

第2章　福岡という空間

第3章　土地に刻まれた記憶

第4章　くらしといとなみ

第5章　興し、伝え、守る

第6章　福岡のあゆみ

▲ **空襲後の福岡市**　1945年／撮影：アメリカ軍／福岡市博物館蔵

博多の西側から天神にかけてと福岡城跡北側、港湾部の被害が特に大きい。博多部では明治通り沿いの金融機関の堅牢な建造物は焼け残ったが、十五銀行福岡支店（現・博多座がある場所）の地下室に避難した人々は蒸し焼きのような状態となり、63名が亡くなった。

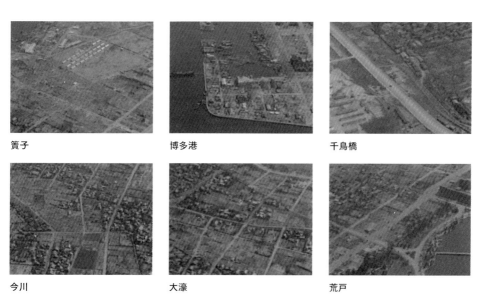

箕子

博多港

千鳥橋

今川

大濠

荒戸

▲ **空襲から10ヶ月後の福岡市（映像）** ※原題「PHYSICAL DAMAGE, AERIAL COVERAGE CITIES OF JAPAN」

1946年4月10日／撮影：アメリカ軍／アメリカ国立公文書記録管理局蔵（Identifier:64487）

福岡市中心部のカラー空撮画像。今川から千鳥橋（右上）を50秒程度かけて飛行する。この後、5月25日には第1次博多復興祭が開催され、子供山笠、松囃子、どんたく行列が復活している。数は少ないが路面電車や自動車が走る姿も確認できる。

戦時中の福岡

　昭和12（1937）年7月7日、中国・盧溝橋一帯で日中両軍が衝突し、日中戦争が始まりました。福岡では、同14年4〜5月に戦争をテーマとする「聖戦大博覧会」が大濠公園で開催され、5月の松囃子は招魂祭のみでどんたくは中止になるなど、徐々に戦時色の濃い時代に入っていきます。そうした中、同年9月にはドイツ軍がポーランドに侵攻し、第二次世界大戦の火蓋が切られます。日本軍がハワイの真珠湾を攻撃し、アメリカと開戦するのは、この2年後、昭和16年12月8日のことです。

3学年（4）市の様子の移り変わり

第1章　福岡らしさとは？

第2章　福岡という空間

第3章　土地に刻まれた記憶

第4章　くらしといとなみ

第5章　興し、伝え、守る

第6章　福岡のあゆみ

▼ 昭和14年の福岡市中心部

1939年12月6日／陸軍撮影
／国土地理院提供

50カットほどある航空写真を合成し
たもの。道路は路面電車が通るところ以外は、ほぼ江戸時代以前と変わらない道幅。建物は、天神の官庁街、城内の軍施設、九州帝国大学をはじめとする学校以外は大型の建造物は少なく、大半が木造1〜2階建ての建物。この年、博多港は第1種重要港湾に指定され、大博通りが港まで拡幅し、九州鉄道の福岡−大牟田間（現・西鉄天神大牟田線）が全線開通するなど、インフラの整備が進んだ。

大正・昭和戦前の福岡

　大正9（1920）年、福岡市の人口は9万5,331人でした。これは九州では長崎市、鹿児島市、八幡市（現・北九州市の一部）に次ぐ規模でした。福岡市には巨大な工場群や大規模な港、重要な軍の施設があったわけではありませんが、その後、人口は昭和5（1930）年には22万8,289人となり、九州で最大の都市となりました。ここでは、大正時代から昭和10年代までの街の様子や土地の使われ方を紹介します。

◀「空中より見たる市の中枢部福岡県庁付近」（絵葉書）

1930〜34年頃／福岡市博物館蔵

南側から撮影。県庁（1915）、同西別館（1929）、市役所（1923）、福岡日日新聞（1926）などが見える。

県庁
県庁西別館
市役所

福岡日日新聞

▲ 博多観光鳥瞰図　1936年頃／画：吉田初三郎／福岡市博物館蔵

観光鳥瞰図の名手が博多商工会議所の依頼で作成した図。博多湾を南側からディフォルメして一望する。同年は長浜（中央区長浜）を会場に博多港築港記念大博覧会（3/25-5/13）が開催され、160万人余が来場した。本図には博多港から数多くの船が周遊している様子が描かれ、観光地として多くの人を呼び込もうという依頼者の意図が読み取れる。

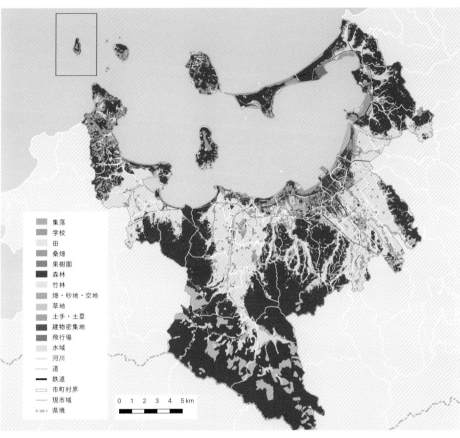

▲ 昭和11〜13年頃の福岡市域の土地利用図

大日本帝国陸地測量部が昭和11（1936）年に測量した
縮尺2万5千分の1の地形図を基に作成。南部は同13年
測量の縮尺5万分の1の地形図「脊振山」を参照した。大
正元（1912）年の警固村を皮切りに13の町村を編入し
た市域は発足当時の5.08 km²から90.05 km²に拡大。博多
港が整備されているほか、市街中心部の路面電車網、郊
外と市中心部を結ぶ鉄道網がほぼ完成し、徐々に市街
地が周辺に拡大している様子が分かる。雁ノ巣に開港間
もない飛行場が見える。

▷ 福岡市主催東亜勧業博覧会全景図（部分）

1927年／ウキタ電気営業所福岡出張所発行／福岡市博物館蔵
福岡城西側の大濠を埋め立てて行われた東亜勧業博
覧会（3/25-5/23）の会場を南西側から見下ろした図。
同博覧会は産業・貿易を発展させるため、アジアから
様々な物産を集めて行われ、160万人余が来場した。

凡例
- 集落
- 学校
- 田
- 桑畑
- 果樹園
- 森林
- 竹林
- 畑・砂地・空地
- 草地
- 土手・土塁
- 建物密集地
- 飛行場
- 水域
- 河川
- 道
- 鉄道
- 市町村界
- 現市域
- 県境

0 1 2 3 4 5km

第1章 福岡らしさとは？

第2章 福岡という空間

第3章 土地に刻まれた記憶

第4章 くらしといとなみ

第5章 興し、伝え、守る

第6章 福岡のあゆみ

明治の福岡

　明治4（1871）年7月14日、廃藩置県（はいはんちけん）により福岡県が誕生します。この頃の市域には旧城下町の福岡に53、博多に101の町が、そして、周辺には144もの村がありました。やがて、明治21（1888）年に市制・町村制が制定されると、翌年4月1日に旧城下町の範囲と博多に福岡市が、周辺に2町30村が発足し、298あった町村は33まで減りました。ここでは明治時代の街の様子や土地の使われ方を紹介します。

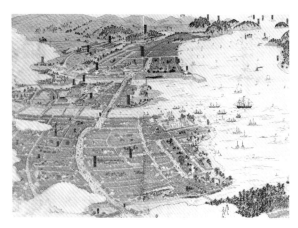

◀ 福岡・博多鳥瞰図

1887年2月／林圓策編集・出版、一得斎高清画／福岡市博物館蔵

手前に博多、奥に福岡、右側に博多湾を描く。地方博覧会である第5回九州沖縄八県聯合共進会（会期1887/2/10～3/31）の会場となった中洲（現・博多区中洲）にレンガ造りの建物が見えるほかは大部分が瓦屋根の木造建築である。まだ、鉄道は開通しておらず、人々は徒歩、人力車、馬や馬車で移動している。海には大きな黒い蒸気船が数隻見えるが、多くは白帆を張った和船である。

◀ 博多停車場之図

1890年3月頃／今西卯之助発行／福岡市博物館蔵

明治22年12月11日、九州初の鉄道として博多―千歳川間（佐賀県鳥栖市）が開通し、翌年3月1日には久留米まで延伸した。本図は北側から見た停車場に上り列車が入線してくる様子を描いたもの。上部に書かれた時刻によれば、博多―久留米間の7駅を約1時間20分で結び、上下とも1日4本ずつ発着していた。料金は各駅間ごとに設定されており、博多―久留米間が下等で27銭、上等で81銭かかった（現在は普通で約1時間、運賃760円）。

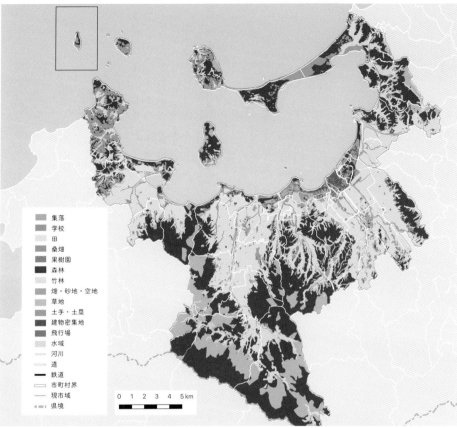

▲ 明治33年頃の福岡市域の土地利用図

大日本帝国陸地測量部が明治33（1900）年に測量した
縮尺2万分の1の地形図を基に作成。南部は縮尺5万分
の1の地形図「脊振山」を参照した。大規模な埋め立て
はまだ行われておらず、海岸線や中心市街地は江戸時代
とほぼ同じ。平地は水田として限界まで利用されており、
山林の多くは伐採されて草地・荒地となっている。これは
燃料や建築部材となる材木や、刈敷用の草木を伐採した
り、牛や馬の飼料を得るための秣場として利用されていた
ためと考えられる。

▼ 西中島橋　20世紀初め／福岡市博物館蔵

那珂川にかかる西中島橋を南側から撮影したもの。橋の
東西に立つ高い建物は、西（左）が日本生命保険（現存）、
東（右）が日本火災保険の社屋。

第1章　福岡らしさとは？

第2章　福岡という空間

第3章　土地に刻まれた記憶

第4章　くらしといとなみ

第5章　興し、伝え、守る

第6章　福岡のあゆみ

凡例
- 集落
- 学校
- 田
- 桑畑
- 果樹園
- 森林
- 竹林
- 畑・砂地・空地
- 草地
- 土手・土塁
- 建物密集地
- 飛行場
- 水域
- 河川
- 道
- 鉄道
- 市町村界
- 現市域
- 県境

0 1 2 3 4 5km

江戸時代の福岡

　慶長5(1600)年の関ヶ原の戦い後、徳川家康は豊前国中津城主であった黒田長政に現在の福岡県の北西部に位置する筑前国のほぼ全域を与えました。当初、前領主の小早川氏がいた名島城（東区）に入りましたが、広い城下町を建設するために、翌年から博多の西側に新しく福岡城を築きました。長崎や日田など九州各地と結ぶ街道も整備され、江戸時代を通じて黒田氏が12代にわたって治めた城下町には5万人ほどの人々が暮らしていました。

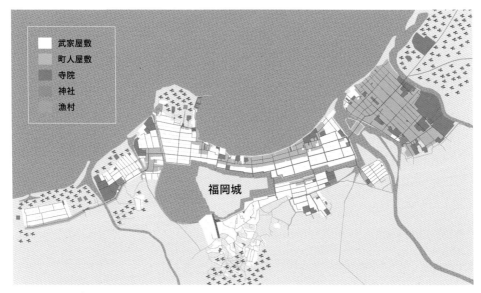

凡例：
武家屋敷
町人屋敷
寺院
神社
漁村

福岡城

▲ **17世紀末の福岡城下の様子**

元禄12(1699)年の「福岡御城下絵図」（福岡県立図書館蔵「福岡県史編纂資料」651号）を基に作成した城下図。城下町は堀と門で区切られ、東西には、いざという時の防衛拠点とするため寺院が置かれた。道路も敵が迷うように、たがいちがいに交差させた場所がある。城の北側には上級家臣の屋敷、春吉や地行には足軽屋敷、南側には軍事関係施設が置かれるなど、身分や用途によって使い分けられていた。

◀ **福岡城武具櫓**

1860〜70年代／福岡市博物館蔵

福岡城天守台南側にあった櫓。大正時代に浜町（現・中央区舞鶴）に移築されたが福岡大空襲で焼失した。

第1章 福岡らしさとは？

第2章 福岡という空間

第3章 土地に刻まれた記憶

第4章 くらしといとなみ

第5章 興し、伝え、守る

第6章 福岡のあゆみ

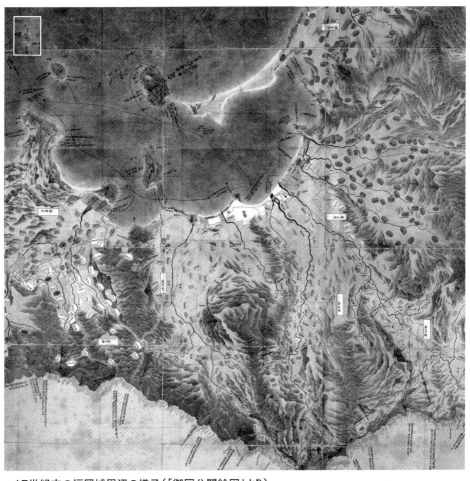

▲ **17世紀末の福岡城周辺の様子（「御国分間絵図」より）** 1699年／福岡藩／福岡市博物館蔵

江戸幕府から国絵図の製作を命じられた福岡藩がその調査の過程で作成した地図。中央の白い場所が福岡城下。朱線が主要な道と航路、郡ごとに色分けされた小判型の枠は村。黄土色の平地が田畑で緑色が山林。よく見ると樹木の密度が描き分けられており、山林の利用の様子が分かる。

▶ **「昔時之中島橋」（絵葉書）**
せきじ　の　なかしまばし

1909年頃発行／福岡市博物館蔵

那珂川にかかっていた橋と現在の赤煉瓦文化館付近にあった門を幕末から明治初期に撮影したもの。門の石垣は福岡市が発足した明治22（1889）年に撤去された。

中世以前の福岡

　16世紀以前の福岡は外国からの進んだ技術や文化を日本の中でもいち早く受け入れる場所として発展してきました。戦国時代以前は博多が、平安時代以前は外交施設の鴻臚館（こうろかん）がその拠点となり、人・モノ・情報が行き来しました。その反面、元寇（1274年・1281年）や刀伊の入寇（といのにゅうこう）（1019年）など、外敵の侵攻や略奪を受けることもたびたびありました。中世以前の福岡は、貿易・外交の窓口であると同時に、防衛の拠点でもあったといえます。

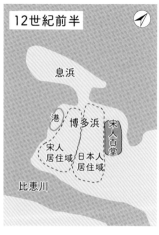

◀ **中世の博多**

　発掘成果から推定した土地利用図。博多は、海側の息浜（おきのはま）と内陸側の博多浜という2つの砂丘が少しずつ広がりながら発展してきた。

　現在博多の北東側を流れる石堂川は16世紀中頃までは比恵川という名で博多の南側を流れていた。比恵川の跡には外敵の侵入を防ぐために房州堀（ぼうしゅうぼり）が築かれた。

　13世紀には元軍の襲来に備えて博多湾沿岸に石築地（いしついじ）が築かれた。そのため博多は石城（せきじょう）という異名がついた。

　聖福寺などが建つエリアは、もともとは宋人百堂（そうじんひゃくどう）という博多居住の宋人たちが建てた仏堂があった場所とされる。南東側の港に近いエリアでは中国風の瓦が多く見つかっており、宋人が多く住んでいた場所と考えられている。

第1章　福岡らしさとは？

第2章　福岡という空間

第3章　土地に刻まれた記憶

第4章　くらしといとなみ

第5章　興し、伝え、守る

第6章　福岡のあゆみ

▲ 8〜9世紀頃の鴻臚館(想像図)

吉塚本町遺跡

吉塚祝町遺跡

堅粕遺跡

吉塚遺跡

博多遺跡群

旧比恵川

官道水城東門ルート

鴻臚館

住吉神社遺跡

官道水城西門ルート

0　　　　　400m

▲ 鴻臚館と周辺遺跡

　発掘調査により推定した奈良・平安時代の海岸線の図。範囲は、現代の博多駅から福岡城跡付近で、下に道路地図を重ねた。左上の建物は発掘成果から想像した 8 〜 9 世紀頃の鴻臚館のCG。博多側にも役人が暮しており、大宰府政庁へと繋がる官道が鴻臚館側とともに整備されていたと考えられている。

▶ 縄文海進の頃の福岡

　今から約6,500〜6,000年前の海岸線(推定)に現在の地形を重ねたもの。海の中道の位置が現在と大きく異なる。この頃の平均気温は今よりも2℃、海面は1〜2mほど高かった。この後、徐々に海面が低くなり、約3,000〜2,500年前には稲作が伝来する。人々は川のそばに稲を栽培し、周辺から少し高い場所に集落を作り定住を始めた。やがて村がまとまって国となり、中国と直接交渉をする奴国(なこく)のような有力な国が福岡平野に出現した。

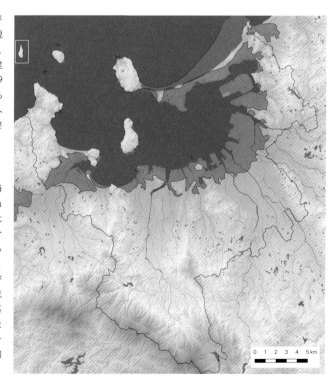

0 1 2 3 4 5 km

昔の人が考えた未来

近代以降の福岡の人々は、今よりも生活が良くなるようにと様々な理想の都市像を考えてきました。そのイメージは時代によって重きを置く部分が異なり、例えば明治、大正期は港湾を整備して物流拠点となることを目指しますし、戦後の復興期には運河の開削や大規模な埋め立てによって北九州に負けないような工業地帯を建設しようとしたこともありました。やがて、高度成長期には急激な人口増加によって軌道系の交通機関をはじめとした都市のインフラ整備が喫緊の課題となります。70年代以降は緑と調和した都市が理想として掲げられ、80年代中盤以降はアジアとの関係性を重視した交流拠点都市という将来像が示されるようになりました。

▲ 未来之大福岡之図

1938年5月／福岡日日新聞社／福岡市博物館蔵
市制50周年記念展覧会の時に作成された衝立に描かれた未来の市街図。港を中心に発展する街には高層ビルが建ち並ぶ。

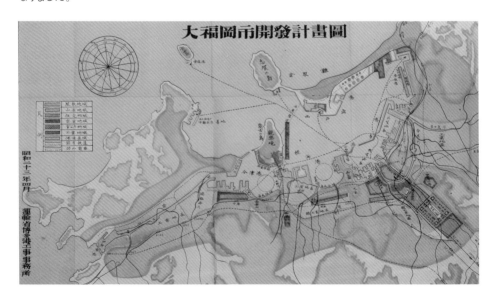

広報統計課編・西島伊三雄画

第1章　福岡らしさとは？

第2章　福岡という空間

第3章　土地に刻まれた記憶

第4章　くらしといとなみ

第5章　興し、伝え、守る

第6章　福岡のあゆみ

◀ 大福岡市開発計画図

1948年4月／運輸省博多港工事事務所

太田尾廣治『大福岡市の構想に就いて』(福岡商工会議所、1949年8月)収録の図。港湾を整備し工業都市として発展していくモデルが示されている。ひときわ目立つのが糸島半島を横切る運河と工業地帯。空港は4ヶ所、能古島には橋がかかる。戦後の復興期にはこうした開発計画が数多く作成された。

▲ 10年後のふくおかー都市づくりの夢ー

1965年1月／福岡市広報統計課編、西島伊三雄画

『市政だより』の元旦号の表紙を飾った1975年の福岡の想像図。特に目を引くのが中央に描かれた環状のモノレール。新博多駅には64年開業の新幹線がみえる。福岡空港は国際化を実現。西鉄宮地岳線(現貝塚線)は天神大牟田線との接続を果たし、筑肥線と共に高架となっている。描いたのはのちに福岡市営地下鉄のシンボルマークなどを手掛けることになる博多出身のグラフィックデザイナー。

市域の変遷

　明治22（1889）年、福岡市が誕生した時の市域は、江戸時代の福岡城下とほぼ同じ範囲の東西約5km、南北約2kmの狭いエリアでした。その後、大正時代に6回、昭和時代の戦前に8回、戦後に7回の編入が行われ、市域を広げていきました。昭和50（1975）年に現在の市域となるまでに加わった周辺の町村の数は30に達し、面積は市制施行時の約67倍になりました。

周辺町村の編入の歴史

日付は編入日。地図は編入した時点での市域。郡名・町村名は編入時の名称。市制施行時の面積は5.09㎢。現在は343.46㎢（国土地理院『令和2年全国都道府県市町村面積調（10月1日時点）』）。各時点での面積は、市域の境界変更、水面埋立などにより編入面積とのずれが生じるものがあるため省略した。

			1889年4月1日 福岡市誕生
1912年10月1日 筑紫郡警固村	1915年4月1日 筑紫郡豊平村の一部	1919年11月1日 早良郡鳥飼村	1922年4月1日 早良郡西新町
1922年6月1日 筑紫郡住吉町	1926年4月1日 筑紫郡八幡村	1928年4月1日 筑紫郡堅粕町	1928年5月1日 筑紫郡千代町
1929年4月1日 早良郡原村、樋井川村	1933年4月1日 早良郡姪浜町 筑紫郡席田村	1933年4月5日 筑紫郡三宅村	1940年12月26日 糟屋郡箱崎町

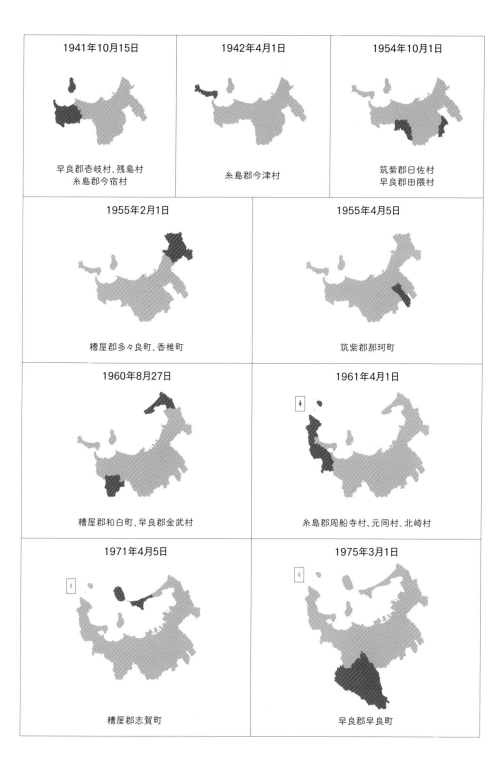

1941年10月15日	1942年4月1日	1954年10月1日
早良郡壱岐村、残島村 糸島郡今宿村	糸島郡今津村	筑紫郡日佐村 早良郡田隈村

1955年2月1日	1955年4月5日
糟屋郡多々良町、香椎町	筑紫郡那珂町

1960年8月27日	1961年4月1日
糟屋郡和白町、早良郡金武村	糸島郡周船寺村、元岡村、北崎村

1971年4月5日	1975年3月1日
糟屋郡志賀町	早良郡早良町

第1章　福岡らしさとは？

第2章　福岡という空間

第3章　土地に刻まれた記憶

第4章　くらしといとなみ

第5章　興し、伝え、守る

第6章　福岡のあゆみ

昔の役所

　明治22（1889）年、市制・町村制の施行で、現在の市域に33の市町村が誕生します。この時、福岡市の人口が50,847人だったのに対して、周辺の町村はいずれも数百人〜 3,000人程度でした。その後、人口が2万人以上に増加した町（住吉町・堅粕町・那珂町）もありましたが、多くは数千人になったところで市に編入されたので、役所も小規模なものでした。一方、周辺町村を編入して人口が10万人を超えた福岡市は大正12（1923）年に鉄筋コンクリート製の庁舎を新築しました（1985年まで使用）。

▼ **明治22（1889）年に誕生した市町村**

※現在の市域の7つの区を色分けした。
※途中で改称している村は改称後の村名を（ ）で示した。

福岡県庁（旧）

福岡県庁（新）

香椎町役場

箱崎町役場

福岡市役所（旧）

福岡市役所（新）

西新町役場

金武村役場

日佐村役場

樋井川村役場

原村役場

入部村役場

田隈村役場

内野村役場

脇山村役場

周船寺村役場

壱岐村役場

残島村役場

今宿村役場

姪浜村役場

北崎村役場

県庁・市役所の画像は福岡市博物館蔵、それ以外は
『香椎町誌』、『箱崎を語る会　第3集』、『ふるさとの
日佐100年』、『早良郡誌』、『村誌』（金武村）、『糸
島郡誌』、『周船寺村誌』より引用。

第1章　福岡らしさとは？

第2章　福岡という空間

第3章　土地に刻まれた記憶

第4章　くらしといとなみ

第5章　興し、伝え、守る

第6章　福岡のあゆみ

福岡の人口（現代）

▼ 福岡市の人口ピラミッド（2020年9月 住民基本台帳を元に作成）

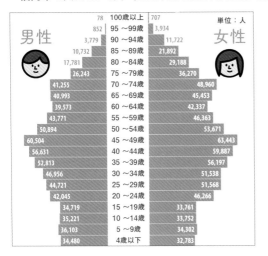

	男性		100歳以上	78 / 707		女性	単位：人
		852	95〜99歳	3,934			
		3,779	90〜94歳	11,722			
		10,732	85〜89歳	21,892			
		17,781	80〜84歳	29,188			
		26,243	75〜79歳	36,270			
		41,255	70〜74歳	48,960			
		40,993	65〜69歳	45,453			
		39,573	60〜64歳	42,337			
		43,771	55〜59歳	46,363			
		50,894	50〜54歳	53,671			
		60,504	45〜49歳	63,443			
		56,631	40〜44歳	59,887			
		52,813	35〜39歳	56,197			
		46,956	30〜34歳	51,538			
		44,721	25〜29歳	51,568			
		42,045	20〜24歳	46,266			
		34,719	15〜19歳	33,761			
		35,221	10〜14歳	33,752			
		36,103	5〜9歳	34,302			
		34,480	4歳以下	32,783			

令和2（2020）年9月1日現在の福岡市の推計人口は160万3,043人です。これは政令指定都市の中では、横浜、大阪、名古屋、札幌につぐ5番目の規模です。

年齢別の人口分布は、成人に関しては、日本全体のそれとおおむね一致します。しかし、若年層では、日本全体では若いほど人口が減少しているのに対し、福岡市では10代の人口の分布に横ばい傾向が見られるという特徴があります。

◀ 小学校区別人口分布地図
（2020年9月 住民基本台帳（日本人）を元に作成）

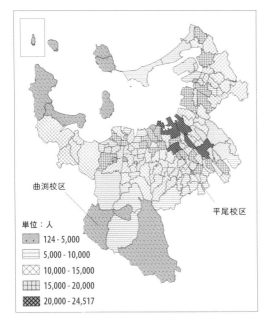

曲渕校区

平尾校区

単位：人
- 124 - 5,000
- 5,000 - 10,000
- 10,000 - 15,000
- 15,000 - 20,000
- 20,000 - 24,517

小学校区別で最も人口が多いのは24,517人が暮らす平尾校区で、以下、舞鶴、博多、那珂、住吉が続きます。一方、最も少ないのは124人の曲渕校区（休校中）で、小呂、勝馬、玄界、能古がそれに続きます。

この他、大規模な集合住宅があるものの、そもそも校区が狭いため人口が少ない場所もあります（城浜・福浜・有住・壱岐東）。これらは団地造成にともなって校区が新しくできた地域です。

第1章 福岡らしさとは？

第2章 福岡という空間

第3章 土地に刻まれた記憶

第4章 くらしといとなみ

第5章 興し、伝え、守る

第6章 福岡のあゆみ

校区の人口を年齢別に３段階に分け、それぞれの比率を出したのが右の地図です。上段が14歳以下、中段が15～64歳、下段が65歳以上の割合です。

14歳以下の比率が最も高い校区は31.9%の照葉北です。この他、同じくアイランドシティの照葉校区、九大学研都市駅の開業と共に開発が進む西都校区が25%以上で続きます。一方、最も低いのは曲渕の1.6%です。また、春吉校区を中心とした都心部で10%以下の低いエリアが目立ちます。

15～64歳の比率が最も高い校区は82%の東住吉で、81.3%の春吉が続きます。以下、70%代の地域が博多駅を中心とする半径約3kmに集中します。最も低い校区は38.9%の城浜です。

65歳以上の比率が最も高い校区は56.5%の曲渕で、55.2%の城浜が続きます。最も低い校区は5.5%の照葉で、次が6.9%の照葉北です。

最も人口密度が高い校区はどこ？

1位となった校区の人口密度は、福岡市の小学校の平均的な校庭の広さである約1ha（100×100m）の中に241人が生活している計算になります。ちなみに、低密度の校区は1人以下の脇山、曲渕、北崎、勝馬、能古です。

▼ 小学校区別年齢比率分布地図
（2020年9月住民基本台帳（日本人）を元に作成）

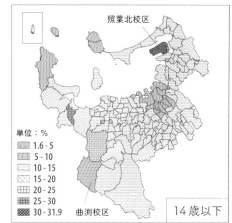

照葉北校区

単位：%
1.6 - 5
5 - 10
10 - 15
15 - 20
20 - 25
25 - 30
30 - 31.9　曲渕校区

14歳以下

城浜校区

単位：%
38.9 - 4
40 - 50
50 - 60
60 - 70
70 - 80
80 - 82

東住吉校区

15～64歳

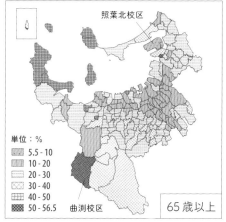

照葉北校区

単位：%
5.5 - 10
10 - 20
20 - 30
30 - 40
40 - 50
50 - 56.5

曲渕校区

65歳以上

福岡の人口（歴史）

▼ 福岡市域の100年間の人口の推移（国勢調査のデータから作成）

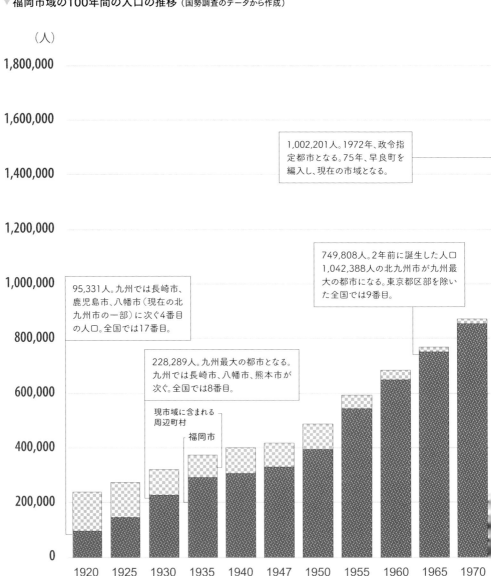

3学年（4）市の様子の移り変わり

（人）

1,002,201人。1972年、政令指定都市となる。75年、早良町を編入し、現在の市域となる。

749,808人。2年前に誕生した人口1,042,388人の北九州市が九州最大の都市になる。東京都区部を除いた全国では9番目。

95,331人。九州では長崎市、鹿児島市、八幡市（現在の北九州市の一部）に次ぐ4番目の人口。全国では17番目。

228,289人。九州最大の都市となる。九州では長崎市、八幡市、熊本市が次ぐ。全国では8番目。

現市域に含まれる周辺町村

福岡市

1,800,000
1,600,000
1,400,000
1,200,000
1,000,000
800,000
600,000
400,000
200,000
0

1920　1925　1930　1935　1940　1947　1950　1955　1960　1965　1970

第1章 福岡らしさとは？

第2章 福岡という空間

第3章 土地に刻まれた記憶

第4章 くらしといとなみ

第5章 興し、伝え、守る

第6章 福岡のあゆみ

　市制が施行された明治22(1889)年、市の人口は50,847人でした。当時の市域はかつての福岡城下と重なるエリアで5.09㎢です。現在の市域（343.46㎢）に含まれる当時の周辺町村の人口の合計は約10万人程度でしたので、130年間で10倍以上に増えたことが分かります。この間、日本全体の人口はおよそ4,000万人から1億2,600万人と約3倍に増加しています。

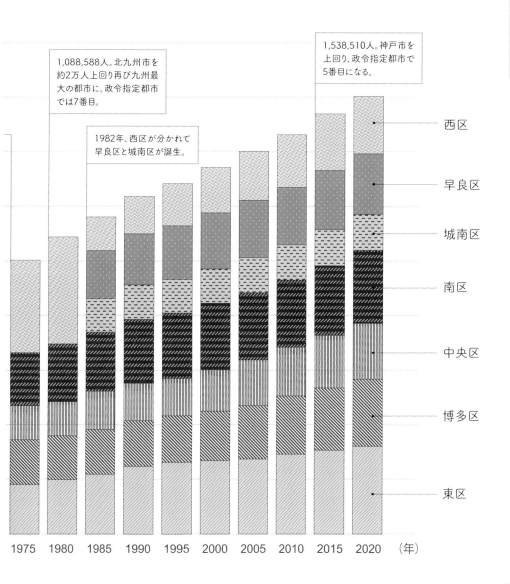

1,088,588人。北九州市を約2万人上回り再び九州最大の都市に。政令指定都市では7番目。

1,538,510人。神戸市を上回り、政令指定都市で5番目になる。

1982年、西区が分かれて早良区と城南区が誕生。

西区
早良区
城南区
南区
中央区
博多区
東区

1975　1980　1985　1990　1995　2000　2005　2010　2015　2020　（年）

福岡の交通 （1970〜2000年代）

3学年（4）市の様子の移り変わり

　政令指定都市になった昭和47（1972）年以降、福岡市の交通は大きく変貌を遂げていきます。1970年代は福岡空港の開港や新幹線の開業、日本に返還された沖縄への定期航路の開設など、国内の各所と福岡がつながっていきます。一方、市内交通は、自動車の増加の影響で路面電車が徐々に廃止され（1973-）、6年後（1979年）に全廃。69年間にわたって市民の足となっていた路面電車に代わって、1980年代は都市高速道路と市営地下鉄が登場してきます。1990年代は外国航路の開設が相次ぎ、2000年代には外国から大型客船が数多く博多港に訪れるようになりました。近年、都市高速道路や市営地下鉄もますます充実してきており、福岡市の交通は日夜発展を続けています。

▼ 福岡市の交通年表 ［1970年代〜現代］

年	月日	できごと
1972年	4月1日	板付飛行場、米軍から返還され、福岡空港が開港
1973年	1月5日	路面電車、吉塚線廃止
1975年	7月	玄界島航路・宮浦航路、市に譲渡され市営渡船となる
	2月16日	フェリー「えめらるどおきなわ」博多ー那覇間で就航
1978年	3月10日	山陽新幹線 岡山ー博多が開業。東京ー博多が6時間56分に
1979年	11月1日	路面電車、貫通線・呉服町線・城南線が廃止
1980年	3月3日	西鉄大牟田線・平尾ー大橋間が高架化
1981年	2月11日	路面電車循環線が廃止され、市内から姿を消す
1982年	10月20日	都市高速道路 香椎ー東浜間が開通
1983年	7月26日	市営地下鉄 室見ー天神間が開通
1985年	6月	市営渡船（志賀島航路）、博多ふ頭ー西戸崎間が就航
1986年	3月22日	市営地下鉄（1号線）、姪浜ー博多（仮）で全線開業
1988年	4月1日	小呂島航路が市営定期航路となる
	11月12日	市営地下鉄（2号線）、中洲川端ー貝塚間が全線開通
1989年	10月	都市高速道路 荒津大橋が完成
1990年	3月	市営渡船（志賀島航路）、海の中道までの航路延長
	4月1日	回送新幹線を利用した博多南線が開業
	4月10日	フェリー「ごーるでんおきなわ」博多ー
	5月2日	高速船「ビートル」、博多ー平戸ー長崎オランダ村間が就航（1992休航）、博多ー韓国麗水間が就航（1994就航）
1991年	3月25日	高速船「ビートル2世」、博多ー韓国釜山間まで延伸
	4月	博多港国際ターミナル、開業
1993年	3月25日	西鉄大牟田線・福岡ー平尾間が高架化
1995年	9月	西鉄福岡駅、新装開業
1997年	3月	都市高速道路 百道ー福重間が開通し、西九州自動車道と直結
1999年	3月27日	都市高速道路 福岡IC で九州自動車道と直結
2001年	10月13日	都市高速道路、福重ー百道間が開通し、西九州自動車道と直結
2005年	2月3日	市営地下鉄（3号線）、天神南ー橋本間が開業
2007年	3月31日	博多駅ビルの解体開始
2011年	3月3日	新博多駅ビル（JR博多シティ）、開業
	3月13日	九州新幹線（鹿児島ルート）、博多ー鹿児島中央間が開業
2012年	4月29日	福岡外環状道路、全線開通
	7月21日	都市高速道路、環状線としての全線供用開始

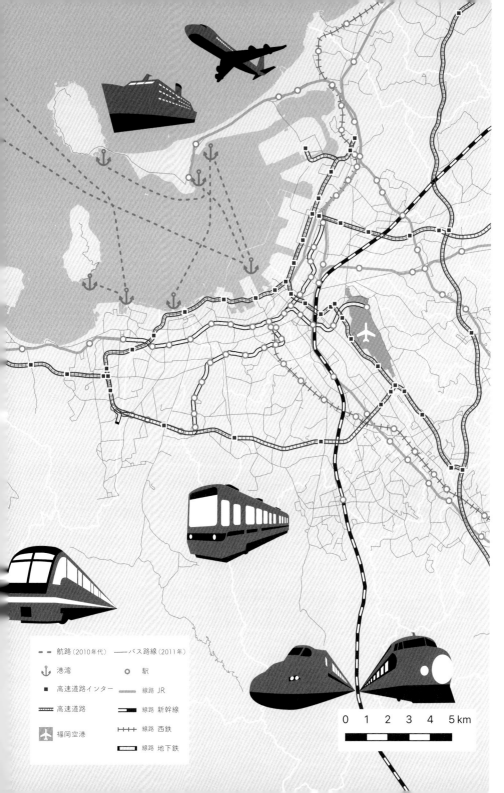

第1章　福岡らしさとは？

第2章　福岡という空間

第3章　土地に刻まれた記憶

第4章　くらしといとなみ

第5章　興し、伝え、守る

第6章　福岡のあゆみ

凡例

- - 航路（2010年代）　── バス路線（2011年）

⚓ 港湾　　　　　　　○ 駅

■ 高速道路インター　　═ 線路 JR

▦ 高速道路　　　　　━ 線路 新幹線

🛫 福岡空港　　　　　╫ 線路 西鉄

　　　　　　　　　　▭ 線路 地下鉄

0　1　2　3　4　5 km

福岡の交通 （1870～1960年代）

3学年（4）市の様子の移り変わり

都市交通の担い手は、明治時代は人力車や乗合馬車でしたが、明治時代末に路面電車が登場し、大正時代以降はタクシー・バスも加わり、人びとの日常の足となっていきました。都市間を結ぶ陸上交通は、明治時代中期に登場した鉄道により九州各地と結ばれるようになり、沿線の開発が進んでいきました。海上交通は明治時代以降、関西を起点とする航路の寄港地として多くの船が立ち寄り、終戦後は139万人の引揚者と50万人の出国者が行き来しました。航空路は雁ノ巣飛行場が戦前における国内最大規模の民間飛行場として、大陸と結ぶ多くの航空路が開設されました。

▼ 福岡市の交通年表 [1870年代～1960年代]

年	月日	出来事
1870～80年代頃		現在の福岡市域にあたるエリアの人力車の数が1200台をこえる
1889年	12月11日	市内初の鉄道（九州鉄道）、博多－千歳川（現・佐賀県鳥栖市）間で開業
1906年	6月	博多－釜山間の定期航路、開設
1907年	7月1日	九州鉄道、国有化される
1909年	3月9日	博多駅2代目駅舎、完成
1910年	3月9日	市内初の路面電車（福博電気軌道）、開業
1912年	11月17日	市内初の飛行実演
1913年	3月14日	市内初のタクシー（中島自動車商会）、開業
1924年	4月11日	市内初の航空路線（日本航空）、大阪－別府－福岡線を開業
1926年	4月12日	九州鉄道、九鉄福岡－九鉄久留米間を開業（現・西鉄天神大牟田線）
	5月23日	博多湾鉄道汽船、新博多－和白間が開通（後に国有化・現・西鉄貝塚線）
	10月	北九州鉄道、東唐津－博多間が全線開通（後に国鉄に編入・現・JR筑肥線）
1930年	3月	名島水上飛行場、開場
1936年	3月	九州鉄道の福岡駅、新駅舎完成
	6月6日	雁ノ巣飛行場（福岡第一飛行場）、開場
1942年	9月22日	市内の鉄道会社が合併して西日本鉄道（株）が設立される
1943年	7月15日	博多港駅新装し、鉄道省による博多－釜山間の新航路、開設
1945年	5月	陸軍席田飛行場（現・福岡空港）、開場
1949年	10月15日	博多港、海外引揚援護港に指定される
1951年	6月10日	博多港、機雷の掃海が完了し、開港安全宣言をする
1956年	10月25日	板付飛行場で民間航空の運航が再開
1960年	11月19日	博多－東京間の夜行寝台特急「あさかぜ」誕生（所要時間17時間25分）
	12月1日	博多－釜山間の定期航路、復活（→1963年9月下関港に移る）
1961年	11月1日	西鉄福岡駅、高架化
1963年	12月1日	博多駅3代目駅舎、完成
1965年	9月1日	福岡－釜山間の定期航空路（大韓航空）、開設

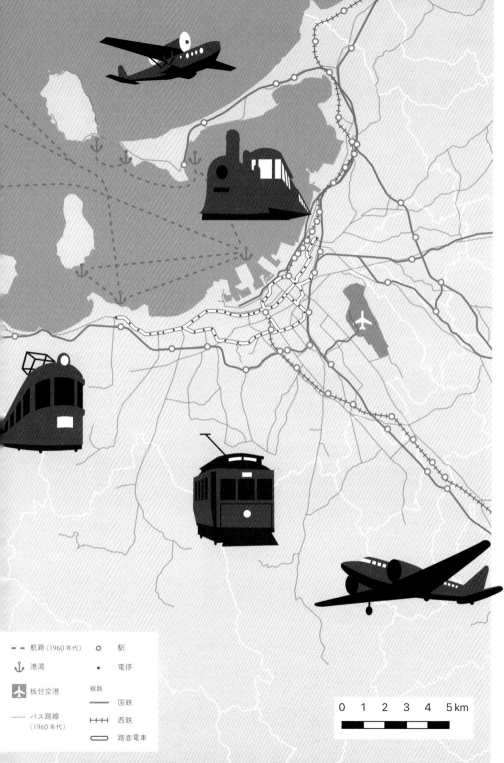

第1章　福岡らしさとは？

第2章　福岡という空間

第3章　土地に刻まれた記憶

第4章　くらしといとなみ

第5章　興し、伝え、守る

第6章　福岡のあゆみ

- - 航路（1960年代）
⚓ 港湾
✈ 板付空港
―― バス路線
　　（1960年代）

◦ 駅
• 電停

線路
―― 国鉄
┝┿┥ 西鉄
◠◠ 路面電車

0　1　2　3　4　5 km

小学校区の変遷

3学年（4）市の様子の移り変わり

　令和3（2021）年3月現在、福岡市域にある小学校は、市立が145校、国立が1校、私立が3校です。右の図は設立年代ごとに小学校を分類したもので、細い黒線が校区、赤い矢印は新設、廃止に伴う児童の移動を示しています。

　明治時代以来、校区が分割されずに現在に至っている場所がある一方で中心部では分割を示す多くの矢印が見られます。これらの地域は1960〜70年代にかけて、人口の増加が特に顕著だったところです。

　また、都心部や郊外では児童数の減少により、地図で薄く示したように、歴史ある小学校が廃校となる状況も生まれてきています。今後、このまま少子化が続いていけば、地域社会の核である小学校は大きな影響を受けることが予想されます。私たちは今一度、身近な問題として小学校区のあり方について考える必要があるのかもしれません。

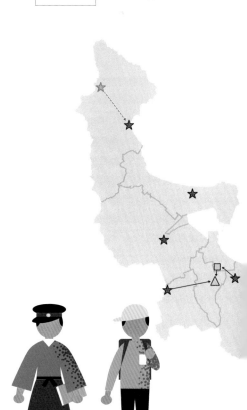

▼市内の小学校児童数と小学校数の推移（1949〜2020年）

（万人）　1950　1960　1970　1980　1990　2000　2010　2020（校）

児童数

小学校数

　児童数は1958年に一つ目のピークがみられ、1982年には、これまでで最多の105,979人となる。一度減少に転じたが、2000年代以降は漸増が続き、2020年で82,741人となっている。

　小学校数は児童数の増加に合わせて1960〜70年代に急増したが、近年は140校台で推移している。

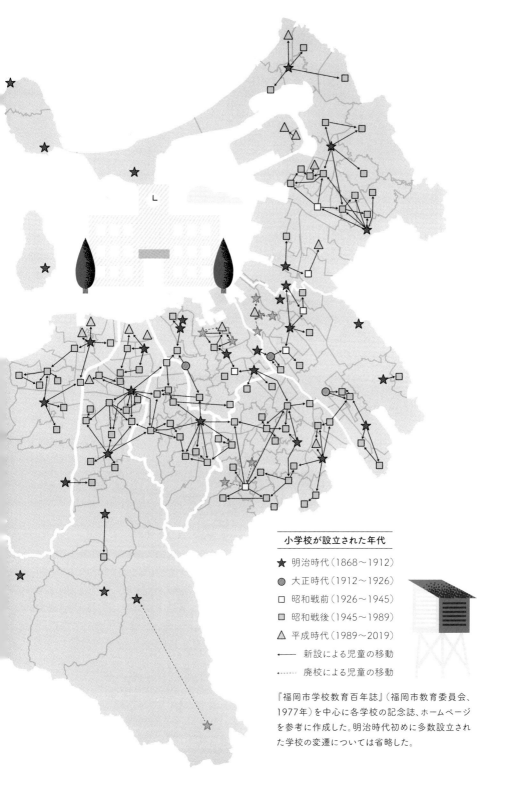

小学校が設立された年代

★ 明治時代（1868～1912）

● 大正時代（1912～1926）

□ 昭和戦前（1926～1945）

□ 昭和戦後（1945～1989）

△ 平成時代（1989～2019）

⟶ 新設による児童の移動

┈┈➤ 廃校による児童の移動

『福岡市学校教育百年誌』（福岡市教育委員会、1977年）を中心に各学校の記念誌、ホームページを参考に作成した。明治時代初めに多数設立された学校の変遷については省略した。

第1章　福岡らしさとは？

第2章　福岡という空間

第3章　土地に刻まれた記憶

第4章　くらしといとなみ

第5章　興し、伝え、守る

第6章　福岡のあゆみ

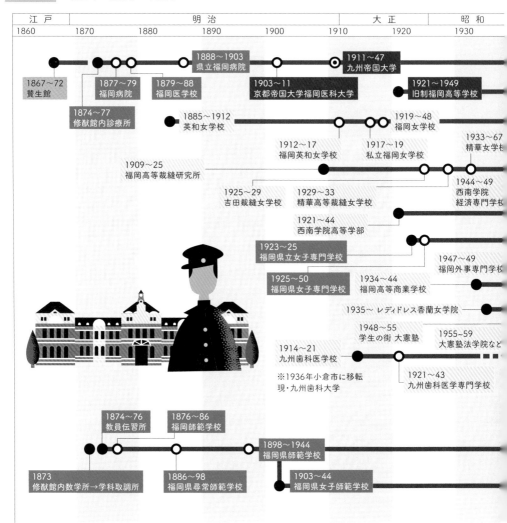

3学年（4）市の様子の移り変わり

江戸	明治	大正	昭和
1860	1870　1880　1890　1900　1910	1920	1930

1867〜72
黄生館

1877〜79
福岡病院

1879〜88
福岡医学校

1888〜1903
県立福岡病院

1903〜11
京都帝国大学福岡医科大学

1911〜47
九州帝国大学

1921〜1949
旧制福岡高等学校

1874〜77
修獣館内診療所

1885〜1912
英和女学校

1919〜48
福岡女学校

1912〜17
福岡英和女学校

1917〜19
私立福岡女学校

1933〜67
精華女学校

1909〜25
福岡高等裁縫研究所

1925〜29
吉田裁縫女学校

1929〜33
精華高等裁縫女学校

1944〜49
西南学院
経済専門学校

1921〜44
西南学院高等学部

1923〜25
福岡県立女子専門学校

1925〜50
福岡県女子専門学校

1934〜44
福岡高等商業学校

1947〜49
福岡外事専門学校

1935〜 レディドレス香蘭女学院

1948〜55
学生の街 大憲塾

1955〜59
大憲塾法学院など

1914〜21
九州歯科医学校

※1936年小倉市に移転
現・九州歯科大学

1921〜43
九州歯科医学専門学校

1874〜76
教員伝習所

1876〜86
福岡師範学校

1898〜1944
福岡県師範学校

1873
修獣館内数学所→学科取調所

1886〜98
福岡県尋常師範学校

1903〜44
福岡県女子師範学校

大学の変遷

　現在、福岡市は人口に占める学生の割合が京都市、東京都区部に次いで多い都市です。市域の大学・短期大学は九州大学を除いて戦後に新制大学として開校した学校がほとんどですが、起源をたどれば戦前にさかのぼるものもいくつかあります。それらの中には明治前期に開校した女学校や日本初の公立の女子専門学校もあり、さらには女性教師を養成する女子師範学校が県内で唯一設置されるなど、女子の高等教育機関が充実した地域でした。

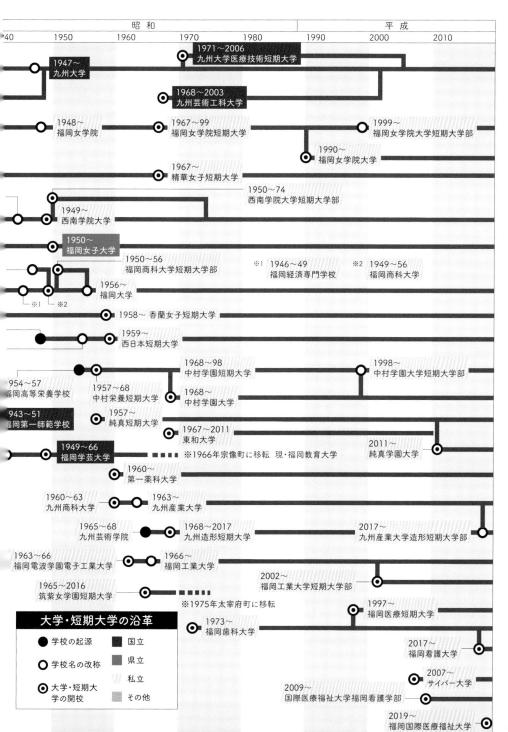

第1章 福岡らしさとは？

第2章 福岡という空間

第3章 土地に刻まれた記憶

第4章 くらしといとなみ

第5章 興し、伝え、守る

第6章 福岡のあゆみ

昭和　　**平成**

40　1950　1960　1970　1980　1990　2000　2010

1971〜2006
九州大学医療技術短期大学

1947〜
九州大学

1968〜2003
九州芸術工科大学

1948〜
福岡女学院

1967〜99
福岡女学院短期大学

1999〜
福岡女学院大学短期大学部

1990〜
福岡女学院大学

1967〜
精華女子短期大学

1950〜74
西南学院大学短期大学部

1949〜
西南学院大学

1950〜
福岡女子大学

1950〜56
福岡商科大学短期大学部

※1　1946〜49
福岡経済専門学校

※2　1949〜56
福岡商科大学

1956〜
福岡大学

※1　※2

1958〜 香蘭女子短期大学

1959〜
西日本短期大学

1968〜98
中村学園短期大学

1998〜
中村学園大学短期大学部

954〜57
福岡高等栄養学校

1957〜68
中村栄養短期大学

1968〜
中村学園大学

943〜51
福岡第一師範学校

1957〜
純真短期大学

1967〜2011
東和大学

2011〜
純真学園大学

1949〜66
福岡学芸大学

※1966年宗像町に移転　現・福岡教育大学

1960〜
第一薬科大学

1960〜63
九州商科大学

1963〜
九州産業大学

1965〜68
九州芸術学院

1968〜2017
九州造形短期大学

2017〜
九州産業大学造形短期大学部

1963〜66
福岡電波学園電子工業大学

1966〜
福岡工業大学

2002〜
福岡工業大学短期大学部

1965〜2016
筑紫女学園短期大学

※1975年太宰府町に移転

1997〜
福岡医療短期大学

1973〜
福岡歯科大学

2017〜
福岡看護大学

2007〜
サイバー大学

2009〜
国際医療福祉大学福岡看護学部

2019〜
福岡国際医療福祉大学

大学・短期大学の沿革

● 学校の起源
○ 学校名の改称
◉ 大学・短期大学の開校

■ 国立
■ 県立
■ 私立
■ その他

63

Chapter 3

土地に刻まれた記憶

　福岡市は、海外からの新しい文化を積極的に受け入れ、古いものと融合させながら、新陳代謝を続けることで都市のエネルギーを生み出してきた長い歴史があります。市内各所で行われる発掘調査では、同じ場所から異なる時代の生活の跡が何層にも重なって見つかることも珍しくなく、そのさまをもって福岡市を「上書き都市」と呼ぶ人もいます。また、地中に埋まっているもの以外でも、地名や地形、人々の往来を見守ってきた石碑や樹木の由来などからも、地域の歴史の厚みに触れることができる場合があります。

　そこで、第3章では、市内のいたるところに残された「まちの記憶の痕跡」から、この土地の特徴を読み解きます。

地名と地形

　土地に刻まれた記憶として最も身近なものの一つに地名があります。特に地形に由来するものはその場所の特徴をよく表しています。ここでは地形に関係する4つの地名（原・隈・浜・崎）について紹介します（一部現在使っていない地名も含みます）。

　他にも、沢・谷・坂・丘・台・山など、地形を表す地名はたくさんあります。公称町名となっていなくても、交差点、バス停、電信柱、公園の名前などに昔からの地名が残っていることがあるので、身近な所で思わぬ発見ができることもあります。

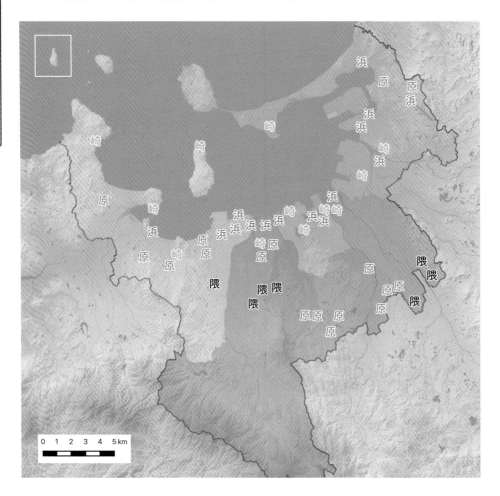

原
（はら・はる）

［東区］下原、唐原

［南区］日佐原、柏原、笹原、塩原、桧原、平原、屋形原

［城南区］駄ケ原

［早良区］祖原、原

［西区］生の松原、大原、上ノ原、桑原、城の原、女原

ほか

「原」には平らで広い所、耕作していない平地、平原等の意味があります。読みを「はる・ばる」とするのは、九州各地でもよく見られます。しかし、その理由については、外国語からの影響や古代の「原」の使い方との関わりなど、様々な議論がなされており、はっきりしたことはわかっていません。

隈
（くま）

［博多区］雑餉隈、月隈、金の隈

［城南区］七隈

［城南区・早良区］干隈

［早良区］田隈

［西区］道隈　　ほか

「隈」には、他と境界を接する地点、奥まった場所、道や川などの折れ曲がっている所、曲がり角、物陰、片すみ、片田舎等の意味があります。市内の隈が付く場所も丘陵地を背にしていたり、周囲から少しくぼんでいたりする場合が多いです。ただ、七隈は中世の古文書の中で「七車」と表記されることもあるので、他の隈とは由来が異なるかもしれません。

浜
（はま）

［東区］香椎浜、多々良浜、塩浜、浜男

［博多区］市小路浜、沖浜町、大浜、北浜町、竪町浜、西浜町、西町浜、浜口浜、浜口町、浜小路、浜新地

［中央区］地行浜、長浜、浜の町

［早良区］百道浜

［西区］愛宕浜、内浜、豊浜、姪浜、横浜　　ほか

「浜」は海や湖の、水ぎわに沿った平地のことを言います。浜が付く地名が特に多いのは博多の海側です。これは江戸時代に浜側が埋まり新たな町をつくる時に、隣接する町名に浜を付けたためです。同じように戦後に埋立てが進んだ場所も、地行浜や百道浜のように、旧来の地名に浜を付ける事例が多く見られます。

崎
（さき）

［東区］西戸崎、箱崎、松崎

［博多区・中央区］須崎

［中央区］伊崎、福崎

［早良区］藤崎

［西区］北崎、鋤崎、浜崎、水崎、也良崎　　ほか

「崎」は陸地が海や湖などの中へつきでた所や、陸上で山や丘が平地につきだした所等を指す言葉です。箱崎は中世までは東側に内海が深く入り込んでいて、海につきでた岬のような地形でした。福崎は福岡の地名の元になったとされる場所で、城下町造成で埋め立てられる以前の海辺に存在していました。

第1章　福岡らしさとは？

第2章　福岡という空間

第3章　土地に刻まれた記憶

第4章　くらしといとなみ

第5章　興し、伝え、守る

第6章　福岡のあゆみ

地名と歴史

　江戸時代以降、様々な地誌類で地名の由来についての分析がなされるようになりました。これらの中には現代の歴史学から見れば不確実なものも含まれています。しかし、そうした由緒が長年にわたって地域の人々によって伝えられてきたのは確かな事実です。地名の由来はここに示したものだけに限りません。まだまだ知られていない地名の由来が地域には眠っているかもしれません。

○参考にした資料
「続風土記」＝『筑前国続風土記』(1709年)、『石城志』(1765年)
「附録」＝『筑前国続風土記附録』(1797年)、『太宰管内志』(1829年)
「拾遺」＝『筑前国続風土記拾遺』(1837年頃)
「地理全誌」＝『福岡県地理全誌』(1875-1880年)、『早良郡志』(1923年)

伝説・人物に由来

東区

勝馬（かつま）　神功皇后（じんぐうこうごう）がこの地に勝利の凱旋をした（続風土記）

香椎（かしい）　仲哀天皇（ちゅうあい）の棺を椎の木にかけていたところ異香を放った（続風土記）

名島（なじま）　神功皇后が朝鮮半島に出兵する際に軍卒に名前を名乗らせた（地理全誌）

箱崎（はこざき）　応神天皇（おうじん）の胞衣（えな）（胎児を包んでいた膜や胎盤）を入れた箱を埋めた（続風土記）

馬出（まいだし）　筥崎八幡宮（はこざきはちまんぐう）の神輿（しんよ）が博多へ下向する時、供の人が乗る馬を用意した（続風土記）

三苫（みとま）　神功皇后が航海安全を祈って海神に捧げた船の苫（とま）（覆い屋根）が3つ漂着した（地理全誌）

博多区

市小路（いちしょうじ）　太閤町割（たいこうまちわり）を最初に（一番に）取り掛かった場所（地理全誌）

綱場町（つなばまち）　菅原道真（すがわらみちざね）が博多に上陸した際に漁師が綱を輪にして敷物とした（石城志）

行町（ぎょうのちょう）　空海が唐（とうかい）から博多に帰着した際、東長寺（とうちょうじ）を建てて勤行をした（続風土記）

古渓町（こけいまち）　京都・大徳寺（だいとくじ）の古渓和尚が京を追われて住んだ場所（続風土記）

南区

五十川（ごじっかわ）　午時（正午）に仏教のお経が講じられていた＝「午時講」から（続風土記）

屋形原（やかたばる）　中世末に肥前国（ひぜんのくに）の豪族千葉氏の館があった（続風土記・拾遺）

早良区

小笠木（おがさぎ）　菅原道真が大宰府（だざいふ）へ赴く時、この地の樹木に笠をかけて休息した（拾遺）

重留（しげどめ）　平清盛（たいらのきよもり）の息子の平重盛（たいらのしげもり）が来た（早良郡志）

西区

小呂島（おろのしま）　昔、おろち（大蛇）が住んでいた（続風土記）

能古島（のこのしま）　神功皇后が帰国した際、住吉（すみよし）の神霊を残して異国の伏伏を願った（続風土記）

姪浜（めいのはま）　神功皇后のあこめ（衣）を干したことから「あこめの浜」となり、それが転じて（続風土記・太宰管内志）

宮浦（みやのうら）　宗像三所（むなかた）の明神を勧請（かんじょう）して宮を建てた（続風土記）

女原（みょうばる）　後朱雀天皇（ごすざく）の皇女がここに住んだ（拾遺）

役職・施設に由来

博多区

官内町（かんないまち）
大宰府の官人（役人）の館（石城志）

蔵本番（くらもとばん）
博多の津中の米を収納する蔵（附録）

対馬小路（つましょうじ）
対馬藩の蔵屋敷（続風土記附録）

中央区

警固（けご）
外敵を防ぐために置かれた古代の施設「警固所」（続風土記）

材木町（ざいもくまち）
福岡城築城の際の材木置場（地理全誌）

南区

日佐（おさ）
通訳をつかさどった古代の役職「通事」「訳語」（附録）

三宅（みやけ）
天皇・皇族のための穀物を納めた蔵「屯倉」（附録）

早良区

飯倉（いいくら）
天皇・皇族のための穀物を納めた蔵「屯倉」（早良郡誌）

入部（いるべ）
諸皇子の養育料として設けられた部「入部」（地理全誌）

小田部（こたべ）
古代の屯倉に置かれた耕作民「田部」（早良郡誌）

野方（のかた）
古代の額田郷・額田駅（拾遺）

西区

周船寺（すせんじ）
船舶の管理を行っていた古代の役所「主船司」（続風土記）

生産・貿易に由来

東区

塩浜（しおはま）
浜で塩を焼いていた（地理全誌）

多々良（たたら）
鉄の製造に使う「踏鞴」から（拾遺）

唐原（とうのはる）
「唐人塚」があったから、「塚の元」「塔の元」が転じて（附録・拾遺）

博多区

金屋町（かなやちょう）
釜を作る職人が多く居住していた（石城志）

釜屋番（かまやばん）
鍛冶を起こした釜職人がいた（続風土記・石城志）

瓦町（かわらまち）
黒田長政が播磨国から連れてきた瓦師が住んだ（続風土記）

御供所町（ごくしょまち）
筥崎八幡宮へのお供えを用意した（続風土記）

箔屋番（はくやばん）
金箔・銀箔の技術を中国から学んだ職人が住んでいた（石城志）

中央区

唐人町（とうじんまち）
高麗人が住んだ場所、唐船が停泊する場所だった（続風土記・拾遺）

春吉（はるよし）
秋は住吉神社の祭礼で作物が踏み荒らされるため春の作物が良い（続風土記）

薬院（やくいん）
博多に着いた船がもたらした薬草を栽培していた（続風土記）

南区

塩原（しおばる）
かつて塩焼きをしていたことで塩煮塚の地名が起こり、塩原もそれに由来（続風土記）

早良区

庄（南庄）（しょう（みなみしょう））
塩を焼いていた（早良郡誌）

油山（あぶらやま）
清賀上人という僧侶がゴマを栽培して油を搾っていた（続風土記）

西区

今津（いまづ）
古くから栄えた博多に対して、日宋貿易の必要から新しく開けた港（地理全誌）

唐泊（からとまり）
今津に渡来する中国人の宿がおかれた（続風土記）

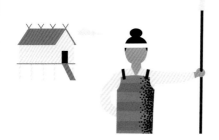

第1章 福岡らしさとは？
第2章 福岡という空間
第3章 土地に刻まれた記憶
第4章 くらしといとなみ
第5章 興し、伝え、守る
第6章 福岡のあゆみ

博多と福岡

　福岡市民以外では少しわかりにくい話題として「博多と福岡の違い」があります。少し詳しく見ていってみましょう。

博多とは？

　博多という地名が出てくる最も古い文献は『続日本紀』巻22、天平宝字3（759）年3月24日の記事です。大宰府が朝廷に懸念事項を報告した中に「本来、博多大津・壱岐・対馬には防衛上100隻以上の船を配備しておかなければならないのに現状では使用できる船がない」という記述が出てきます。この頃の「博多」は人が集住した特定の地域というよりは、博多湾全体の呼び名であったと考えられています。

　その後も対外交流や防衛拠点として「博多津」という言葉は様々な文献に登場します。そして、11世紀の中頃からは、現在、那珂川と石堂川（御笠川）に挟まれた海に面した一帯（狭い意味での博多）が、西側にあった鴻臚館に代わる貿易の拠点として発展し始めます。中国浙江省寧波市には、乾道3（1167）年4月の日付で「日本国太宰府博多津居住」という記載がある石碑があり、博多という地名が遠く中国まで知られていたことがわかります。

　16世紀に西洋の船が日本に現れるようになると、博多はヨーロッパにも知れ渡るようになります。当時の日本地図には「Facata」と書かれたものを数多く見つけることができます。

　ちなみに、博多の語源は「博は土地の広博、多は人の衆多を意味する」や、「地形が羽を伸ばしたような羽形をしているから」（以上『石城志』）など、様々な説があります。

博多大津

▲ 中国図（部分）

1607年／ホンディウスほか／福岡市博物館蔵

Facata（博多）の他にもBunguo（豊後）、Arima（有馬）といったキリスト教ともゆかりの深い地名が見られる。

福岡とは？

福岡という地名が使われた最も古い事例は黒田孝高（官兵衛、如水）が慶長7（1602）年正月16日に詠んだ夢想連歌です。「松梅や末長かれと緑立つ山よりつづく里は福岡」とあり、前年に建設を開始した城と城下町を連想させる内容となっています。

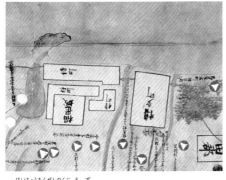

▲ 慶長筑前国絵図（部分）

1606年／福岡藩／福岡市博物館蔵

福岡は、新しく領主になった黒田長政が、博多の西側の土地を造成し、1601年からおよそ7年をかけて建設した町。

18世紀には福岡の命名の由来について記した文献が登場します。儒学者の貝原益軒は『筑前国続風土記』（1709年）の中で、「黒田長政が先祖の故地である備前国邑久郡福岡のことを思い出し、初心を忘れないために命名した」と書いています。

一方、同じ時代に活躍した儒学者の安見有定は『筑陽記』（1705年）という地誌の中で「城の建設場所にもともとあった福崎という村と岡山という山の名前を合体させて福岡にした」と書いています。有定は他にも、先祖の故地説と瑞夢説（黒田孝高の連歌のことか）にも触れており、より多面的に命名の由来について紹介しています。

福岡市か、博多市か

城下町として発展してきた博多と福岡は、明治時代の初めはそれぞれ別の行政区として把握されていきます。しかし、明治9（1876）年に両地域は「第一大区」として統合され、同11年に「福岡区」に改称されます。同22年には市制が施行され「福岡市」が成立したものの、博多側の人々は納得できず、同23年の市会で市名を博多市に変更する建議がなされました。しかし、可否同数であったため議長の権限で建議が廃案となりました。

昭和25（1950）年にも同様の請願がなされましたが、明治23年ほどの盛り上がりはありませんでした。行政区画として博多の地名が復活するのは、福岡市が政令指定都市となって博多区が誕生した昭和47年のことです。

▲ 市会が行われた会場

1887年／一得斎高清／福岡市博物館蔵

「九州沖縄八県聯合共進会場之図」より、共進館部分。博多と福岡の境界である東中洲で市名改称の議論が行われた。

地域のモニュメント　記念碑など

　これは福岡市中心部のモニュメントマップです。街なかにある芸術作品や
記念碑は、地域の人たちにとっては後世に語り継ぐべき大切なメッセージを記録
しておく存在です。また、初めてそこを訪れた人たちを歓迎し、やさしく案内し
てくれる存在でもあります。皆さんの身近な地域のモニュメントにはどのような
思いが込められていますか？

『新修 福岡市史 民俗編― 春夏秋冬・起居往来』(2012
年)を基に作成。(黒線は小学校区、調査データは2011
年時点のもの)調査エリアは1889年の市制施行当時の
福岡市域とその後に埋め立てられた場所を対象としてい
る。那珂川の東側の博多部で200件、西側の福岡部で
221件を数える。

石堂川

千代小

那珂川

博多小

舞鶴小

警固小

春吉小

凡例	寺院
	小堂
	神社
	小祠
	その他の宗教施設
	記念碑
	旧町名碑
	墓碑・供養塔
	庚申塔
	仏像
	肖像彫刻
	芸術作品
	その他の記念物

0   0.5   1km

第1章 福岡らしさとは？

第2章 福岡という空間

第3章 土地に刻まれた記憶

第4章 くらしといとなみ

第5章 興し、伝え、守る

第6章 福岡のあゆみ

地域のモニュメント　庚申塔

　市内には「庚申信仰」の名残を示す庚申塔が500基ほど確認されています。60日に一回やってくる庚申の日の晩は、人が眠りに就くと体の中にいる3匹の虫が抜け出し、その人の善悪を天帝に伝えに行くという言い伝えがあるため、人々は集まって無病息災を祈りながら飲食をして夜を明かしました。塔はその集まりを続けた記念に建てられることが多かったようで、年月日と寄進者の名前が刻まれることもあります。明治以降、庚申信仰はだんだんと廃れていきましたが、現代の福岡では猿田彦神社（早良区藤崎）の猿面を求めて一年で最初の庚申の日に多くの人が行列をなすといったように、形を変えた庚申信仰が残っています。

呼称の違いによる分布

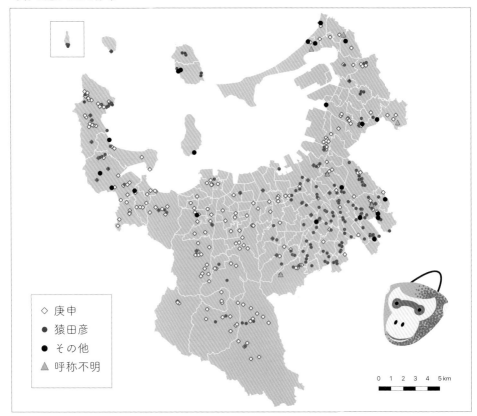

◇　庚申
●　猿田彦
●　その他
▲　呼称不明

0　1　2　3　4　5km

福岡市教育委員会 1999『福岡市の庚申塔』より作成、白線は現在の小学校区

第1章　福岡らしさとは？

第2章　福岡という空間

第3章　土地に刻まれた記憶

第4章　くらしといとなみ

第5章　興し、伝え、守る

第6章　福岡のあゆみ

▲ 庚申塔

時代未詳／伊覩神社（西区周船寺）

▲ 猿田彦大神

1799年／下曰佐会館（南区曰佐）

建造された時代による分布

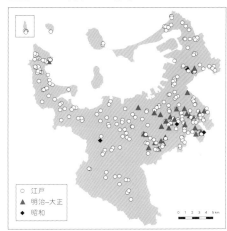

○ 江戸
▲ 明治−大正
◆ 昭和

0 1 2 3 4 5 km

石質による分布

○ 花崗岩
● 玄武岩
▮ 片岩
△ 砂岩
★ 礫岩
◎ カンラン岩
・ 不詳

0 1 2 3 4 5 km

　庚申塔に彫られた字は、早良区と西区では「庚申」、博多区と南区では「猿田彦」が多く使われています。また、時代による分布からは、博多区と南区では他の地域と比べて明治以降も庚申信仰が廃れずに残っていたようです。石質は花崗岩（かこうがん）が最も多く、玄武岩（げんぶがん）、片岩（へんがん）、砂岩（さ
がん）と続きます。庚申塔の分布を見ると、おおむね江戸時代以前の集落ごとに庚申塔が存在しています。このことから、かつて農業や祭礼を一緒に担った共同体単位ごとに庚申信仰が行われていたことがわかります。

地域のたから　文化財

3学年（1）身近な地域や市区町村の様子

「文化財」とは、昭和25(1950)年に制定された文化財保護法以降に一般的になった言葉です。法律では、有形文化財、無形文化財、民俗文化財、記念物（史跡・名勝・天然記念物）、文化的景観、伝統的建造物群に区分しており、地中に埋まっているものを埋蔵文化財として位置づけています。

これらの文化財のうち、歴史上又は芸術・学術上価値の高いもの、生活の推移の理解のため欠くことのできないものなどが国や地方公共団体によって指定され、保存と活用が図られています。また、近年は指定制度を補完するために、緩やかな保護措置を講ずる文化財登録制度の導入も始まりました。

地図は、屋外や寺社の境内にある国・県・市の指定文化財を示したもので、白線は小学校区です。内容は、①有形文化財のうちの建造物・彫刻・工芸品・考古資料、②民俗文化財のうちの有形民俗文化財、③記念物に限られますが、それでも100ヶ所を超えます。

市内では、「西区の宝」や城南区と福岡大学が共同で行ったモニュメント調査などに代表されるように、指定の有無に関わらず、有形・無形の地域資源を発掘する活動も見られます。皆さんからの"推薦"を待っている「地域のたから」が市内にはまだまだたくさん眠っているはずです。

凡例		指定	
🏛	建造物	指定	**国指定**
🎨	彫刻		県指定
⚱	工芸品		市指定
古	考古資料		
🏠	有形民俗文化財		
史	史跡		
名	名勝	同じ文化財名で複数ある場合は後ろに（）で場所を示した。	
天	天然記念物		

中央区 ※おおむね東から

建 ●旧福岡県公会堂貴賓館
●旧日本生命保険株式会社九州支店
●平尾山荘
●福岡城南丸多聞櫓・下之橋御門・潮見櫓・祈念櫓・旧母里太兵衛邸長屋門・名島門
●浄満寺山門
民 ●力石（住吉神社）
史 ●鴻臚館跡
●福岡城跡
●亀井家の墓
●元寇防塁（地行）
天 ●ツクシオオガヤツリ

西区 ※おおむね北・東から

建 ●旧山下家住宅
●白鬚神社本殿・拝殿
●飯盛神社本殿
古 ●貞和五年銘梵字板碑（成就院）
史 ●能古焼古窯跡
●元寇防塁（脇・向浜・生の松原・長垂・今山・今津）
●草場古墳群
●野方遺跡
●吉武高木遺跡
●夫婦塚2号墳
●浦江1号墳
●今宿古墳群（鋤崎古墳・大塚古墳・山ノ鼻一号墳・若八幡宮古墳・丸隈山古墳・兜塚古墳・飯氏二塚古墳）
●宮崎安貞墓
●今山遺跡
●元岡瓜尾貝塚
天 ●長垂のペグマタイト岩脈
●橋本八幡宮のイヌマキ群落

東区〈1〉 ※おおむね西から

- 建 ●香椎宮本殿
- 古 ●大永四年銘梵字板碑(荘厳寺)
  - ●石造宝篋印塔(志賀海神社)
  - ●明徳庚午歳銘梵字板碑(宗栄寺)
  - ●貞和七年銘梵字板碑(同上)
  - ●応永銘梵字板碑(同上)
- 民 ●力石(志賀海神社)
  - ●奈多の式志座
- 天 ●名島の櫨石(ほばしらいし)

東区〈2〉 ※おおむね北から

- 建 ●石造九重塔(相輪欠)(勝軍地蔵堂)
- 彫 ●石造地蔵菩薩坐像(同上)
- 古 ●正平廿一年銘梵字板碑(松島公園)
- 史 元寇防塁(地蔵松原地区)

東区〈3〉 ※おおむね北から

- 建 ●筥崎宮鳥居・楼門・本殿・拝殿
- 彫 ●木造亀山上皇立像(筥崎宮)
- 工 ●石燈籠一基(筥崎宮)
- 古 ●建徳銘梵字板碑・蒙古碇石(筥崎宮)
  - ●永和三年銘梵字板碑(箱崎天満宮)
- 民 ●禁断碑(筥崎宮)
- 史 枯野塚

博多区〈1〉 ※円の中

- 建 ●東長寺六角堂
  - ●承天寺唐門・鐘楼・開山堂
  - ●旧三浦家住宅
- 古 ●康永三年銘梵字板碑(濡衣塚)
  - ●蒙古碇石(善導寺・瑞應庵・
    承天寺・櫛田神社・冷泉町)
  - ●地蔵菩薩像板碑(冷泉町)
- 民 ●力石(櫛田神社)
  - ●力石(若八幡宮)
- 史 聖福寺境内
  福岡藩主黒田家墓所(東長寺)
- 天 ●櫛田の銀杏
  - ●一行寺のシダレイチョウ

南区

- 史 老司古墳
  老司瓦窯跡

城南区

- 史 梅林古墳
- 名 ●友泉亭庭園

早良区 ※おおむね北から

- 建 ●九州大学西新外国人教師宿舎　第3号棟
  - ●西南学院大学博物館(ドージャー記念館)
  - ●曲淵水源地水道施設
  - ●曲淵五重石塔
- 工 ●梵鐘(西光寺)
- 史 元寇防塁(西新・百道)
  - 勧農社跡
- 名 ●妙福寺庭園

博多区〈2〉 ※おおむね北から

- 建 ●崇福寺山門・唐門
  - ●住吉神社本殿・能楽堂・唐門
- 彫 ●銅造日蓮上人立像(東公園)
  - ●銅造亀山上皇立像(東公園)
- 古 ●永正三年銘梵字板碑(西専寺)
  - ●嘉暦三年銘自然石梵字板碑(日吉神社)
- 史 福岡藩主黒田家墓所(崇福寺)
  - 東光院境内
  - 比恵環溝住居遺跡
  - 比恵遺跡
  - 那珂八幡古墳
  - 那珂遺跡
  - 板付遺跡
  - 金隈遺跡
  - 今里不動古墳

0　1　2　3　4　5 km

地域を見守る樹木

　立派な木のそばに「保存樹」と書かれた白い札が立っているのを見たことがありませんか？　これはその木が「都市の美観風致を維持するための樹木の保存に関する法律」に基づいて指定された樹木であることを示しています。福岡市ではある一定の基準を満たした樹木を、市の保存樹として指定しています。指定を受けると管理費用の一部を市が負担したり、市の負担で専門家の診断や治療を受けることができるようになります。現在、市内にはおよそ、1,900本の樹木が保存樹の指定を受けています。

　この他、文化財保護の観点から国や地方自治体が樹木を天然記念物に指定することがあります。代表的なものとしては、市内では櫛田神社（博多区上川端町）のイチョウの木が福岡県の天然記念物に指定されています。

▲ **櫛田の銀杏**

福岡県指定天然記念物／櫛田神社（博多区上川端町）

博多のハレの舞台では必ず唄われる祝い唄「博多祝いめでた」の3番で「さても見事な櫛田の銀杏」として登場する名木（福岡では銀杏のことを「ギナン」とも呼ぶ）。樹高は約32m、地面からの高さ130cmの位置の幹の太さは6.1m。

市内の高い木

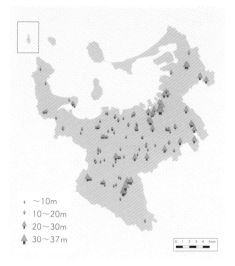

山林が多い早良区の南部以外では博多区の寺院や神社の境内に高い木が集まっていることが分かる（環境省が平成12〈2000〉年に行った巨樹・巨木林調査を基に作成）。

市内の太い木

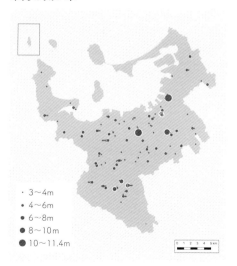

高さ130cmの幹の太さが3m以上ある木は204本ある。樹種別では、最も多いのがクスノキで88本、2番目がイチョウで24本（環境省が平成12〈2000〉年に行った巨樹・巨木林調査を基に作成）。

　保存樹に指定されていなくても市内には人々に親しまれている樹木や樹林が数多くあります。

　街路樹では博多区の大博通り（たいはくどお）に植えられたワシントニアパーム（1959年〜）や中央区の赤坂（あかさか）けやき通りのケヤキ（1948年〜）、東区の香椎宮（かしいぐう）参道のクスノキ（東区香椎、1926年〜）などが有名です。

　春を彩るソメイヨシノなどの桜は舞鶴（まいづる）公園（中央区）や西公園（同）、山王（さんのう）公園（博多区）は本数も特に多く、お花見の人々で賑わいます。また、住民の和歌によって道路拡張工事に伴う伐採から免れた南区の「桧原桜（ひばるざくら）」の物語は市民に広く知られています。

　秋には曲渕ダムパーク（早良区）のカエデ林が紅葉狩りの人気スポットになっています。

▲ 筥崎宮（はこざきぐう）の大楠

筥崎宮（東区箱崎）

高さ130cmの幹周りが11.4mある市内で最も太い木。次に太いのは田島八幡神社（城南区田島）のクスノキで幹周りは11.3m。日本一は鹿児島県姶良（あいら）市にある蒲生（かもう）の大楠で幹周りは24.2m。

言い伝えのある樹木

　地域を見守ってきた樹木の中には、歴史ある神社の神木であったり、著名な人物が植えたものだったり、様々な言い伝えを持つものがあります。福岡市域にあるこうした樹木の特徴の一つとして、神功皇后伝説に関わる神木が目立つことが挙げられます。また、栄西や豊臣秀吉など、日本の歴史に大きな足跡を残した人物に関わる樹木もみられます。ここでは時代と地域を代表する7本にしぼって紹介します。みなさんのお住まいの近くにも地域の歴史が刻まれた樹木がきっとあるはずです。

◀ **筥松**　筥崎宮（東区箱崎）

筥崎宮の神木。由来は、神功皇后が宇美で応神天皇を産んだ際に胞衣（胎児を包む膜と胎盤）を箱に入れて埋め、そのしるしとして植えた松と伝えられる（『筑前国続風土記』）。文永2（1265）年成立の『続古今和歌集』には「ちはやぶる　神代に植えし箱崎の　松は久しき　しるしなりけり」という石清水八幡宮僧官の行清の歌が収録されている。松は代替わりを重ねながら、楼門の傍らで今も参拝者を見守っている。

▶ **逆松（生松）**　生の松原（西区生の松原）

神功皇后が松の小枝を地面に逆さまにさして戦勝を占ったところ、松の枝が根づいて生き返ったことから名付けられたという（『筑前国続風土記』）。「形相図」（福岡市博物館蔵）という17世紀末の絵図には、生（壱岐）神社の北西側に垣に囲まれた「生ノ松跡」が見える。現在、この場所には石碑が建ち、その側には逆松にそって生えたという松がある。

◀ **綾杉**　香椎宮（東区香椎）

香椎宮中門前に立つ神木。「綾杉」という名は、通常の杉と異なり葉が交わって（あやをなして）いたことによる。神功皇后が朝鮮半島から帰国した際、剣・鉾・鉄の杖の三つを埋め、その上に杉の枝をさして日本の守護神となることを祈ったところ、杉が生い茂ったと伝えられる（『筑前国続風土記』）。元久2（1205）年成立の『新古今和歌集』には「ちはやぶる　香椎の宮のあや杉は神のみそぎに　たてるなりけり」という読み人知らずの歌が収録されている。

▶ 日本最初菩提樹　報恩寺（東区香椎）

菩提樹はブッダがその根元に座って悟りを開いた木であるため、寺院の庭によく植えられている。この木を初めて日本にもたらしたのは、博多から中国に渡り、日本に臨済宗を伝えた僧・栄西といわれる。建久元(1190)年、栄西は商船を使って菩提樹を運び、香椎宮に植え、同3年、その側に建久報恩寺を建てた。同6年、この菩提樹は奈良の東大寺に分けられた（『元亨釈書』、『東大寺造立供養記』）。天正14(1586)年、建久報恩寺は兵火で焼失したが、昭和に再建され、東大寺から菩提樹が移植された。

◀ 利休釜掛の松　九州大学医学部キャンパス（東区馬出）

天正15(1587)年6月、九州を平定した豊臣秀吉は、筥崎宮に凱旋して20日あまり滞在した。その間、茶人の千利休、豪商の津田宗及、御伽衆の小寺休夢らと茶会を催した。6月18日の茶会は松原の中で行われ、利休は松に鎖をかけ、雲龍の小釜を吊り、松葉を燃やして湯をわかしたといわれる（『筑前国続風土記』）。左の絵は19世紀に描かれた茶会の想像図（『筑前名所図会』、福岡市博物館蔵）。「あつき日に　この木のもとにたちよれは　なみのをとする　松かせそふく」は、この時に秀吉が詠んだ歌の一つ。

池田善朗氏撮影／福岡市博物館蔵

▲ 飯田屋敷の大銀杏　飯田覚兵衛屋敷跡（中央区大名）

中央区役所の北西側にあるイチョウ。昭和34(1959)年4月撮影の上の写真では塀の中で高くそびえる姿が見える。江戸時代を通じて、ここは福岡藩士飯田家の屋敷だった。初代覚兵衛はもともと熊本藩主加藤家の家臣で、同家の改易後に黒田家に仕えた人物。イチョウは覚兵衛が普請に関わった熊本城から苗木を移したという伝承がある。戦後、屋敷は米軍の社交場となり、その後はボーリング場、JT福岡支店と所有者が代わり、現在はマンションが建っている。

◀ 頭山満手植の楠　西新公民館前西新緑地（早良区西新）

頭山満は、政治結社「玄洋社」の創設者のひとりで、戦前を代表するアジア主義者。安政2(1855)年、福岡藩士筒井家の三男として西新町に生まれ、19歳で母方を継いで頭山姓となった。このクスノキは慶応元(1865)年、満が11歳の時に、「楠木正成のような人になりたい」と願いを込めて生家の庭に植えられたものと伝える。木のかたわらに由緒を示す石碑が建つ。

第1章　福岡らしさとは？
第2章　福岡という空間
第3章　土地に刻まれた記憶
第4章　くらしといとなみ
第5章　興し、伝え、守る
第6章　福岡のあゆみ

3学年（1）身近な地域や市区町村の様子

高低差のひみつ

　これは国土地理院のレーザ測量のデータを基に、福岡市中心部の微妙な高低差を表現した地図です。緑が標高の低い場所、茶色が高い場所を表しています。右の画像は地図からある場所を切り取ったものです。この場所はどこで、また、なぜこのような地形になっているのか、皆さんも考えてみてください。

※ページをめくると解答編になります。

❶ 駅南の丸い「丘」

❹ 港近くの「段差」

❷ 低地の中の「島」

❺ 都会の「谷」

❸ 並行する2本の「溝」

❻ 東西を隔てる「壁」

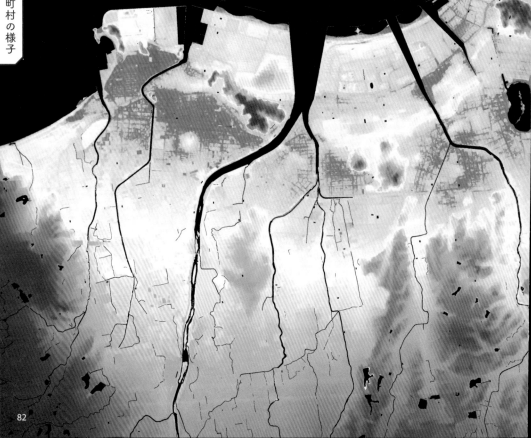

第１章　福岡らしさとは？

第２章　福岡という空間

第３章　土地に刻まれた記憶

第４章　くらしといとなみ

第５章　興し、伝え、守る

第６章　福岡のあゆみ

0　　　　1　　　　2　　　　3 km

高低差のひみつ

解答編

❶ 駅南の丸い「丘」

　今は周囲より少しだけ高い円形の土地ですが、かつてはハート型に近い形で、五島山（五塔山）という標高27.9mの小山でした（図1）。大正3（1914）年、この場所からは古墳時代の鏡や剣が発見され、それらは昭和16（1941）年に国指定重要美術品となりました。しかし、昭和40年代に古墳は丘陵ごと失われ、ゴルフ場となった後、一部が姪浜中央公園となり、現在に至ります。

❷ 低地の中の「島」

　中央部の少し高い所には、現在、鳥飼小学校やマンションが建っています。この場所は大正から昭和初期にかけて石炭が採掘されていました。地図には鉱山の記号や石炭を運ぶ線路、以前の測量からの高度変化を示す「+5.5」という数字が見えます（図2）。これは、採掘によって一緒に掘り出された岩石や屑石炭を積み上げた「ぼた山」が出来たためでした。

❸ 並行する2本の「溝」

　北側の低い場所には城に近い方から中堀（紺屋町堀）と肥前堀（佐賀堀）という堀がありました（図3）。明治以降、レンコンを栽培していたこともありましたが、徐々に埋め立てられました。

　南側の低い場所には薬院川という川がありました。しかし、川は第3回国民体育大会（1948年）の会場であった平和台陸上競技場へ行く道路を造るために埋め立てられました（国体道路）。

図1　大正15年測量地形図　　　図2　大正15年測量地形図　　　図3　正保福博物図（福岡市博物館蔵）

❹ 港近くの「段差」

　那珂川河口左岸から曲線を描きながら西へ向かう道（那の津通り）の南側は北側より少しだけ高くなっています。ここはかつて城下町の海岸線でした（図3）。この一帯には藩の船方役所や年貢米を収納する蔵など、軍事や物流に関わる施設が置かれました。また、眺めの良い場所でもあったため重臣の別宅などもありました。その後、博多築港記念大博覧会（1936年3/25～5/13）の会場として埋め立てられ、港湾として整備されます。戦後も引き続き埋め立て工事が進み、昭和30年代には貨物線の駅や鮮魚市場が置かれ、福岡の海の玄関口の一つとなりました。

❺ 都会の「谷」

　ここは中世以前は入海になっており、中央がくびれたひょうたんのような地形をしていました。この入海は、江戸時代の地誌『筑陽記』によれば、慶長11（1606）年冬までには完全に埋め立てられたといいます。ただ、19世紀の『筑前名所図会』という名所案内記には那珂川へ注ぐ排水路が描かれており、長く水路としてその名残をとどめていたようです（図4）。博多リバレインの開発に伴う平成7（1995）年の発掘調査（博多遺跡群第96次調査）では石組みの排水施設が見つかっています。

図4　『筑前名所図会』（福岡市博物館蔵）

❻ 東西を隔てる「壁」

　現在の出来町公園付近にあった博多駅は昭和38（1963）年12月1日に現在の場所に移転しました。田園地帯が広がっていた新駅の付近は線路を高架にするため盛土がなされ、コンクリートの「壁」ができました（図5）。

図5　建設中の博多駅を南から望む
（池田善朗氏撮影、福岡市博物館蔵）

第1章　福岡らしさとは？

第2章　福岡という空間

第3章　土地に刻まれた記憶

第4章　くらしといとなみ

第5章　興し、伝え、守る

第6章　福岡のあゆみ

福岡の埋蔵文化財

　私たちが生活する土地の下には、昔の人々の生活の痕跡（建物の跡や石器や土器など）が埋まっていることがあります。そのため、建設・造成その他の土木工事を行う場合には、文化財保護法や都市計画法にもとづいて、事前に様々な手続きを行う必要があります。

　右の地図は小学校区に「周知の埋蔵文化財包蔵地（ほうぞうち）」と呼ばれる場所（いわゆる「遺跡」）を重ねて、主要な遺跡名と関連する展示・見学施設を示したものです。こうした包蔵地では開発に先立って発掘調査が行われます。福岡市では昭和42（1967）年以来、令和2（2020）年3月までに2,500件を超える発掘調査を実施しています。調査成果は報告書としてまとめられますが、市が発行したものは通算で1,385冊にもなります。

　発掘された遺物の総点数は約134万点。市埋蔵文化財センターに収蔵され、同センターの他、市博物館や遺跡に付設する施設などで公開されています。これらの中には元岡・桑原遺跡群で見つかった庚寅銘大刀（こういんめいたち）、博多遺跡群出土の中世の輸入陶磁や生活用具2,138点等、国の重要文化財に指定されているものもあります。

　対外交流の窓口として昔から人々の往来が盛んであった福岡市は全国でも有数の埋蔵文化財を有する都市といえるでしょう。

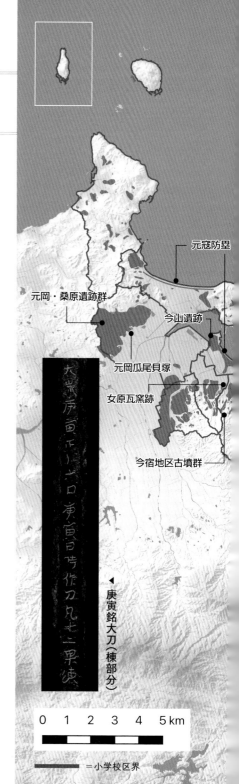

元寇防塁

元岡・桑原遺跡群

今山遺跡

元岡瓜尾貝塚

女原瓦窯跡

今宿地区古墳群

◀ 庚寅銘大刀（棟部分）

0　1　2　3　4　5 km

＝小学校区界

海の中道遺跡

金印公園

名島城跡

元寇防塁

箱崎遺跡

顕孝寺遺跡

鴻臚館跡
福岡城跡　博多遺跡群

能古焼古窯跡

比恵・那珂遺跡群

市博物館

元寇防塁

板付遺跡

□場古墳群

西新町遺跡

金隈遺跡

拝方遺跡

今里不動古墳

□武遺跡群

市埋蔵文化財
センター

浦江1号墳

老司古墳・
老司瓦窯跡

梅林古墳

▼ 博多遺跡群出土資料

有田遺跡群

○周知の埋蔵文化財包蔵地の指定範囲は変更することがあります。
○包蔵地以外の場所で埋蔵文化財の発見があった場合には、すみやかに福岡市経済観光文化局文化財活用部埋蔵文化財課に届け出てください。（電話：092-711-4667）。

第1章　福岡らしさとは？

第2章　福岡という空間

第3章　土地に刻まれた記憶

第4章　くらしといとなみ

第5章　興し　伝え　守る

第6章　祈りのあらため

Chapter 4

くらしといとなみ

　明治時代以降、急速な近代化によって人々の生活に
大きな変化が訪れました。まず、「衛生」という考え方が
登場したことで、上水道や下水道の整備が進みます。そ
の後、都市人口の増大と化学肥料の普及によってし尿
処理の問題が顕在化します。戦後の高度経済成長期に
は、工業化が進み、大量消費社会がやってきたことで、
人々は公害やごみ問題に直面することになりました。こう
した生活の変化は、農林漁業・工鉱業からサービス業
へと産業構造が移り変わってきたことと表裏一体をなす
ものでした。

　そこで、第 4 章では、生活インフラと産業が変化して
いく様子や市内で様々な仕事に携わる人々の声を紹介
し、この土地のくらしといとなみについて考えます。

水とくらし

3学年（4）市の様子の移り変わり

4学年（2）人々の健康や生活環境を支える事業

古代の四大文明がいずれも大きな川の流域で発展してきたことからも分かるように、大昔から人々は水のそばに集落を作ってきました。これは生活用水、農業用水、水運といった面で利点があったためでした。なかでも生活用水に関しては、上水道が引かれるまでは、川をせき止めて集落のそばまで水を引き込んだり、井戸を掘って地下から水を得ることが、長い間行われてきました。

福岡市内で見つかっている古い井戸は弥生時代以降のもので、穴の側面が土のままの「素掘り」がほとんどです。比恵・那珂遺跡群では500基を超える井戸が発掘されており、これは県内で見つかっている同時代の井戸遺構の6割を占めています。

古墳時代の井戸も素掘りが大半ですが、木材を使って穴の側面を補強した例も見られるようになります。そして、奈良時代になると、板や柱を様々に組み合わせて四角い形に補強するなど多様な構造の井戸が増えてきます。底に水を溜めるために曲げ物などの器を置く場合もありました。

平安末〜鎌倉時代初期にあたる12世紀には博多で結桶を何段も重ねた井戸が現れます。この形式の井戸は日本の他の地域では15世紀以降にならないと普及していないため、当時博多に多数居住していた中国・宋の貿易商人がもたらしたのではないかと考えられています。その後、室町時代以降には石組みの井戸も増え始め、江戸時代には専用の瓦を円形に組んだ井戸も登場するようになりました。

水を汲み上げる方法は基本的には縄の先に瓶や桶を提げて吊り上げるのですが、テコの原理を用いた撥ね釣瓶が使われたり、江戸時代以降には滑車が登場したりと、労力の軽減化が図られていきました。また、18世紀にはヨーロッパからポンプの原理が伝わり、明治時代以降、井戸用の手押しポンプとして活用され、広く普及していきました。

水道については、安土桃山〜江戸時代にかけて小田原や江戸など、いくつかの城下町で上水が設置されていました。近代的水道としては明治20(1887)年に横浜で導入されたのが日本初で、九州では同24年の長崎市が最初です。一方、福岡市は、大正12(1923)年の「曲渕ダム」と「平尾浄水場」の完成により水道事業が開始しました。

◀ **江戸時代の博多の井戸**
（『筑前名所図会』より）

1821年／奥村玉蘭／福岡市博物館蔵
『博多津要録』によれば貞享3(1686)年の博多の辻井戸の数は52。上段は博多奥堂町の辻井戸で、下段は屋敷内の撥ね釣瓶を使った井戸。

▲ 水売車（絵葉書）

19世紀末〜20世紀初頭／福岡市博物館蔵
市内の海に近い地域などでは水質が悪く、水道が開通する
まで東公園の「松原水」という井戸水を購入していた。
これはその販売車。

▲ 配水管敷設工事の様子（絵葉書）

1928年／福岡市博物館蔵
姪浜町に水道が開通した記念に発行された絵葉書の一
つ。室見川の堤防に配水管を埋設しているところ。

　戦後には市内と周辺市町村において浄
水場やダムの建設が進められましたが、昭
和53(1978)年には給水制限が287日間
（翌年3月まで）にも及ぶ大渇水を経験しま
す。その後、節水型のまちづくりを目指すよ
うになるとともに、増加する人口に対応する
ため水源の確保が継続的に行われ、同58
年には念願だった筑後川からの受水が実現
します。ただ、平成6(1994)年にも大渇水
による二度目の大規模給水制限（翌年5月
まで、295日間）が行われており、水資源
の確保は市の大きな課題の一つとなってい
ます。
　近年では、平成17年に「海の中道奈多
海水淡水化センター」が完成するなど、環
境にやさしい節水型都市づくりの実現へ向
けた様々な取り組みが続けられています。

コレラでも チブス赤痢も 何のその 水道ひけば 家内安全

▲『上水之栞』

1923年8月／福岡市水道課／福岡市博物館蔵
水道普及のためのパンフレット。顕微鏡で見た井
戸水の汚れ、水道のメリットや使用にあたっての
Q&Aが25ページにわたってわかりやすくまとめら
れている。衛生改善と防火対策が水道事業の目的
であったことが理解できる。

下水道の歴史

3学年（4）市の様子の移り変わり

4学年（2）人々の健康や生活環境を支える事業

　海外では、紀元前からメソポタミア文明やインダス文明が栄えた都市で下水道が使われていました。

　日本では、古代以来、建物に接する道路の両側に溝を掘り、そこに生活雑排水や雨水を流してきましたが、16世紀末以降、各地で城下町が建設され始めると、より整った下水道が整備されるようになりました。大阪市で現在も使われている「太閤下水（たいこうげすい）」は、豊臣秀吉（とよとみひでよし）の大坂城築城の際に建設された下水道で、溝の両側には石が積まれ、人が歩ける広さがある場所もあります。

　黒田孝高（くろだよしたか）・長政（ながまさ）親子が築城した福岡城下ではそこまで大規模な下水道は建設されませんでした。ただ、城下町に隣接する博多には博多川（はかたがわ）と石堂川（いしどうがわ）に排水する「博多大水道」と呼ばれる下水道がありました。ここは博多でも標高が低く、中世以前は海が入り込んでいた場所でした。

　当時は高低差を利用して水を川まで流していたので、ゴミなどがつまればすぐに流れが悪くなりました。江戸時代の博多の様々な出来事が記されている『博多津要録（はかたつようろく）』には、水はけが悪いので新たに排水路を掘らせてほしいという町人からの願書がいくつも収録されており、人々の苦労がしのばれます。また、大雨が降れば低地の住宅はすぐに浸水しました。

　明治時代に入ると、コレラを始めとする伝染病を予防するために、近代的な下水道を

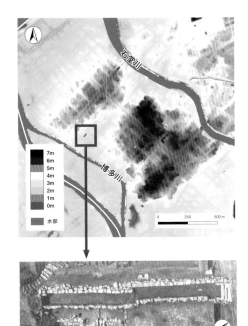

▲ 発掘された「博多大水道」の一部

1996年／博多遺跡群第96次調査

下川端東地区市街地再開発事業に伴って見つかった。溝は幅約2m、長さ約25m。30〜80cmの石が3、4段積み上げられ、石蓋で覆われた状態で見つかった。現在、この場所には博多座が建っており、遺構は残っていない。

整備する動きが出てきます。明治20(1887)年、福岡県が下水道やごみ処理についての規則を公布すると、福岡市は同22年に、内務省のお雇い外国人技師ウィリアム・キニンモンド・バルトンを招き、上下水道の調査を依頼しました。

　その後、大正8(1919)年に市は下水道敷設の根本方針を策定します。しかし、九州帝国大学西田精教授の指導による全体の事業費は80万円という巨費であったため、実現にはしばらくの時間を要しました。

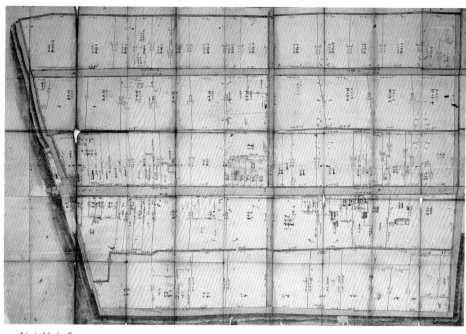

▲「荒戸町絵図」に描かれた明治時代初めの排水路の様子

1873年／福岡市博物館蔵

大濠公園の北側にあった荒戸町の明治6年の地図。江戸時代には上級武士の屋敷地だった場所で、黄色が道路、青が水域。南側が福岡城の大堀で西側が黒門川。屋敷の裏手と道筋に沿って排水路が通っているのが分かる。

市の下水道事業が具体化したのは昭和5(1930)年のことです。この時、博多と千代部の事業に着手し、同9年に福岡部、同12年に住吉部へと広げていきました。同17年に博多・千代部の完成をみましたが、戦争の激化とともに他の工事は中止されました。

昭和26年にようやく工事が再開し、同30年には事業の財源を調達するために下水道使用料を徴収するようになります。下水処理施設は、同40年の長尾処理場を皮切りに市内各所に処理場が建設され、平成元(1989)年度には下水道人口普及が100万人を突破、普及率は83.6％に達しました。令和元年度末で下水道人口普及率は99.7％に達しており、今後は大雨による浸水対策が重点的に取り組むべき課題になってきています。

第1章 福岡らしさとは？

第2章 福岡という空間

第3章 土地に刻まれた記憶

第4章 くらしといとなみ

第5章 興し、伝え、守る

第6章 福岡のあゆみ

トイレの歴史

3学年（4）市の様子の移り変わり

4学年（2）人々の健康や生活環境を支える事業

縄文〜弥生時代については、糞石という大便の化石を手がかりにトイレとして使われていた場所が推定されています。福井県の鳥浜貝塚では縄文時代の糞石が2,000点も発掘されています。

奈良時代以降では、奈良や京都の都で汲み取り式のトイレの跡が、秋田城で水洗トイレが発掘されています。トイレットペーパーがわりに使われた籌木と呼ばれる木の棒が見つかることも多いです。福岡市内では古代の外交施設である鴻臚館の跡から奈良時代のトイレが5ヶ所発見されています。その中には、長さ3〜4m、幅1mの長方形に掘られていて、深さが4mもあるトイレもありました。植物の種や動物の骨もたくさん見つかっており、食生活の違いから外国人用と日本人用のトイレがあったのではと推測されています。

鎌倉時代以降では、幕府が置かれた鎌倉や日本各地の寺院の跡からトイレ跡が見つかっています。福岡市では博多遺跡群で、石や木で囲まれた穴の中に消毒用の藁灰や木炭、蛆、寄生虫の卵が確認された場所があり、トイレ跡と推定されています。ちなみに、日本で肥料として人糞尿を使うことが一般化したのは鎌倉時代末から室町時代頃ではないかと考えられています。

江戸時代以降は、遺跡からの情報だけでなく、古文書や絵図からもトイレの様子を知ることができます。これらの資料からは身

▲ 籌木　奈良時代（8世紀）／福岡市埋蔵文化財センター蔵
荷札として使われた木簡を細く割って再利用している。

▲ 鴻臚館のトイレの再現写真
大きな穴に板を2枚わたして用を足していたと考えられている。右の器は籌木の入れ物。穴は遺構上にCGで合成したもの。

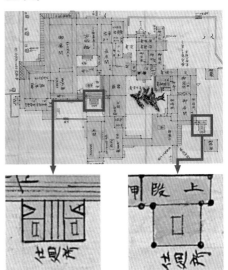

▲ 御本丸御間内之図
江戸時代（18〜19世紀）／福岡市博物館蔵
福岡城本丸の間取りを描いた図。左が主に家臣が使ったと思われる便所（4ヶ所）、右が藩主の広い便所。三角が小便所で長方形が大便所。

▲ 明治時代の便所

1886年／モース『日本のすまいとその周辺』より／福岡市博物館蔵
大森貝塚の発見で知られる生物学者の著作に描かれた
浅草の便所の様子。

分によるトイレの大きさの違い、屋敷の中でのトイレの位置や数など、具体的な情報がわかります。

　明治時代以降も人糞尿は農作物の肥料としての価値があったので、トイレも前時代と同じく汲み取り式が中心でした。しかし、昭和20年代後半に化学肥料が普及し始めると、人糞尿は一転して不要な存在となりま

す。そのため、市では昭和30（1955）年に、し尿投棄船「清福丸」を建造し、海洋投入を開始しました。

　昭和40年代に入ると、人々の環境に対する意識が高まり、公害問題に対処するための法整備が進みます。昭和41（1966）年からは市内荒津の中部下水処理場でし尿の処理が始まり、水洗式のトイレも徐々に普及していきました。海洋投入も段階的に規制が加えられ、平成14（2002）年には全面的に禁止されました。

　平成31年4月1日時点で、市内のし尿収集対象人口は2,381人で、市の総人口の約0.2％まで減少しています。この他、臨時に工事現場やイベント会場等に設置される汲み取り式トイレについては市環境局の施設で処理されます。水洗式のトイレについては、市域の7ヶ所（市道路下水道局の管理が6ヶ所、県の管理が1ヶ所）の下水処理施設で他の汚水とともに処理されます。

明治25（1892）年の博多糞尿紛議

　都市が生み出す大量の糞尿は、かつては周辺の農村にとって農作物を実らせる貴重な有価物でした。幕末の博多では、1人分の1年間の糞尿代として農家から米にして9升〜1斗を受け取っていました（糞が5〜6升、尿が4升前後）。ところが、明治中期には1斗3升（糞が8升、尿が5升）まで値上がりし、農家の負担となっていました。そこで、周辺5郡の農村は値下げを要求し、認められない場合は糞尿の回収を停止すると通告してきました。これに対して博多側は

「博多公立肥料会社」を設立し、自分たちで買取先を探すとして、両者の対立が続きました。結局、1月に始まった争論は2月25日に決着し、1斗1升5合に値下げすることになりました。

（『新修 福岡市史 資料編
近現代2』pp.445〜494）

第1章 福岡らしさとは？

第2章 福岡という空間

第3章 土地に刻まれた記憶

第4章 くらしといとなみ

第5章 興し、伝え、守る

第6章 福岡のあゆみ

ごみの歴史

3学年（4）市の様子の移り変わり

4学年（2）人々の健康や生活環境を支える事業

大昔のごみ捨て場というと貝塚が思い浮かびます。福岡市内で見つかっている貝塚は、今津湾北岸部に固まっており、縄文時代では桑原飛櫛貝塚（西区大字桑原）と元岡瓜尾貝塚（西区元岡）が、弥生時代では長浜貝塚と今津貝塚（いずれも西区今津）がよく知られています。これらの貝塚からは大量のハイガイやマガキが見つかっています。縄文時代ではハイガイが多く、弥生時代になると大半がマガキになるという特徴が見られます。この変化は今津湾の海岸線が後退したことなどが影響していると考えられています。

▲ 波打ち際に捨てられた白磁の器

12世紀前半／博多区店屋町／重要文化財
貿易で栄えた中世の博多には中国などからの高級な焼き物が多数持ち込まれたが、輸送の途中で割れたものは海に投棄された。博多遺跡群第14次調査の発掘品。

奈良時代以降のごみについては博多遺跡群が様々な情報を提供してくれます。発掘品で確実にごみとわかるものの一つに調理や解体処理の痕跡がある動物の骨があります。哺乳類では、奈良・鎌倉～江戸時代はイルカ・クジラ類の割合が一番高く、平安時代はシカが多く出土しています。魚類では、全時代を通じてサメ類とマダイなどの海の魚が多い半面、淡水魚はほとんど見られません。また、鳥類ではニワトリが室町時代以降に増加し、貝類ではマガキが全時代を通じてよく食べられていました。

このように都市のあらゆる場所に捨てられていたごみは、現代の私たちにとっては当時の生活を知るための貴重な情報源になっているのですが、江戸時代には、増えるご

▲ 元岡瓜尾貝塚

約3,000年前／西区元岡／県指定史跡
貝類の他、土器や石器、シカやイノシシなどの獣骨、スズキ、アジ、タイ、イワシなどの魚骨が見つかっている。福岡市内およびその周辺で唯一貝塚の断面が観察できる貴重な遺跡。

みの処理が都市の問題として顕在化してきます。博多の町政の記録『博多津要録』には、18世紀以降、川や水路にごみを捨てることを禁止するお触れが登場してきます。そして、元文4(1739)年には博多中島町（現・博多区中洲）の南側が町のごみ捨て場に指定されます。この場所は那珂川下流の砂州でしたが、江戸時代を通じて徐々に埋立が進んでいきました。

　福岡市発足後の明治24(1891)年、市はごみ収集部門の民間への請負制度を採用し、行政としてのごみの収集を開始します。同33年には馬車や手車による週2〜3回の一般家庭ごみ収集が始まりました。その後、増え続けるごみを処理するために、焼却場の建設が大正から昭和戦後にかけて続けられます。

　昭和32(1957)年頃には、全国的にも珍しい夜間収集が始まり、同35年頃からは運搬方法も馬車から三輪自動車、三輪ダンプ自動車、四輪ダンプ自動車へと移行し、同42年頃までには現在のようなロードパッカー車への切り替えが完了しました。

　ごみの減量や環境に配慮した取り組みとしては、昭和37年の分別収集の試験的開始（同41年に全市で実施）、同53年の資源ごみ収集の試験的開始、平成17(2005)年の家庭ごみ有料化などが実施されてきています。また、埋立地の汚水対策として市と福岡大学が昭和50年に共同で開発した「福岡方式」とよばれる埋立構造は、その後、日本の標準的な方式となり、アジア太平洋地域へもその技術が伝えられています。

▲ **市内初のごみ焼却場「曙町塵芥焼却場」(写真中央)とその周辺**

1948年(左)1961年(右)／アメリカ軍撮影(左)、国土地理院撮影(右)／国土地理院提供空中写真

大正15(1926)年に市内の西新町に設置された。当初の焼却炉は4基で1日の処理能力は80t。昭和35(1960)年には、炉の老朽化と周辺の宅地化もあり、同年に今宿青木に完成した「西じんかい処理場」に役目をゆずり、廃止された。現在、この場所は「早良市民プール」となっている。

第1章　福岡らしさとは？

第2章　福岡という空間

第3章　土地に刻まれた記憶

第4章　くらしといとなみ

第5章　興し、伝え、守る

第6章　福岡のあゆみ

生活と産業（明治時代）

3学年（2）地域に見られる生産や販売の仕事

　明治時代になり西洋の新しい文化が次々と入ってきたことで人々の生活は大きく変化しました。

　まず、服装では、政府によって制服の洋服化が進められ、散髪が自由となり（1871年）、帯刀が禁止されました（1876年）。通信では、電信（1869年、福岡は1873年）、郵便（1871年）、電話（1890年、福岡は1899年）が使えるようになり、遠方との情報交換が便利になりました。また、新聞や雑誌の創刊も相次ぎました。交通では、鉄道（1872年、福岡は1889年）・馬車・人力車・蒸気船の登場で人の移動、物の輸送がスムーズになりました。食生活では、肉食や牛乳・乳製品が普及し、街にはガス灯（1872年、福岡は1906年）や電気街灯（1882年、福岡は1897年）がともりました。そして、学制（1872年）や徴兵令（1873年）などによって、国を豊かにして、強い軍隊を作っていくことが目指されました。

▶ 博多明治風俗図

1953〜64年頃／祝部至善画／福岡市博物館蔵

博多の様々な仕事や風俗を描いた作品の中の一部。右の図は明治になって新しく登場した仕事を描いたもの（最上段右側の按摩を除く）。上からガス灯（本図ではオイルランプ）に点火する軒灯の火とぼし（左）、2段目が郵便配りさん（左）と新聞号外（右）、3段目が鉄道発車5分前を知らせる五分鈴（左）と列車通過時に現れる踏切番（右）、4段目が辻待ち車（左）と乗合馬車（右）。

明治時代前期の 福岡の会社

〈業種〉
創業年月（明治） **会社名**（取扱品目等／住所）

第一次産業

〈養蚕・製糸〉

18.08 **筑陽社**（福岡荒戸町）

〈精米〉

08.02 **※名称不明、中島精米所？**（博多中島町）

09.02 **機械精米所**（那珂郡春吉村）

11.10 **久徳社**（福岡簀子町）

12.04 **宮川太一郎精米所**（福岡船町）

21.11 **※名称不明**（博多大浜三丁目）

21.11 **※名称不明**（博多大浜一丁目）

22.02 **筑前精米会社**（博多御供所町）

第二次産業

〈製造〉

17.07 **松居織工場**（博多織／博多中洲）

17.08 **※名称不明**（博多織／那珂郡春吉村）

18.07 **河内洋服製造所**（洋服裁縫／博多川端町）

18.07 **※名称不明**（鍋釜／糟屋郡箱崎町）

20.03 **煉瓦会社**（煉瓦／早良郡西新町）

20.03 **福博製靴会社**（靴／博多中島町）

20.10 **福岡製革会社**（革／那珂郡堅粕村）

21.10 **革明会社**（革／早良郡内野村）

22.01 **橒木洋服製造所**（洋服裁縫／福岡橋口町）

22.03 **五十嵐鉄工所**（鉄器／博多行町）

22.05 **渡邊鉄工所**（鉄器／博多上西町）

22.07 **筑前鉄工会社**（鉄器／博多大浜四丁目）

〈印刷・製本〉

11.01 **牟田口活版所**（活版印刷／福岡下名島町）

11.03 **観文社**（活版印刷／博多中島町）

12.12 **国文社**（活版印刷・銅版彫刻／博多中島町）

18.08 **星文社**（製本／福岡下名島町）

19.12 **大隈活版所**（活版印刷／福岡下名島町）

21.07 **共文社**（活版印刷・銅版印刷／博多中島町）

〈炭鉱〉

14.09 **※名称不明**（席田郡下月隈村）

18.12 **※名称不明**（席田郡下月隈村）

19.07 **※名称不明**（席田郡平尾村）

第三次産業

〈売買〉

13.03 **筑紫物産組**（米蝋石炭売買／博多下洲崎町）

21.10 **筑前農産会社**（米穀売買／早良郡西新町）

21.11 **米穀会社**（米穀売買／博多下対馬小路）

21.12 **米穀会社**（米穀売買／志摩郡今宿村）

22.10 **那珂席田両郡農産会社**（米穀売買／那珂郡警固村）

22.11 **米穀会社**（米穀売買／糟屋郡箱崎町）

20.10 **製紙会社**（紙類販売／博多古渓町）

〈新聞〉

13.04 **福岡日日新聞社**（新聞発兌／博多中島町）

20.08 **福陵新報社**（新聞並活版印刷／福岡橋口町）

〈運輸・交通〉

22.11 **九州運輸会社**（物品運輸／博多馬場新町）

23.01 **筑西馬車会社**（乗合馬車／志摩郡今宿村）

23.08 **共励社**（物品運輸／博多馬場新町）

〈貸与〉

07.03 **永楽社**（演劇場貸与／博多中洲）

15.04 **教楽社**（演劇場貸与／博多御供所町）

17.10 **博多集産会社**（商品陳列所貸与／博多掛町）

18.08 **博多勧工場**（商品陳列所貸与／福岡橋口町）

20.02 **福岡集産場**（商品陳列所貸与／福岡橋口町）

〈銀行〉

10.11 **第十七国立銀行**（福岡橋口町）

14.03 **筑紫銀行**（博多下対馬小路）

『福岡県統計書』（明治19〜23年）に記載されている会社を
一覧にしたもの。現在の福岡市域に該当する地域の会社を採
録した。市制・町村制施行以前の地名も含まれる。産業分類と
業種は現代の分類を参考にしたため必ずしも厳密ではない。

第1章 福岡らしさとは？

第2章 福岡という空間

第3章 土地に刻まれた記憶

第4章 くらしといとなみ

第5章 興し、伝え、守る

第6章 福岡のあゆみ

生活と産業 (大正～昭和前期)

　この時代には都市の生活インフラの整備がさらに進みました。電気やガスの供給にやや遅れる形となりましたが、上水道の給水が始まり（1923年）、博多・千代部では下水道が完成します（1942年）。鉄道では、九州鉄道の福岡-久留米間（現・西鉄天神大牟田線）が開業（1924年）し、路面電車網は九州水力電気の渡辺通一丁目-西新町（1927年）、東邦電力の今川橋-西新町（1932年）などが開通し、完成をみました。港湾では、博多港の拡張工事が進み「博多築港記念大博覧会」（1936年）が開催されました。航空路では、名島飛行場（1930年）や雁ノ巣飛行場（1936年）が開場しました。

　街の景観も大きく変わります。天神の官庁街では、県庁（1915年）、警察署（1915年）、市役所（1923年）などがレンガ造りや鉄筋コンクリートの新庁舎になりました。また、戦前の天神のランドマークでもあった九州電灯鉄道本社ビル（後の東邦電力ビル）ができたのもこの頃（1917年）です。街にはタクシーが走り始め（1913年）、デパート（1925年）、映画館（1913年）、カフェー（1914年）など、新しい文化にふれられる場所が登場します。そして、福岡放送局（JOLK）

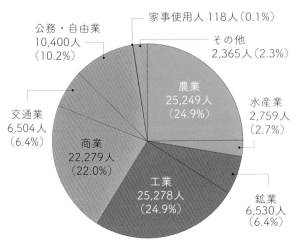

家事使用人 118人（0.1%）
その他 2,365人（2.3%）
公務・自由業 10,400人（10.2%）
農業 25,249人（24.9%）
水産業 2,759人（2.7%）
交通業 6,504人（6.4%）
商業 22,279人（22.0%）
工業 25,278人（24.9%）
鉱業 6,530人（6.4%）

大正 9（1920）年

産業別従事者数
総計 109,382 人

- 第一次産業（27.6%）
- 第二次産業（31.3%）
- 第三次産業（38.7%）

『国勢調査報告. 大正9年 府県の部 第40巻 福岡県』から現在の福岡市域に該当する市町村のデータを抽出・集計したもの。この年の国勢調査は産業別従事者として「本業者」と「本業ナキ従属者」と分けているが、ここでは「本業者」のみの数字を取り上げた。

が開局し（1930年）、各家庭にラジオが普及するようになりました。

　産業面に目を向けると、この時期に大きな利益を上げていたのは電力や鉄道事業を担っていた会社でした。『福岡市商工人名録』（1930年）によれば、最も多くの営業収益税（営業の純益にかかる税金）を納めていたのは東邦電力（37,992円）で、九州鉄道（18,923円）、博多電気軌道（12,230円）がそれに続いています。これ以外の多くの事業者の納税額は数十円から数百円規模でしたので、3社の突出ぶりがよくわかります。

　下に示した産業別従事者をみると、徐々に商工業へ従事する人口が増加していっており、人びとが都市に集まり始めている様子が読み取れます。

▲「天神町交差点」（絵葉書）
1924～35年頃／福岡市博物館蔵
中央が東邦電力ビル、左が九州鉄道九鉄福岡駅。現在は天神ビルと福岡パルコが建っている場所。

▷ 玉屋のショウウィンドウ
1933年6月23日／福岡市博物館蔵
1925年、中洲に開店した玉屋呉服店は市内初（九州で3番目）の本格的デパート。これは「33年型海水用品売出し」とある最新の海水浴スタイルを提案したもの。

家事使用人
7,292人（5.5%）

その他
1,187人（0.9%）

公務・自由業
16,699人
（12.6%）

農業
25,009人
（18.8%）

水産業
2,692人
（2.0%）

交通業
6,407人
（4.8%）

鉱業
2,800人
（2.1%）

商業
36,503人
（27.5%）

工業
34,252人
（25.8%）

昭和5（1930）年

産業別従事者数
総計 **132,841**人

■ 第一次産業（20.8%）
■ 第二次産業（27.9%）
■ 第三次産業（50.4%）

『国勢調査報告. 昭和5年 第4巻 府県編 福岡県』から現在の福岡市域に該当する市町村のデータを抽出・集計したもの。第一次産業（農業・水産業）の人口はほぼ変わっていないが比率は7%ほど減少している。これは商工業従事者が大幅に増加しているためである。

第1章 福岡らしさとは？
第2章 福岡という空間
第3章 土地に刻まれた記憶
第4章 くらしといとなみ
第5章 興し、伝え、守る
第6章 福岡のあゆみ

生活と産業（戦後〜昭和中期）

3学年（2）地域に見られる生産や販売の仕事

　戦後、都市のインフラが破壊されたことや石炭不足による電力制限の影響で、経済活動は停滞します。しかし、朝鮮戦争（1950年）の特需で景気が上向き、昭和30（1955）年には実質国民総生産（GNP）が戦前の水準まで回復しました。

　生活面では、様々な電化製品と自動車が普及したのがこの時期の特徴です。昭和30年代には、白黒テレビ・洗濯機・冷蔵庫が「三種の神器」と呼ばれました。昭和40年代からはカラーテレビ・クーラー・自動車が「新・三種の神器」、もしくはそれぞれの頭文字を取り「3C」と呼ばれ、普及が図られました。自動車は、国土交通省が公表する福岡県のデータによれば、昭和30年に59,335台、同40年に250,793台、同50年に1,049,385台となっ

ています。20年間で約18倍に増加した計算になります。テレビは、NHK福岡テレビ局（1956年）やラジオ九州（1958年）による放送が相次いで開始されました。

　産業面では、第三次産業が著しく伸長し、昭和30年代半ばには、市の産業別従事者の約7割に達しました。『福岡市総合計画書』（1961年）では、こうした構成比は国内の他の大都市にはみられないとし

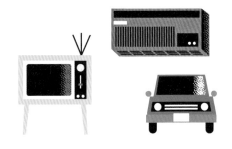

昭和25（1950）年

産業別従事者数
総計 186,058 人

- 第一次産業（17.3%）
- 第二次産業（25.6%）
- 第三次産業（57.1%）

『国勢調査報告．昭和25年 第七巻 その四十』から現在の福岡市域に該当する市町村のデータを抽出・集計したもの。1930年と比べて第一次産業は4,322人、第二次産業は10,416人増加しているが、第三次産業は39,474人の増加で他を圧倒している。

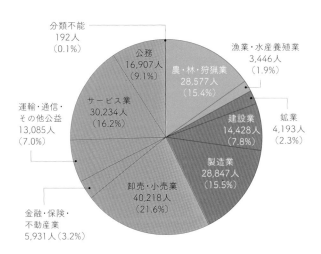

分類不能 192人（0.1%）
公務 16,907人（9.1%）
農・林・狩猟業 28,577人（15.4%）
漁業・水産養殖業 3,446人（1.9%）
サービス業 30,234人（16.2%）
運輸・通信・その他公益 13,085人（7.0%）
建設業 14,428人（7.8%）
鉱業 4,193人（2.3%）
製造業 28,847人（15.5%）
卸売・小売業 40,218人（21.6%）
金融・保険・不動産業 5,931人（3.2%）

第１章　福岡らしさとは？

第２章　福岡という空間

第３章　土地に刻まれた記憶

第４章　くらしといとなみ

第５章　興し、伝え、守る

第６章　福岡のあゆみ

て、工業の振興を図っていくことがうたわれています。

しかし、昭和40年代に入ると、工業化路線はトーンダウンしていきます。この頃の『総合計画書』（1966年）には、「理念としては、たんなる工業導入偏重をさけ、九州の管理中枢都市としての都市機能充実と、市民の身ぢかな生活・文化基盤の強化を中心においた」とあります。工業用水の不足や公害の問題が背景にあったと考えられます。

その後も、市は第三次産業を中心として発展を続け、昭和47年には政令指定都市となり、同50年には山陽新幹線が開通し、九州の中心都市としての地位を固めていきました。

▲ ビル建設が進む天神

1954年8月29日／真武保博氏撮影／福岡市博物館蔵

明治通りの天神西交差点から東側を望む。南側で何棟ものビルの建設が進んでいる様子がわかる。

▷ 建設中の小笹団地

1960年6月26日／池田善朗氏撮影／福岡市博物館蔵

旺盛な住宅需要に応えるため郊外では山林や田畑を造成して団地が建設された。写真は現在の小笹公園（中央区小笹）付近から北側を撮影したもの。集合住宅の増加により核家族化が進んだ。

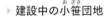

昭和50（1975）年

産業別従事者数

総計 447,344 人

分類不能 3,381人（0.8%）

公務 18,940人（4.2%）

不動産業 6,295人（1.4%）

サービス業 95,389人（21.3%）

金融・保険 16,867人（3.8%）

卸売・小売業 148,843人（33.3%）

農業・林業 8,927人（2.0%）

漁業 4,005人（0.9%）

鉱業 273人（0.1%）

建設業 49,138人（11.0%）

製造業 58,250人（15.5%）

電気・ガス・熱供給・水道業 3,789人（0.8%）

運輸・通信業 33,247人（7.4%）

- 第一次産業（2.9%）
- 第二次産業（26.6%）
- 第三次産業（72.2%）

「e-Stat統計データ（https://www.e-stat.go.jp/）」から福岡市のデータを抽出したもの。漁業従事者は微増だが、農林業従事者が19,650人も減り、第一次産業の割合が25年間で14.4%も下がった。その分、第三次産業の割合が15.1%伸びている。

生活と産業（昭和後期〜平成時代）

　この時代は、前半は「バブル景気」、後半は「失われた20年」という言葉で表されるように、経済の激しい浮き沈みがありました。また、巨大地震をはじめとする自然災害が各地で頻発したほか、地下鉄サリン事件（1995年）のようなこれまでにない犯罪も起こり、人々の価値観に様々な影響を及ぼしました。

　生活面での変化では、情報技術が著しく発達しました。Windows95の発売（1995年）を機にインターネットが普及し、併せて携帯電話の利用も広まりました。また、共働き世帯が専業主婦世帯を上回るようになり（1997年）、女性の社会進出が進みました。一方で、同年には14歳以下の子どもの数

が65歳以上の高齢者を下回る少子社会に突入しています。そして、街には24時間営業のコンビニエンスストアやファミリーレストランがある風景が当たり前となり、郊外には巨大な駐車場を備えたショッピングモールが数多く誕生しました。

　産業面では、円高の影響などで製造業が海外に流出し、産業構造が変化していきました。また、近年では情報通信技術を活用した新産業の創出や、大量生産・大量消費・大量廃棄する社会経済システムを改め、持続可能な循環型社会を目指す取り組みがなされるようになってきています。

　福岡市でも起業を支援する取り組み（2014年〜）や情報通信技術とモノのイン

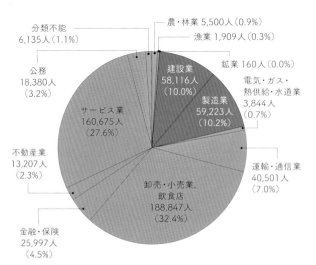

平成2（1990）年

産業別従事者数
総計 582,494人

第一次産業（1.2%）
第二次産業（20.2%）
第三次産業（77.7%）

「e-Stat統計データ（https://www.e-stat.go.jp/）」から福岡市のデータを抽出したもの。1975年から農・林業従事者が約4割減少し、漁業従事者が半減する。製造業は横ばいだが、建設業は8,978人の増加をみせる。第三次産業の中ではサービス業が6.3%の増と、その伸びが目立つ。

第1章　福岡らしさとは？

第2章　福岡という空間

第3章　土地に刻まれた記憶

第4章　くらしといとなみ

第5章　興し、伝え、守る

第6章　福岡のあゆみ

ターネットを活用して市民生活をより便利にするスマートシティの推進（2016年〜）、「循環のまち・ふくおか推進会議」（2012年〜）の開催など、新産業の創出や新しい生活のあり方の提案や検討が始まっています。

▲ 九州大学箱崎キャンパス跡地

2019年／福岡市撮影

約50haという広大な敷地を活用して「FUKUOKA Smart EAST」というスマートシティを実現する取り組みが始まっている。

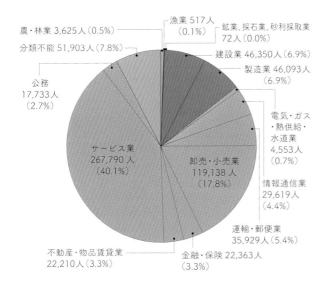

農・林業 3,625人（0.5%）

分類不能 51,903人（7.8%）

公務 17,733人（2.7%）

漁業 517人（0.1%）

鉱業、採石業、砂利採取業 72人（0.0%）

建設業 46,350人（6.9%）

製造業 46,093人（6.9%）

電気・ガス・熱供給・水道業 4,553人（0.7%）

サービス業 267,790人（40.1%）

卸売・小売業 119,138人（17.8%）

情報通信業 29,619人（4.4%）

運輸・郵便業 35,929人（5.4%）

不動産・物品賃貸業 22,210人（3.3%）

金融・保険 22,363人（3.3%）

平成27（2015）年

産業別従事者数

総計 **667,895**人

- 第一次産業（0.6%）
- 第二次産業（13.8%）
- 第三次産業（77.7%）

「e-Stat統計データ（https://www.e-stat.go.jp/）」から福岡市のデータを抽出したもの。本グラフでは本来7種に分類されているサービス業を一括して示した。引き続き漁業従事者の減少が大きく、建設・製造業も減少に転じている。飲食店はサービス業の中に含まれるため、卸売・小売業の比率が減少している。

人びとのいとなみとことば

3学年（2）地域に見られる生産や販売の仕事

　　現在、福岡市の人口は160万人を突破し、就業人口は80万人超（2017年時の就業構造基本調査による）と、多くの人々が様々な形でくらしを営んでいます。

　　福岡の街路を歩いて、出会った人にお仕事の話をうかがったりすると、人々がくらしていくための知恵と技術が、ことばや身振りに宿っていることに気づかされます。　人々がそうやって編みだし、研磨し、継承してきたそれらの技には、福岡の気風が色濃く息づいており、中には江戸時代にさかのぼるようなお話もあって、長い歴史を持つ福岡ならではと言えます。

　　ここでは『新修 福岡市史』の特別編として刊行した『福の民　暮らしのなかに技がある』の中から、市民の方々からうかがったことばを、ごく一部ですがご紹介いたします。

▶ 『新修 福岡市史』特別編
　『福の民　暮らしのなかに技がある』（2010年）

『新修 福岡市史』は2010年に刊行を開始しました。その最初に配本したうちの1冊が特別編『福の民 暮らしのなかに技がある』にあたります。この本では、市民150余名に聞き書きを行い、写真とことばからなる記事を見開き2ページにつき1件紹介しています。総覧すると、福博の歴史の長さ・豊かさや、人びとのいとなみこそがわたしたちのまちを形づくってきたことを実感できる、そんな本です。

「単なる人形師やないとばい!」って。

▶ 南区 亀田 均 さん（2009年取材）
(かめ だ ひとし)

博多人形師には、素焼きの博多人形だけでなく、博多祇園山笠の山笠人形をつくるという役割を担う人々がいます。山笠は日程が決まっているので納期を自ずと限られ、人形師の負担も大きいものです。

亀田均さんは、小島与一（1886-1970）の最後の弟子で、長年山笠人形をつくり、山笠を支えてきた人です。山笠人形のつくり手が減少傾向にある中、後継を育て、後世に役目を渡していく大切さを訴えてきました。「今の博多の山笠の人形師はね、『もう自分たちで終わってそれでいいやないか』って。そんな雰囲気があるとですよ。そやけん、『単なる人形師やないとばい!』って」。

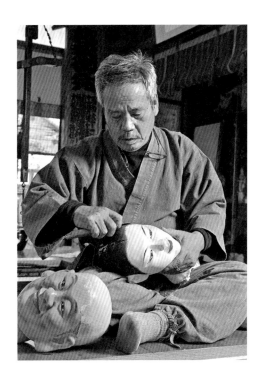

第1章 福岡らしさとは？

第2章 福岡という空間

第3章 土地に刻まれた記憶

第4章 くらしといとなみ

第5章 興し、伝え、守る

第6章 福岡のあゆみ

暮らしのなかに
技がある

福の民

3学年（2）地域に見られる生産や販売の仕事

「魚の後の糞つかみ」言うて、
網は人の通って行った後ば通ったっちゃあ、だめ。

▶ 西区　竹園満夫さん（2009年取材）
たけぞのみつ お

　西浦保育園園長の竹
にしのうら
園満夫さんは、16歳のと
きから船に乗っていた元
二双ごち網漁師。二双ご
に そう
ち網漁は二艘の船で網を
繰り、マダイ・カワハギな
どをすくう漁法で、狙い
を定めて魚を追い込む必
要があります。

　竹園さんが若い頃は漁
場をめぐる他船との駆け引
きも熾烈だったといいます。
こうした厳しい世界では、魚の居場所を見
極める技が明暗を分けます。先を行く船の
後をついていって、おこぼれに預かろうとい
うようでは、魚は捕れない。そんな漁師と
しての自負と技術とがうかがえる言葉です。

くらしのなかに技がある **福の民**

風物詩を守るったら、ただ一時的なもんだけやろ。そやけん、やっぱ伝統でしょうね。

▶ 早良区　**齊藤一男**さいとうかずお さん（2009年取材）

　室見川のシロウオ漁は、福岡の早春の風物詩として、毎年新聞やテレビで報道されています。川面に八の字に「簗」やながかかった景色を見たことがある方も多いでしょう。齊藤一男さんはその「室見川しろうお組合」の組合長を務めてこられました。

　農閑期に漁に勤しんでいた昔は、仲間同士で川沿いの小屋に泊まり込み、簗の番をしていたといいます。シロウオ漁が生計の手段でなくなった後も、福岡の風物詩を維持するだけでなく、古くから続く漁の伝統を守ろうという心意気と、仲間たちと共有する楽しみが、続けていく原動力となりました。

　「これはもう、道楽やなかばってんくさ、ボランティアで頑張りよりますったい、ね」。

くらしのなかに技がある **福の民**

草鞋わらじで救われとります。もう感謝せにゃおられません。

▶ 早良区　**鳥飼フミ**とりかい さん（2009年取材）

　子供の一歳を祝う初誕生の際、男の子に草鞋を、女の子に草履ぞうりを履かせ、一升餅を踏ませる餅踏みの行事。鳥飼さんは、このお祝いの時に使う小さな草鞋と草履を作ってきた人です。

　数え21歳で結婚、以来、田んぼ仕事に追われ、そのあとは病で倒れた夫と子供を支えて宿舎などで働きながら、80歳を過ぎてこの草鞋・草履作りへ。昔は農家ならこうしたことはお手の物で、鳥飼さんも若い時から足半あしなかの作り方を習得していたといいます。この草鞋づくりが収入源になり、鳥飼さんの老後の暮らしを助けてくれました。草鞋に感謝、そんな思いの詰まった言葉です。

※これらの記事は『新修 福岡市史 特別編 福の民』（2010年刊行）掲載記事の概略を引用したものです。

暮らしのなかに 技がある

福の民

3学年（2）地域に見られる生産や販売の仕事

材料は輸入でも、
私どもには、技術があるんですね。

▶ 中央区 河原田浩さん（2009年取材）
かわはら だ ひろし

　文亀元（1501）年創業を伝える平助
筆は、福岡の和文具製造販売の老舗と
して知られています。時代の流れで、筆
の製造は中国が台頭し、日本製であっ
ても素材となる馬毛・羊毛・狸やイタチ
の毛、軸の竹なども輸入に頼っているの
が現状とか。ただ、複数種の毛を混ぜ
合わせ、日本の文字に合うしなやかな筆
として仕上げていく技術は、お店の持つ
長い歴史が培ってきたものです。その背
景と自負がうかがえる言葉です。

自分たちの代は、商売がたきっていう感覚がないけん。

▶ 博多区 和田 豊さん（わ だ ゆたか）（2009年取材）

　父親のあとを継いで畳職人となった和田豊さんは、26歳のときに、福岡畳高等職業訓練校に入校。そこで自身と同じような、畳店の跡取りたちと一緒に、手縫いの技を学びました。週に1回、3年間の訓練校通いの中で、半人前同士、すっかり親しい仲間に。卒業後、それぞれ店を担うようになっても付き合いは続き、同業者ながら商売がたきという意識はなく、お互いの仕事を助け合う関係を築いていきました。和田さんが大病で仕事がままならない時も、仲間が手を差し伸べてくれました。共に学ぶなかで芽ばえた仲間感覚が、お互いの人生を支え合っています。

もう商いの感覚が違うなぁ、と

▶ 博多区 遠藤和博さん（えんどうかずひろ）（2009年取材）

　遠藤商店は明治から続く小物玩具と駄菓子の卸販売店。3代目となる遠藤和博さんは、業態の変化がめまぐるしい時代に店を運営してきました。

　「ファミコンがはやったときに、うちもゲーム・ソフトを扱ったんです。でも、10万円仕入れても小さな箱一つ」。ふだん扱う商品なら、10万円も仕入れたら棚が埋まる、そうした「商いの感覚」の違いから、ゲーム・ソフトの扱いを中止。身に馴染んだ感覚が、違和感を訴えたという商売の勘どころとも言うべきお話です。

　今、店頭には多くの品物が揃い、棚には玩具・駄菓子をはじめ、くじ引きや縁日商品などがずらりと並んでいます。こうした空間が、子供たちが訪れ、小遣い銭で何を買うか悩む楽しみを提供しています。

※これらの記事は『新修 福岡市史　特別編 福の民』（2010年刊行）掲載記事の概略を引用したものです。

第1章　福岡らしさとは？

第2章　福岡という空間

第3章　土地に刻まれた記憶

第4章　くらしといとなみ

第5章　興し、伝え、守る

第6章　福岡のあゆみ

Chapter 5

興し、伝え、守る

　平成 26(2014) 年 5 月 1 日、福岡市は国家戦略特区「グローバル創業・雇用創出特区」に選ばれました。今後は新たな商品やサービスを活用したビジネス・モデルが福岡から生まれてくることが期待されています。では、かつて福岡に暮らした人々はどのような事業に取り組み、どういったことを後世に伝え、何を守ってきたのでしょうか？　また、これらの人々が行ってきたことは現在の福岡市とどう繋がっているのでしょうか？

　そこで、第 5 章では、土地を開拓し、新しい文化を受け入れ、役に立つ知識を広め、地域の安全や文化・自然を守ってきた人々の活動について、集団での取り組みに重点を置いて紹介します。

土地を拓いた人たち

　福岡市が現在のような都市となるまでには、各時代の多くの人たちによる苦労や努力がありました。最初に原野を切り開き、田畑や道や家をつくった人たちがいたからこそ、現在の福岡市があるのです。

　福岡における土地開発のはじまりは、縄文・弥生時代にさかのぼります。現在、史跡公園となっている板付遺跡では、水田や水路、木杭で補強された畦、農機具、環濠集落の跡が発見されました。大陸から伝わった水田稲作農耕が福岡に根付いたことの証しです。稲作の定着により、これまで狩猟や漁労が中心だった人びとの生活は大きく変化しました。

　古代には大宰府の出先機関としての鴻臚館が設置され、その後に貿易の拠点としての博多が誕生します。しかし、現在の福岡市の都市としての骨格は、福岡城とそれに付属する城下町の建設によって形成されたといえます。関ヶ原の戦い（1600年）ののち、黒田長政が筑前国の領主となり、当初は名島城へ入ります。しかし、城下町として発展させるための土地が狭かったため、新しい城の土地として「福崎」（現・中央区城内）が選ばれました。山は削られて城が築かれ、草香江と呼ばれた入江は埋め立てられ、大堀（現在の大濠公園の原型）ができました。土地の造成後には、家臣の屋敷地が現在の荒戸から那珂川に至る一帯に作られ、赤坂・大名などには町人が多く住む町ができました。そして、これ

璞新開碑（干拓の碑）
今津校区

鴻臚館・福岡城跡
赤坂校区

関連地図

羽根戸原開拓地
壱岐南・壱岐校区

板付遺跡
板付北校区

▲ 弥生時代の板付の様子

福岡市博物館常設展示室ジオラマ

第1章 福岡らしさとは？

第2章 福岡という空間

第3章 土地に刻まれた記憶

第4章 くらしといとなみ

第5章 興し、伝え、守る

第6章 福岡のあゆみ

以前から発展していた博多の町と一体となることで、福岡の城下町が完成しました。

江戸時代は大規模な「開発の時代」でもありました。福岡でも多くの村で耕作地を得るための開発が行われました。今津では、湾に広がる干潟の一部が幾度にもわたって埋め立てられました。安政6(1859)年には、海水をせき止めるために築かれた全長約680mにおよぶ石垣の最終工事（潮留）が行われました。周辺の村々からはおよそ5,000人が集まり、夜通しの作業を行った結果、石垣が完成し、大規模な耕作地が誕生しました。湾に面した場所には干拓の成功を記念する璞新開碑が建っています。

近代・現代になると、開発の中心は、都市の規模の拡大・宅地の造成へと移っていきます。しかし、戦後は全国的に食糧不足が深刻化したため、政府はこの解消と戦災を受けた人たちへの授産を目的に、「緊急開拓事業」を実施します。その一つが羽根戸原の開拓です。現在の西区野方から生松台にかけての土地に入植を行い、昭和24(1949)年には20戸が生活を営みました。約6,000haの開墾を順次行いましたが、土地は痩せており、入植当初は仮小屋で非常に苦しい日々を過ごしていました。7〜8年後には次第に生活状況は改善され、多くの家族が一軒家を建て、農業で生計を立てるようになりました。

近年では海岸を埋め立てたり、新駅を設置した場所などで新しい町が生まれています。ただ、道路や建物ができれば町が完成するわけではありません。暮らしやすい環境をつくるためには、地域で様々な約束事を決めたり、防犯や防災にも気を配る必要があります。土地を拓いた後も人びとの努力は日々続けられています。

1950年代に行われた板付遺跡の発掘の状況については『新修 福岡市史 資料編 考古3』(2011)に、福岡城築城の過程については『新修 福岡市史 特別編 福岡城』(2013)に、羽根戸原の開拓の様子については『新修 福岡市史 民俗編二 ひとと人々』(2015)にそれぞれ詳細な記述があります。

▲ 黒田長政像(部分)
1624年／重要文化財／福岡市博物館蔵

▲「御国分間絵図」(部分)
17世紀末／福岡市博物館蔵
北側が大きくくびれている江戸時代中期の今津湾。

新しいモノをもたらした人たち

　福岡は、古くから大陸との交流の窓口として多くの人が行き交う土地であり、人の移動にともなって、最新の技術や文化がいち早くもたらされる土地でもありました。古くは弥生時代以前から、米作り、金属器やガラスの生産、機織りなどの進んだ技術が伝わってきています。それら新しい文物を伝えた人びとの業績は長く語り継がれ、なかには記念碑が建てられているものもあります。ここでは12世紀から現代にかけての事例についてまとめました。

お茶

　12世紀末、日本の臨済宗の開祖である明庵栄西（1141-1215）によってお茶の種が中国（宋）から日本にもたらされたと伝えられています。栄西はお茶の製法や効能を記した『喫茶養生記』（1211年）を著し、以降、日本に喫茶の文化が定着していきました。栄西が博多に創建した日本最初の禅寺・聖福寺（博多区御供所町）には、脊振山の霊仙寺石上坊跡（佐賀県神埼郡吉野ヶ里町）から移植した「日本茶発祥の茶の木」が栽培されています。

うどん・そば・饅頭

　博多祇園山笠ともゆかりの深い聖一国師・円爾（1202-1280）によって、中国（宋）から製粉の技術とともにもたらされたとの伝承があります。円爾は帰国後、博多居住の宋商人・謝国明の援助を受けて承天寺（博多区博多駅前）を創建します。そのため、承天寺の境内には「饂飩蕎麦発祥之地」「御饅頭所」の石碑が立てられています。また、出来町公園の東側の御笠橋のたもとにある謝国明の墓（博多区博多駅前）は「大楠さま」の名前で博多の人びとに親しまれています。

▲ 謝国明像（部分）

1867年／福岡市博物館蔵

中世以前の博多には外国出身の人々が多数暮らしていた。船を所有した博多居住の宋商人（博多綱首、ごうしゅ・こうしゅ）である謝国明もその一人。博多は日本のなかでも特に新しい文化を受け入れやすい地域であったと考えられる。

ういろう

室町時代、中国の元王朝の崩壊によって日本に亡命した陳宗敬という人物が伝えたといわれています。宗敬は博多の妙楽寺（博多区古門戸町、1602年に博多区御供所町に移転）に小庵を構え、彼の作る薬「透頂香」は将軍・足利義満にも献上されました。この「透頂香」は宗敬の中国時代の官職名をとって「外郎（＝定員外の職員）」と呼ばれました。貝原益軒は『筑前国続風土記』のなかで、「透頂香を日本にて製せしは、博多を初とす」と記しています。妙楽寺の境内には「ういろう伝来之地」の石碑が建てられています。なお、現在、日本各地で名物となっている「ういろう餅」はこの薬の口直しとして食べられていたものが人気を博して、菓子として定着したものです。

博多織

承天寺の境内には、「満田弥三右衛門（やざえもん／やそうえもん）之碑」があります。博多の地誌『博多古説拾遺』（1738年）には、弥三右衛門という博多の商人が、承天寺の僧侶とともに中国（宋）へ渡り、広東織（博多織）の技術のほか、朱・箔・素麺・薬の製法を学んで帰ってきた、と記されています。博多織は江戸時代には福岡藩から将軍に献上される特産品となり、19世紀には人気役者・七代目市川團十郎が芝居の中で博多帯を宣伝したことで、一般にも普及するようになっていきました。令和3年2月現在、博多織工業組合の会員数は47を数えます（同組合ホームページより）。

辛子明太子

昭和24(1949)年に「ふくや」の創業者・川原俊夫(1913–1980)によって開発されました。釜山市で生まれた川原は太平洋戦争後に福岡へ引き揚げてきたのち、中洲で「ふくや」を開業しました。オリジナル商品の開発を考えていた際、小さい頃に釜山で食べていた「明卵漬」を基に、調味液に漬け込む製法を考案しました。川原は考案した辛子明太子の特許を取らずに、その製法を広く公開したので、多数の同業者が誕生しました。新幹線の開通(1975年)も相まって、辛子明太子は博多を代表する名産品となりました。令和3年2月現在、全国辛子めんたいこ食品公正取引協議会の会員数は、製造会員として89社、特別会員として20社、販売会員として6社を数えます（同会ホームページより）。

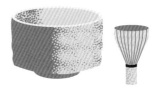

役に立つ知識を広めた人たち

4学年（4）県内の伝統や文化、先人の働き

　知識は独占するものではなく共有するものという考え方は多くの人の共感を得られるのではないでしょうか。それが人々の役に立つ情報となればなおさらです。福岡にも、自分の足で調べ、何度も試して身につけた有用な知識を、出版や講演等を通じて広く共有した人たちが数多くいました。ここでは、その中でも人々の生活に特に大きな影響を与えた3人を紹介します。

貝原益軒墓所（金龍寺）
南当仁校区

貝原益軒屋敷跡
舞鶴校区

関連地図

宮崎安貞書斎・墓所
西都校区

勧農社跡・林遠里墓所
入部校区

貝原益軒（1630−1714）
かいばらえきけん

　寛永7（1630）年、福岡城内で武士の子として生まれました。若い頃、2代藩主・黒田忠之に仕えましたが、ある時怒りにふれて7年間の浪人生活を送ります。その後、3代藩主・光之に見いだされ、黒田家の歴史書『黒田家譜』や筑前国の地誌である『筑前国続風土記』を編さんし、その他にも多くの藩士や寺社の由緒をまとめました。また、中国で出版された『本草綱目』をもとに、日本の動植物、鉱物などを体系的に分類した本草書『大和本草』を編さんしたり、健康や健康法などについて記した『養生訓』や『和俗童子訓』など庶民教育のための書物を多く著したり、人々の役に立つ知識の普及に努めました。晩年まで執筆を続け、当時としてはかなりの長寿である85歳で亡くなりました。

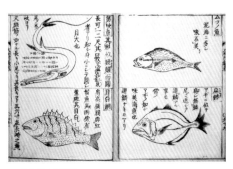

▲『大和本草』　1709年／福岡市博物館蔵

宮崎安貞（1623-1697）

元和9（1623）年、広島で武士の子として生まれ、のち福岡藩に仕えましたが、30歳を過ぎて辞職。その後、女原村（現・西区女原）に隠居して農業に従事するかたわら、40年以上にわたって農業技術の研究に努めました。その成果は『農業全書』としてまとめられ、明治にいたるまでに何度も版をかさねるロングセラーとなりました。また、安貞が近隣の住民とともに開墾した農地は約4.5haに及び、その開墾地は「宮崎開」と名付けられました。「宮崎開」は周船寺小学校や西都小学校の校歌にも登場し、また、安貞の名前は高等学校の名称※にも用いられたこともあるなど、その活躍は地域の誇りとなっています。

※1949-1954年、福岡県立安貞高等学校（現・糸島農業高等学校）

林遠里（1831-1906）

天保2（1831）年に鳥飼村（現・中央区鳥飼）で武士の子として生まれました。明治に入ると重留村（現・早良区重留）へ行き、農業技術の改良に力を注ぎました。明治10（1877）年、遠里は種籾を寒中に水に浸しておく「寒水浸」と土に埋めておく「土囲い」の両法を『勧農新書』にまとめます。さらに、労力を軽減化するために抱持立犂を用いた牛馬耕の方法を考案します。これらをあわせた「福岡農法」は稲作生産で効果をあげ、遠里はその普及のために日本全国で講演を行いました。そして、明治16年には技術を伝える教師を養成するために重留に私塾・勧農社を設立しました。そこで伝習された技術は広く日本全国へ伝えられました。近年、農薬や化学肥料を抑えた有機農法が推進される中、遠里の農法が再び注目されています。

▲ 戦前の宮崎開の様子
1944年／中村吉次郎『先覚宮崎安貞』より
左奥手前の山は今山。現在の九大学研都市駅の東側一帯にあたるエリアを写した写真。

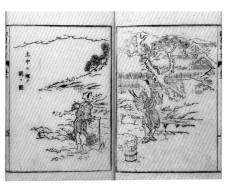

▲ 『勧農新書』　1877年／福岡市博物館蔵
種籾を俵に入れて埋めているところの図。

子どもたちを守った人たち

　戦争や貧困の影響をまっさきに受けるのは、いつの時代も子どもたちです。古代には奈良や京都での有力寺院などに悲田院（ひでんいん）という貧しい人や孤児を救う施設が置かれましたが、全国的にそうした施設が作られるようになるのは19世紀以降です。ここでは、江戸時代以降の福岡で親と離ればなれになった子どもたちを守ってきた人々の活動を紹介します。

江戸時代の捨て子
（加瀬（かせ）家・松永（まつなが）家）

　江戸時代には、飢饉や不作の影響で生活が困難となり、妊婦の堕胎や捨て子が行われることがありました。領主は、たびたび禁止令を出しながら、捨て子を育てた者には褒美を出すなどの政策を取りました。しかし捨て子はなくならず、寺院や神社、地域の有力者（村では大庄屋（おおじょうや）・庄屋（しょうや）、町では大きな商家など）の家の門前などには、産着に包まれた赤ん坊が置かれていることがよくありました。

　19世紀初めの有力町人である福岡湊町（みなとまち）（現・中央区荒戸（あらと））の加瀬家や博多店屋町（てんやまち）（現・博多区店屋町）の松永家は数多くの捨て子を養育したことで知られています。加瀬家では、元春（もとはる）、元将（もとまさ）という2人の当主の代に計32人を拾ったことが家に伝わった資料（『加瀬家記録』）から分かります。松永家では学問好きの当主である子登（しと）の時代に20人あまりを育てたことが『旧稀集』（きゅうきしゅう）という資料に記されています。

関連地図

加瀬家跡 舞鶴校区	松永家跡 博多校区	和白青松園 三苫校区
百道松風園跡 百道校区	龍華孤児院跡 博多校区	聖福寮跡 博多校区

▲ 加瀬元春像（左）、加瀬元将像（右）
江戸時代後期／いずれも部分／福岡市博物館蔵

近代以降の孤児
（龍華孤児院・聖福寮・百道松風園・和白青松園）

明治32(1899)年6月に、孤児や貧しい家の子どもを救済し教育する目的で、祇園町（現・博多区祇園町）に浄土真宗本願寺派の萬行寺によって「龍華孤児院」が開院しました。これは福岡県下初の孤児院でした。開院当初8名だった子どもは、5年後には120名を超えました。昭和3(1928)年には、天皇の即位と大嘗祭の記念として、手狭になっていた施設を若久（現・南区若久）に新築・移転します。戦後は同胞援護会に無償譲渡され、その後「若久緑園」として再発足しました。

一方、貧困だけでなく戦争も数多くの孤児を生み出します。太平洋戦争の敗戦にともなって、満州・朝鮮半島から多くの人々が博多港へ引き揚げてきましたが、その中には引き揚げ以前、または途中で親をなくした孤児もいました。そのような子どもたちを一時保護する施設として、御供所町（現・博多区御供所町）の聖福寺内に「聖福寮」

が、西新町（現・早良区百道）に「松風園」が、糟屋郡和白村（現・東区和白）に「青松園」が設けられました。

昭和21年12月に引き揚げ孤児を送り出した「松風園」は、戦災孤児や家出した子どもたちを保護する施設となり、「青松園」は引き続き養護施設として活動を続けていきました。164人の引き揚げ孤児を受け入れた「聖福寮」も昭和22年3月には託児所「聖福子供寮」となり、再出発を果たしました。

▲ 龍華孤児院（絵葉書） 大正時代／福岡市博物館蔵

▲ 戦災孤児 昭和20年代／福岡市博物館蔵

地域の伝統行事を繋いだ人たち

4 学年（4）県内の伝統や文化、先人の働き

福岡市を代表する伝統行事の博多祇園山笠は、現在、ユネスコ無形文化遺産にも登録され、毎年、大勢の参加者で賑わう祭礼です。しかし、長い年月の間には何度も廃絶の危機を経験しています。当時の人々はそうした困難な状況を、どのように乗り越えてきたのでしょうか？

戦乱と教会と

宣教師のルイス・フロイスは著書『日本史』の1575年の記事の中で次のように記しています。

「市の或るいくつかの町内では、祇園といい、毎年彼らの偶像を敬って公然と行う祭りや盛大な行列に使用する材木その他の道具を、我らの教会や司祭館に保管してもらおうとの考えが浮かんだ」

これは、かつて山笠の道具を保管していた場所に教会が建ってしまったため、博多の人びとが、同じ場所に道具を保管する権利が我々にはある、と教会側と交渉を始める場面の記述です。博多が戦国時代に焼け野原となってしまったために起きた事件ともいえます。しかし、教会側が拒否したため、「彼らの多数が集合し、かの悪魔の道具を肩に担ぎ、大声で叫び喚声をあげながら真直ぐ我らの教会に曳っぱって」来る事態となりました。

結局、この件は町側の長老たちが若者を

しずめて事態は収束したようです。外国の宣教師に対しても臆せずに自分たちの祭りの正当性を訴える姿がここからは読み取れます。

近代化の中で

明治5（1872）年11月、福岡県は旧来から続く松囃子と山笠を、お金の浪費であり風俗もよくないという理由で禁止してしまいます。しかし、博多の人々は県と粘り強く交渉し、同11年には松囃子が、同16年には山笠が復活します。

11年ぶりに復活したものの、博多の町は山笠にとって良い空間ではありませんでした。そこには電報を送るための電信線が張られていたのです。電信線は山笠のルートと一部重なる、現在の昭和通り付近と東町筋・御供所通りに架けられていました。人びとは山笠を従来の半分程度（8.4m）まで低くすることでこれに対処しました。

次に現れた強敵は電灯と電話です。明治30年に東中洲に博多電灯会社、その翌年には福岡電話交換局が建ち、電灯線と電話線の架設が始まります。すると、山笠によって各種の架線が切られることを心配した警察署は、山笠の実施を不許可としました。併せて、半裸の男たちが練り歩くのは野蛮であること、酒を暴飲して不衛生であることも不許可の理由として挙げられました。

これに対して人々は、丈の短い法被を導入し、山笠の高さを2.7mほどまで低くすることで対応しました。なかには高い山笠を作って、動かす（舁く）ときに上部を小屋に残しておく町や、低くできるように上部を開く構造にした町もありました。しかし、架線が低い路面電車が明治43年に登場すると、根本的な対応をしなければならなくなり、現在みられるような飾り山と舁き山の2種類の山笠を作ることが定着していきました。

空襲と合理化と

昭和20(1945)年6月19日の福岡大空襲では博多の町の西側の大部分が焼失します。ただ、幸いにして山笠を奉納する櫛田神社は焼けなかったので、3年後には山笠7本で櫛田入りを果たすことができました。翌24年には「博多祇園山笠振興期成会」（現・博多祇園山笠振興会）が結成され、28年には、福岡県の無形文化財に指定、29年には国の助成の措置を講ずべき無形文化財に選定され、その歩みは順風満帆にみえました。

ところが、昭和41年に行政事務や経済活動の合理化を目的に行われた町界町名整理で山笠はまたもや危機を迎えます。旧来の127町が24町に再編されたことで、従来の組織や当番町制が変容せざるをえなくなったのです。やがて、それぞれの町と流（10町ほどからなる町組）ごとに様々な対応が取られました。ついには、山笠を続けたいという人々の思いは、昭和54年の国の重要無形民俗文化財の指定へと繋がり、現在のように日本全国にとどまらず世界にも知られる祭礼となりました。

◀ **最も高かった頃の山笠**
1870年／福岡市博物館（複写）
一番山笠、掛町の「橋弁慶」。高さはおよそ16mほどある。

▶ **上部をはずした山笠？**
1909年6月か／福岡市博物館蔵
左下に「42,6」とあるのは日付か。山笠は明治44年以降、新暦7月に開催されるようになった。写真では山笠の上部中央に「ほぞ穴」のようなものが見える。

第1章 福岡らしさとは？
第2章 福岡という空間
第3章 土地に刻まれた記憶
第4章 くらしといとなみ
第5章 興し、伝え、守る
第6章 福岡のあゆみ

繋がれてきた地域の伝統文化

　地域の神社や公民館で行われているお祭りや行事には、それぞれに始まった根拠があり、続いている理由があります。しかし、地域社会の変化によって、そうした伝統文化が途絶えてしまうこともあります。

　そこで、国や地方公共団体では、人びとが日常生活の中で生み出し、繋いできたこうしたお祭りや行事を無形民俗文化財として、指定・登録をして保存・活用を図っています。

　ここでは、国・県・市によって指定・登録されている市域の無形民俗文化財を中心に『福岡市歴史文化基本構想』（2019年）で取り上げられた地域の伝統文化を地図におとしました。

　地図の白線は小学校区界です。当然、ここに載っていない伝統文化はまだまだたくさんあります。皆さんの地域では、どんなお祭りや行事があって、どのような方たちによって支えられていますか？

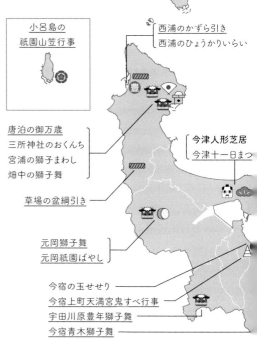

小呂島の
祇園山笠行事

西浦のかずら引き
西浦のひょうかりいらい

唐泊の御万歳
三所神社のおくんち
宮浦の獅子まわし
畑中の獅子舞

今津人形芝居
今津十一日まつ

草場の盆綱引き

元岡獅子舞
元岡祇園ばやし

今宿の玉せせり
今宿上町天満宮鬼すべ行事
宇田川原豊年獅子舞
今宿青木獅子舞

飯盛神社のかゆ占
飯盛神社流鏑馬行事
飯盛の夏越しの獅子回し

金武妙見神社の獅子まわし
金武丸天神社の獅子ごもり

飯場神楽 ───────

凡例

新年を祝う	節分	綱引き	文化財指定
的射行事	粥占	流灌頂	国指定
来訪神行事	豊作豊漁祈願	盆踊り	**県指定**
玉せせり	お田植え舞	おくんち	<u>市指定</u>
鬼すべ	山笠	神幸祭	市登録ほか
十日恵比須	祇園ばやし	人形芝居	
御万歳	神楽	早魚行事	
初庚申祭	獅子行事	博多にわか	

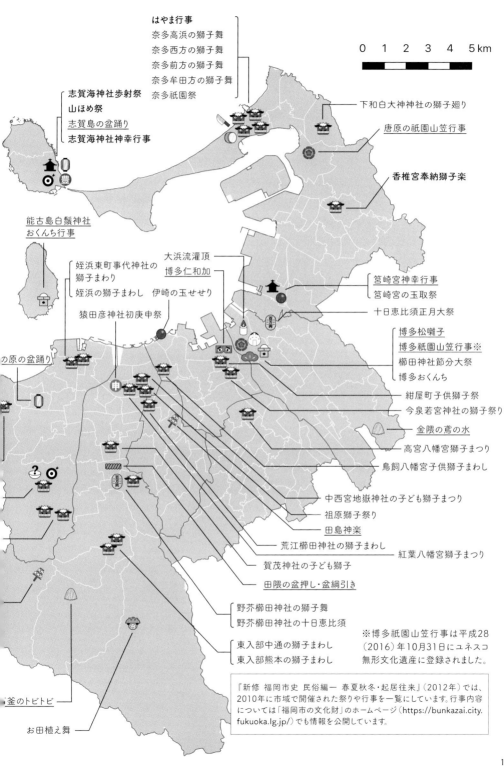

はやま行事
奈多高浜の獅子舞
奈多西方の獅子舞
奈多前方の獅子舞
奈多牟田方の獅子舞
奈多祇園祭

下和白大神社の獅子廻り

唐原の祇園山笠行事

志賀海神社歩射祭
山ほめ祭
志賀島の盆踊り
志賀海神社神幸行事

香椎宮奉納獅子楽

能古島白鬚神社
おくんち行事

姪浜東町事代神社の
獅子まわり
姪浜の獅子まわし
猿田彦神社初庚申祭

大浜流灌頂
博多仁和加
伊崎の玉せせり

筥崎宮神幸行事
筥崎宮の玉取祭

十日恵比須正月大祭

博多松囃子
博多祇園山笠行事※
櫛田神社節分大祭
博多おくんち

紺屋町子供獅子祭

今泉若宮神社の獅子祭り

の原の盆踊り

金隈の鷹の水

高宮八幡宮獅子まつり

鳥飼八幡宮子供獅子まわし

中西宮地嶽神社の子ども獅子まつり

祖原獅子祭り

田島神楽

荒江櫛田神社の獅子まわし

紅葉八幡宮獅子まつり

賀茂神社の子ども獅子

田隈の盆押し・盆綱引き

野芥櫛田神社の獅子舞
野芥櫛田神社の十日恵比須

東入部中通の獅子まわし
東入部熊本の獅子まわし

釜のトビトビ

お田植え舞

※博多祇園山笠行事は平成28
（2016）年10月31日にユネスコ
無形文化遺産に登録されました。

『新修 福岡市史 民俗編一 春夏秋冬・起居往来』（2012年）では、
2010年に市域で開催された祭りや行事を一覧にしています。行事内容
については「福岡市の文化財」のホームページ（https://bunkazai.city.
fukuoka.lg.jp/）でも情報を公開しています。

第1章 福岡らしさとは？

第2章 福岡という空間

第3章 土地に刻まれた記憶

第4章 くらしといとなみ

第5章 興し、伝え、守る

第6章 福岡のあゆみ

ともによく生きる人たち

　県内の伝統や文化、地域の発展につくした先人の働きというと、どうしても有名な祭りであったり、歴史的な偉人の活動に注目が集まりやすいものです。しかし、身近な行事や日常生活に関わる物事をよりよくしていこうと活動を続けている人たちもたくさんいる（いた）ことを私たちは忘れてはいけません。

　『新修 福岡市史 民俗編二 ひとと人々』（2015年）は、さまざまな切り口からそうした人たちの活動を詳細に取り上げています。人々は困難な状況をどのように受け止め、乗り越えていったのでしょうか。ここではその記事の内容を、ごく一部だけになりますが、簡単に紹介します。

今津人形芝居
今津校区

県立福岡聾学校（1917-1956）
警固校区

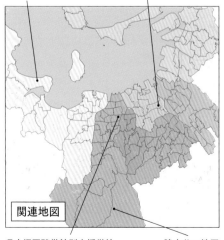

関連地図

県立福岡聴覚特別支援学校
原校区

脇山谷口地区
脇山校区

御日待ちの人々

　市内でも比較的農業従事者の割合が高い早良区脇山谷口地区一班で行われている、「御日待ち」という地域の行事についての記事です。日待ちとは、一般的には集落の人たちが集まって信仰的な集会を開き、一夜を眠らないで籠り明かすことを言いますが、この地域のように、皆で食事をして親睦をはかる集まりもあります。しかし、明治時代以来続いていたこの御日待ちは、昭和48（1973）年に一旦途絶えてしまいます。地域の人たちはいかにしてこの行事を復活させたのでしょうか、また、行事の復活は地域にどのような効果をもたらしたのでしょうか、現代の農業が抱える課題とともに地域社会の様相を描きます。

「伝統」を繋ぐ人々

　福岡市で誕生した伝統芸能「筑前琵琶」をもり立てる人たちについての記事です。筑前琵琶は江戸時代の宗教者が使っていた盲僧琵琶に改良を加えて明治時代に生まれた楽器で、大正時代に最盛期を迎えました。しかし、昭和に入ると他の音楽にその人気の座を譲っていくことになりました。その後、昭和40（1965）年前後からは筑前琵琶の再建と復興をめざす機運が高まり、

様々な活動が活発化していきます。現在では博多どんたくや各地で行われる演奏会で筑前琵琶の音色を聞くことができます。記事では、筑前琵琶の「伝統」を繋ぐ人たちの思いや工夫、演奏者の育成、楽器製作とメンテナンスの課題などについて紹介しています。

人形芝居と人々

　西区今津の秋の風物詩となっている今津人形芝居（福岡県無形民俗文化財）についての記事です。今津人形芝居は、今津の西隣の大原で弘化年間（1844-47）に始められた繰人形を明治24(1891)年に譲り受けて、恵比須座として創設されたのが起源とされています。芝居は、戦争をはさんだ昭和9(1935)年から22年に一旦休止します。また、昭和30年代なかばにはテレビの普及や農業経営の変化によって試練の時を迎えます。しかし、平成に入ると人形芝居に転機が訪れ、復活を遂げていくことになります。その背景には志を同じくする県外の人たちとの交流が密接に関係していました。

手話の人々

　手話を使う人たちが戦前から現代にかけてどのように学び、生活を営んできたのか、インタビューを中心に構成された記事です。現在、手話はテレビのニュース映像や記者会見など、日常的に目にすることができます。しかし、大正末から平成初めにかけての学校では、主に口話のみが認められており、

手話は禁止されていました。そうした中、人々は周囲とのコミュニケーションを取る方法をどのように身につけ、また、いかなる仕事に携わってきたのでしょうか。記事では、福岡大空襲の体験談、法制度の改正と仕事への影響など長期間にわたる移り変わりを紹介しています。

「人間の解放」をめざす人々

　部落差別について様々な立場の人たちの声を集めた記事です。差別克服のために人々が取り組んできたことを詳細に記録することを目指したもので、差別される側と差別する側の認識の食い違い、ギャップについて特に注目した内容になっています。なぜ、このような認識の差が生じてしまうのでしょうか。また、どうすればその溝は埋められるのでしょうか。差別を実際に体験し、その克服へ向けた具体的な活動に関わった人たちの声に、その解決へ向けたヒントがありました。

第1章　福岡らしさとは？

第2章　福岡という空間

第3章　土地に刻まれた記憶

第4章　くらしといとなみ

第5章　興し、伝え、守る

第6章　福岡のあゆみ

地域の安全を守る人たち(1)

3学年（3）地域の安全を守る働き

わたしたちが日夜安全に暮らしていくためには、警察・消防署といった行政機関による働きはもちろんですが、地域住民による活動が大きな役割を果たしています。

各地区に設けられた消防団による防火・消火活動、自治会や任意団体によるパトロール活動、登下校の見守り・交差点の旗振り当番など、自分たちの住む場所と住民の暮らしを守るため、地域の人々がさまざまな形で貢献しています。

福岡市の消防団

消防団は消防組織法にもとづき各自治体に設置される機関で、主として地域住民で構成されています。団員は本業を別に持っている場合がほとんどで、地域の地理環境に詳しい強みを活かし、消火活動をはじめ、災害時の救助活動や、平時は訓練や防火の啓発活動などを行っています。

近年では、地震・豪雨などの災害から住民を守る役割が強化され（「消防団を中核とした地域防災力の充実強化に関する法律」2017年施行）、その重要度が増しています。

福岡市の消防団は2020年現在、東・博多・中央・南・早良・西・水上の7団、その下に63分団があり、定員2,602名で構成されています。水上消防団として10分団を持つのが海辺の都市らしい特徴といえるでしょう。

第1章　福岡らしさとは？

第2章　福岡という空間

第3章　土地に刻まれた記憶

第4章　くらしといとなみ

第5章　興し、伝え、守る

第6章　福岡のあゆみ

0 1 2 3 4 5 km

凡例

Ⓨ　中央本部
Ⓨ　消防署
Ⓨ　出張所
Ⓨ　航空消防隊
防　防災センター
学　消防学校

▲　東消防団
▲　博多消防団
▲　中央消防団
△　南消防団
▲　早良消防団
△　西消防団
△　水上消防団

分団の位置はそれぞれの分団名が付いた車庫の
位置を地図におとした。分団によっては複数の拠
点がある。地図上の細い境界線は小学校区界。

地域の安全を守る人たち（2）

3学年（3）地域の安全を守る働き

『新修 福岡市史 民俗編二 ひとと人々』に収録した「火事と無事」（p19-52, 著：山室敦嗣）では、地域を火事から守るために実践されている3つのこと（用心する、放水する、伝える）を、地元の方の具体的なお話とともにとりあげています。

今回は、そのなかからいくつかの印象的な活動や言葉を紹介します。

用心する
火事を起こさないよう、日頃から備えておくこと

令和元（2019）年の福岡市の火災原因の第一位は放火で、次がタバコ、コンロと続きます。火事の原因は人災の側面が大きく、地域住民の日頃からの用心が大切です。

年の瀬になると、消防団が特別警戒として車両で地域を巡回しているのをよく見かけますが、市内では平時にも、地域住民による夜回り活動を実施している地域があります。東区志賀島の馬場町・中町・新町では、住民の輪番による「夜回り」を行い、博多区祇園町では青年会による夜警活動が実施されています（2014年調査時）。

拍子木の音が地域に響くことが防火・防犯につながるだけでなく、住民同士が声をかけあうなどコミュニケーションの場としても働き、お互いに防火意識を保つことに一役買っています。

馬場町・中町・新町
志賀島校区

和白分団
和白校区

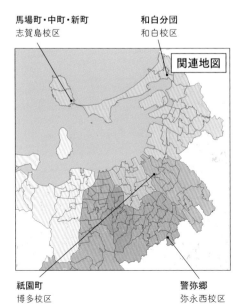

関連地図

祇園町
博多校区

警弥郷
弥永西校区

▲ 博多明治風俗図

1953〜64年頃／祝部至善画／福岡市博物館蔵

明治時代の博多のくらしを描いた連作の一つ。これは冬の夜を描いたもの。腰に提灯をつけ、拍子木を鳴らしながら歩く左の人物が「よまはり（夜回り）」。

放水する
やむなく火事が起こってしまった場合も、
できるだけ早く消し止めること

　発生してしまった火事に対しては、いち早く消火活動を行うことが、被害の拡大を防ぐことにつながります。

　福岡市東消防団和白分団（わじろ）は、平成24（2012）年に福岡県代表として全国消防操法大会小型ポンプの部に出場、準優勝した実績を持っています。和白分団では、火事が起きたとき迅速に駆け付けられるよう、ポンプ操法の訓練はもちろん、管轄区の消防水利地図を作成しています。ふだんから地域の道路と消火栓の位置や消防車両の駐車場所、放水に支障のないホースのラインどりを把握することが、いざという時に備えになり、現場での効率的な放水のための素早い判断と、団員どうしの連携に活かされています。

┌─────────────────────────┐
大西憲一郎（おおにしけんいちろう）さん（東消防団和白分団）のお話

「団員でも現場が近くて、消防車より先に現場に来ていることがあるんですよね。そこで状況判断で消火栓の前に立って手をあげてくれている。そういうちょっとしたことが、車両で行ったときに最短で放水できるんです」
└─────────────────────────┘

▶ **消火栓の蓋**
市内にある消火栓の一例。上水や下水の蓋と違って目立つように彩色がなされ、遠くからでもわかるように近くに標識柱が立つものもある。自動車や物が置かれないように路上でその存在を主張している。

伝える
かつての火事の被害について、
地域で語り継いでいくこと

　火事は時に、町を一変させるほどの大きな力を持つことがあります。こうした火事を繰り返さないためには、地域の記憶として保つこともひとつの鍵になります。

　南区の警弥郷地区（けやごう）は昭和18（1943）年1月30日の火災で、全焼27棟・半焼3棟という大きな被害を受けました。これを教訓に、この後の区画整理では道路を6メートルに拡張して縦横に巡らせ、さらに2か所の広場を設けました。万一の場合にも延焼を防ぎ、避難を容易にするための備えです。廣田喜久雄（たきくお）さんは幼いころ、地域の道路がよそよりも広いことに気づいて、父親に「なんで道路がこげん広かと」と尋ねたといいます。

┌─────────────────────────┐
廣田喜久雄（ひろたきくお）さん（南区警弥郷）のお話

「火事の後で、じいちゃんたちが消防車が入りやすいように道路を広げとんしゃるって。それから広場をつくって避難場所とか火事が燃え広がらんように、というふうに子供の頃に聞きました」
└─────────────────────────┘

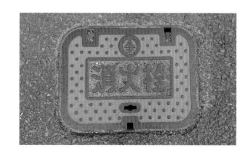

第1章　福岡らしさとは？

第2章　福岡という空間

第3章　土地に刻まれた記憶

第4章　くらしといとなみ

第5章　興し、伝え、守る

第6章　福岡のあゆみ

自然環境を守る

　開発や埋め立てによって失われた松原を再生する植樹活動、水鳥・ホタル・カブトムシ・シロウオ・カブトガニなど、生物が暮らしやすい環境を取り戻す活動、雨水をたくわえるための山林を育成する活動など、福岡市域では様々な場所で自然環境を守る取り組みがなされています。また、保全した自然を活かして、サイクルツーリズムや登山などの観光客が利用しやすい環境を整える活動もみられます。

　ここでは「地域の資源を保護・活用している地域」のなかで、環境に関わる活動が盛んなエリア（緑色）と、環境学習関連施設を地図におとしました。

▲ 六十余州名所図会　筑前筥崎海中の道
1855年／歌川広重／国立国会図書館蔵

小呂島
（109.3m）

玄界島
（217.9m）

蒙古山
（158.3m）

妙見山
（151m）

▲灘山
（209.4m）

福岡県水産資料館

▲柑子岳
（254.4m）

毘沙門山
（177m）

浜崎山
（97.4m）

瑞梅寺川

今津干潟

今山
（80.7m）

高祖山
（416m）

今宿野外活動センター

　活動エリアについては、各団体のホームページや福岡市環境局、福岡市緑のまちづくり協会、福岡県のホームページで紹介している内容等を参考にした。このほか、博多湾沿岸全域で行われる清掃活動、水中での生物調査などもある。また、一部、活動を休止しているエリアもある。今回、地図には反映できなかったが、各地域には花壇づくりや緑化活動を推進する「花づくり団体」も多数ある。

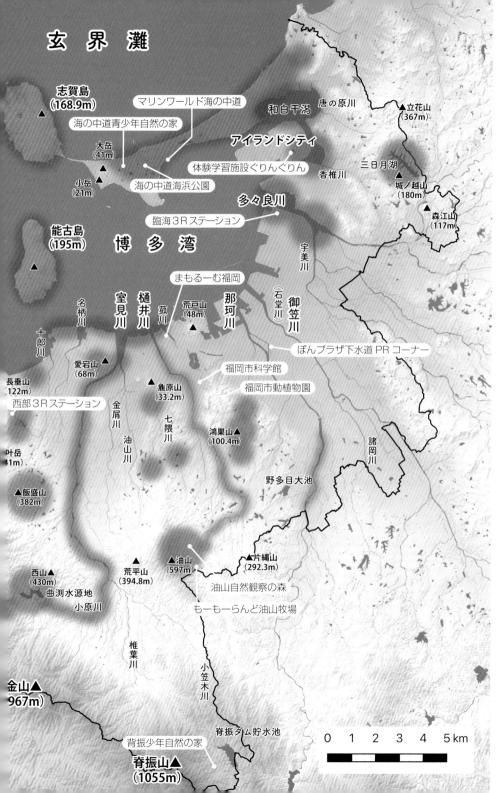

玄界灘

志賀島
(168.9m) ▲

マリンワールド海の中道

海の中道青少年自然の家

大岳
(41m) ▲

小岳
(21m) ▲

海の中道海浜公園

体験学習施設ぐりんぐりん

和白干潟

アイランドシティ

香椎川

唐の原川

立花山
(367m) ▲

三日月湖

城ノ越山
(180m) ▲

森江山
(117m) ▲

能古島
(195m) ▲

博多湾

多々良川

臨海3Rステーション

宇美川

まもるーむ福岡

名柄川

室見川

樋井川

菰川

荒戸山
(48m) ▲

那珂川

御笠川

（石堂川）

ぼんプラザ下水道PRコーナー

十郎川

愛宕山
(68m) ▲

福岡市科学館

福岡市動植物園

長垂山
(122m)

西部3Rステーション

金屑川

油山川

亀原山
(33.2m) ▲

七隈川

鴻巣山
(100.4m) ▲

諸岡川

叶岳
(41m) ▲

飯盛山
(382m) ▲

野多目大池

西山 ▲
(430m)

曲渕水源地

小原川

荒平山
(394.8m) ▲

油山
(597m) ▲

油山自然観察の森

もーもーらんど油山牧場

片縄山
(292.3m) ▲

椎葉川

小笠木川

金山 ▲
(967m)

脊振ダム貯水池

背振少年自然の家

脊振山 ▲
(1055m)

0 1 2 3 4 5 km

第1章 福岡らしさとは？

第2章 福岡という空間

第3章 土地に刻まれた記憶

第4章 くらしといとなみ

第5章 興し、伝え、守る

第6章 福岡のあゆみ

特色ある地域

４学年（５）県内の特色ある地域の様子

福岡市は海、山、平野と変化に富んだ自然に育まれた豊かな文化を有し、また、国内でも屈指といえる歴史の厚みを持つ都市です。ここでは、市内の特色ある地域で営まれている伝統文化や産業を活かした人々の取り組みを、市がこれまでに発表した記事からテーマ別に紹介します。

※出典の凡例　数字は号数
（企）＝福岡市博物館企画展解説リーフレット
（だより）＝「市史だよりFukuoka」
（市史）＝『新修 福岡市史 民俗編二 ひとと人々』（2015年）

まちのくらし

「天神『住む町』から『集う街』へ」（だより12）は、江戸時代に武家地だった天神がいかにして現在のような商業地となったのかを追った記事です。また、「新天町　敗れざる商店街」（市史）では、多くの商業施設がひしめく天神で、新天町が戦後から現代までまとまりのある商店街として発展し続けてきている歴史的背景について記します。「博多　世間を伝える」（市史）と「網場町　マチの人をつくる」（市史）は博多についての記事で、前者は町のしきたりや人づきあいのあり方などが山笠を通じて伝えられていることを、後者は居住人口が減少する町を地域の人たちが様々な方法でもり立てている様子をまとめています。この他、江戸時代以来の文化が地域に息づく中央区

唐人町の事例（「唐人町　城下のマチを活かす」（市史））や、まちづくり団体の活動が盛んな中央区春吉の事例（「春吉　マチを担う」（市史））、特徴的な地形が歴史に影響を与えた中央区の警固・赤坂・桜坂の事例（『四十八渓ウォーク』－警固・赤坂・桜坂－（だより21））などがあります。

交通の要衝

宿場町であった西区今宿を取材した「民俗探訪　今宿」（企236）は、地域の伝統行事などに携わる人たちへのインタビューをまとめたものです。「那珂　往来を見続ける街」（だより15）は、弥生時代から現代まで交通の要衝であり続けた博多区那珂周辺の歴史を、「福岡と糸島の交差点－『西の玄関』、周船寺－」（だより24）は、農業を主体としながら、交通至便な特性を活かし、商業的な要素も併せ持っていた西区周船寺の特色について述べたものです。

村のくらし

「多々良を耕す」（だより17）は、荘園や干拓、犁の技術向上へ向けた活動など、多々良川下流域の肥沃な土地で営まれてきた歴史について記します。南区を扱った「警弥郷をつくる」（だより19）と「日佐さんぽ」（だより20）は、農業地帯だった場所

が徐々に都市化していく中で人々が地域の団結へ向けて取り組んだことなどを取り上げます。

山すそのくらし

「『水と緑の里』脇山～背振」（だより10）は、炭焼きや製鉄、修験など早良区南部の山麓の歴史を記します。南区を扱った「歴史の郷 柏原を行く」（だより14）と「拓く、見守る、根をおろす－野間・若久－」（だより25）は、江戸時代以前の山林の利用の様子と明治時代以降の開発の歴史に触れています。西区の「東西をにらむ峰－女原・徳永・飯氏・千里・宇田川原－」（だより23）では、古来、防衛拠点とされてきたこの地域の特性を紹介しています。

海辺のくらし

「福岡の海と漁民の生活」（企256）は博多湾・玄界灘に生きた人々のくらしを全般的に解説したものです。中央区長浜から西公園の移り変わりについては「『港、今昔』西公園～長浜」（だより11）があります。東区の志賀島は「『海の玄関』、志賀島を知る」（だより9）で歴史を、「志賀島『つんなう』人々」（市史）で人々の結びつきのありようをまとめています。西区の能古島は「能古島－博多湾にうかぶ山－」（だより13）が、玄界島は「島とくらし－玄界島－」（企512）が、小呂島は「玄界灘に大見得を切る 小呂島の万年願歌舞伎」（企190）があります。また、西区北崎については「北崎 西の古湊を巡る」（だより18）で対外交流の歴史や明治時代以降の漁港の整備について紹介しています。

あたらしいまち

「野方・若久 団地のくらし」（市史）では、西区野方と南区若久における団地造成から自治体の結成、渇水問題やその後のくらしの変遷をまとめています。博多区の事例である「堅粕 改良住宅の民俗誌」（市史）は、地域の大規模な住宅の建て替えに伴う人々の苦労や努力について記したものです。「人が集まる『ニュータウン』シーサイドももち」（だより22）では、働き、学び、住む、というこれまでにない形のニュータウンが早良区百道浜に形成されていった歴史を追っています。

地場産業と歴史

博多人形関連では、「宗七焼」（企155）、「幻の焼き物『宗七焼』」（企480）、「博多人形展」（企161）、「博多人形名品展～原田嘉平の世界～」（企363）、「博多人形名品展2 ～小島与一と原田嘉平～」（企画396）、「博多人形名品展3－井上清助の世界－」（企画405）の他、「七隈 土ものがたり」（だより16）で材料の粘土の供給地を扱っています。その他には、博多織史の一場面に光を当てた「電気紋織－博多織から生まれた技術革新－」（企550）や縁起物の博多張子の技法などについて解説した「手仕事の美と技 －博多張子－」（企554）があります。また、「博多鋳物師」（企156）、「今宿瓦師の系譜と技法」（企76）、「筑前絞り・再発見」（企519）といった伝統が途絶えてしまった地場産業を扱った企画展も行なっています。

第1章 福岡らしさとは？
第2章 福岡という空間
第3章 土地に刻まれた記憶
第4章 くらしといとなみ
第5章 興し、伝え、守る
第6章 福岡のあゆみ

国際交流のDNA

　福岡県内の在留外国人は令和元（2019）年12月時点で83,468人を数えます。このうち、福岡市には40,335人という、全体の半数近くの方たちが暮らしています（法務省「在留外国人統計」より）。ちなみに、ここ数年（2012−2019）の市内における地域別出身者の人口の動向をみると、東アジアが約10％増なのに対して、東南アジアは約4倍、南アジアは約5倍になっています（「福岡市統計書（年報）」より）。福岡市は、近年、ますます多様な文化的背景を持つ人々が生活する地域になってきているといえるでしょう。

　そのような福岡市は、県内でも国際交流が盛んな場所として知られています。市内には、令和2年8月時点で、25の外国公館があります（右頁）。これは県内にある29の外国公館の9割近い数です。そして、市では「アジア太平洋都市サミット」、「アジア太平洋こども会議イン福岡」、「アジアンパーティ」といった様々な国際交流の取り組みがおこなわれています。これらのアジアを重視する施策は、平成元（1989）年に早良区百道浜で開催した「アジア太平洋博覧会」（図1）を機に増えてきたものです。しかし、そのルーツをたどれば、これまで本書の中でも何度も触れてきたように、古代から対外交流の窓口として発展してきた、このまちの歴史に行き着きます。「国際交流のDNA」といえるようなものが、この福岡という土地には刻まれているのかもしれません。

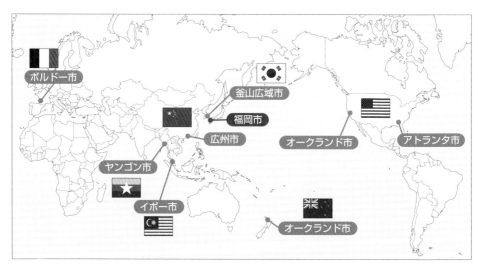

▲ **福岡市の姉妹都市**　福岡市は、世界7ヶ国の8都市と姉妹都市・友好都市の提携を結び、交流を続けている。

（図1）アジア太平洋博覧会の会場の様子

▼ 箱崎遺跡出土の中国寧波産軒丸瓦

12世紀頃／福岡市埋蔵文化財センター蔵

寧波からはるばる海を渡って運ばれた瓦。中世の博多や箱崎では、こうした中国風の瓦を使った屋敷が建ち並ぶチャイナタウン（中国人街）が形成されていたと考えられている。

第1章　福岡らしさとは？

第2章　福岡という空間

第3章　土地に刻まれた記憶

第4章　くらしといとなみ

第5章　興し、伝え、守る

第6章　福岡のあゆみ

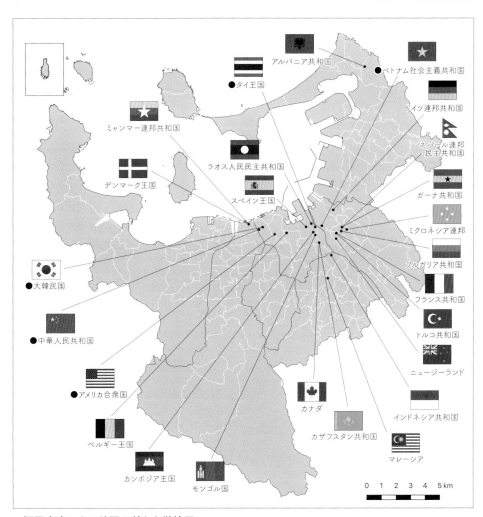

アルバニア共和国
●タイ王国
ベトナム社会主義共和国
ドイツ連邦共和国
ミャンマー連邦共和国
ネパール連邦民主共和国
ラオス人民民主共和国
ガーナ共和国
デンマーク王国
スペイン王国
ミクロネシア連邦
ブルガリア共和国
●大韓民国
フランス共和国
トルコ共和国
●中華人民共和国
ニュージーランド
●アメリカ合衆国
カナダ
インドネシア共和国
ベルギー王国
カザフスタン共和国
マレーシア
カンボジア王国
モンゴル国

0 1 2 3 4 5 km

▲ 福岡市内にある外国公館と小学校区　『福岡県の国際化の現状』（2020年）より作成

2020年8月時点で、市内には5ヶ所の（総）領事館（●印）と20ヶ所の名誉（総）領事館（無印）がある。

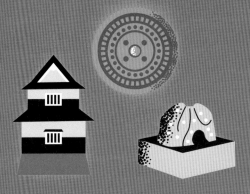

福岡の あゆみ

　福岡市は北部九州の一都市ですが、市内各所にある史跡は日本全体の歴史に関わるものが数多くあります。たとえば、稲作の伝来に関わる重要な集落跡である板付遺跡、遣唐使や外国の使節が滞在した外交施設の鴻臚館、博多湾沿岸に存在する元寇防塁、中世を通じて対外貿易の舞台となっていた博多など、古い時代の充実ぶりが目立ちます。福岡市は広い時代にわたり、地域の歴史と日本全体の歴史を関連づけて見ることができる全国でも珍しい土地といえます。

　そこで、最後の章は、旧石器時代から現代にいたる3万年あまりの歴史を福岡市域の動向を中心とした年表で振り返り、この本のしめくくりとします。

福岡のあゆみ

[凡例]
　場所（福岡九州 / 日本 / 世界）の項目については下記の通り
- ・　福岡および九州に関わること。
- ●　日本国内全体に関わること。
- □　中世以前は東アジア、近世以降は世界全体に関わること。

○で囲んだ月は「閏月」。
火災についてはおおむね 50 軒以上被害があったものを取り上げた。

和暦	西暦	月日	場所	できごと
90000年前頃			・	阿蘇山が噴火。ASO-4（阿蘇 4）火砕流が福岡に達する。
			・	福岡に人が暮らし始める。（柏原遺跡群・諸岡 B 遺跡）
			●	寒冷化が進み、海面が下がり始める。
26000年前頃			・	始良カルデラ（鹿児島湾北部）が噴火。AT（始良丹沢）火山灰が降下する。
			・	朝鮮半島と同じ槍先（剥片尖頭器）が九州に広がる。（有田遺跡群）
			●	最寒冷期。海面が最も下がり朝鮮半島との海峡が狭まる。
			・	石器作りの新技術（細石器）が伝わる。（井尻 B 遺跡）
15000年前頃			●	温暖化が進み、環境が変わる。土器を使い始める。
			●	弓矢を使い始める。
			・	竪穴住居を作り始める。（大原 D 遺跡）
7300年前頃			・	鬼界カルデラ（薩摩半島沖海底）が噴火。K-Ah（アカホヤ）火山灰が降下する。
6500年前頃			●	温暖化で海水面が最も上昇する。（**縄文海進**）
4000年前頃			・	糸島半島で貝塚ができる。（桑原飛櫛貝塚）
			・	朝鮮半島との海を越えた交流が行われる。（土器・黒曜石・釣針）
			・	石製の土掘り具が増える。
			・	アズキなどの植物の栽培が行われる。（四箇遺跡）
			・	大陸から稲作が伝わり、日本最初の農村が誕生する。（板付遺跡・那珂遺跡群）
			・	朝鮮半島からの渡来人の集落ができる。（諸岡 B 遺跡）
			・	福岡、筑紫平野を中心に大型甕棺墓が作られ始める。（金隈遺跡）
			・	耕地開発が進む。集落がまとまり有力者が出現し始める。
			・	朝鮮半島系青銅器が流入し、有力者の墓に副葬されるようになる。（板付遺跡・吉武高木遺跡）
紀元前 221			□	秦の始皇帝、中国を統一する。
紀元前 108			□	漢の武帝、朝鮮半島に楽浪郡を置く。
紀元前 1C 頃			●	この頃、倭人は百余りの小国に分かれていたという。
			・	漢の文物（銅鏡・銅銭・鉄器）がもたらされる。
			・	奴国（春日市須玖遺跡）、伊都国（糸島市三雲遺跡）に王墓が出現する。
	57		・	倭の奴国、後漢に使者を派遣し、皇帝から印綬をもらう。
	105		□	この頃、後漢の蔡倫、紙の製法を改良する。
	107		●	倭国王師升ら、漢に使者を送り、皇帝に生口 160 人を献上する。
			●	倭国、大いに乱れる。
			・	奴国の拠点集落ができる。（比恵・那珂遺跡群）
			・	博多湾岸に対外交易の拠点集落ができる。（西新町遺跡）
	220		□	後漢、滅び、魏が建国される。のち、中国は魏・呉・蜀の三国時代にはいる。
			・	この頃、魏の帯方郡から邪馬台国まで行く間に、伊都国・奴国などがあったという。

和暦	西暦	月日	場所	できごと
	239		●	邪馬台国の卑弥呼、魏に使者を送り、「親魏倭王」の印綬をもらう。
	265		□	魏、滅び、西晋が建国される。
			・	福岡平野最初の前方後円墳が築かれる。（那珂八幡古墳）
			・	玄界灘沿岸に横穴式石室が出現する。（老司・鋤崎古墳）
	391		●	この頃、倭国はしばしば朝鮮半島に出兵する。
継体天皇6	512	4/6	・	継体天皇が穂積押山を百済に派遣して、筑紫国の馬40匹を送るという。
継体天皇21	527	6/3	・	筑紫君磐井、反乱をおこす。翌年12月、磐井の息子の葛子、贖罪のために糟屋屯倉を朝廷に献上する。（**磐井の乱**）
宣化天皇元	536	5/1	・	那津のほとりに官家をつくる。筑紫国は往来の関門だからという。（**那津官家の成立**）
欽明天皇17	556	1/	・	阿倍臣ら、筑紫の軍船を率いて、倭から帰国する百済王子を護衛するという。また筑紫火君が勇士1000人で航路の安全を守るという。
欽明天皇31	570	1/6	・	庚寅銘大刀がつくられる。（元岡古墳群G群6号墳）
	589		□	隋、中国を統一する。600年、推古天皇、隋に使者を送る。隋の皇帝から、政治の仕方を改めるように言われる。（**第1回遣隋使**）
推古天皇10	602	4/1	・	来目皇子、新羅を撃つために筑紫の島郡に駐屯する。
推古天皇17	609	4/4	・	筑紫大宰、百済の僧らの肥後国葦北津来着を朝廷に報告する。（筑紫大宰の初見）
	618		□	隋、滅ぶ。唐が建国される。630年、舒明天皇、使者を唐に送る。（**第1回遣唐使**）
大化元	645	6/12	●	中大兄皇子・中臣鎌足らが蘇我入鹿を暗殺する。（**大化の改新始まる**）
斉明天皇5	659	7/3	・	第4回遣唐使、筑紫大津の浦を出発する。（筑紫大津の初見）
斉明天皇6	660		□	唐と新羅、百済を滅ぼす。
斉明天皇7	661	3/25	・	斉明天皇・中大兄皇子、百済復興軍を指揮するために、娜大津に到る。磐瀬行宮に滞在し、宮名を長津に改める。
天智天皇2	663	8/27	・	倭軍、白村江で唐軍に大敗する。（**白村江の戦い**）そののち、対馬島・壱岐島・筑紫国等に防人と烽とを置く。また、筑紫国に大野城・椽城（基肄城）・水城が完成する。
天武天皇元	672	6/24	・	この年、大海人皇子と大友皇子が王位を争う。（**壬申の乱**）筑紫大宰栗隈王、大友皇子の挙兵要請に対し、筑紫が海に臨んで守っているのは内賊のためではないと言い、拒否する。
			・	郭務悰、到る。大津館に安置される。
天武天皇2	673	11/21	・	高句麗使・新羅使を筑紫大郡で饗応する。
	678		□	新羅、朝鮮半島を統一する。
持統天皇2	688	2/10	・	新羅使を筑紫館（のちの鴻臚館）で饗応する。（筑紫館の初見）
持統天皇3	689	6/24	・	新羅使を筑紫小郡で饗応する。
		6/29	●	飛鳥浄御原令を施行する。
持統天皇8	694	12/18	●	大和国飛鳥の西北部に都を置く。（**藤原京**）
文武天皇2	698	4/13	・	糟屋評造春米連広国、梵鐘（現・京都市妙心寺所蔵）を鋳造する。
大宝元	701	3/21	●	大宝令により、官名などを改める。翌年、大宝律を施行する。（**大宝律令**）のち、これを改定し、養老律令を施行する。
大宝2	702		・	筑前国島郡川辺里の戸籍ができる。（現存する日本最古の戸籍の1つ）
和銅3	710	3/10	●	大和国奈良に都が移る。（**平城京**）
和銅5	712	1/28	・	『古事記』完成。仲哀天皇・神功皇后の香椎宮滞在の伝承などが載る。
和銅6	713	5/2	・	全国に風土記をつくるように命じる。『筑前国風土記』の逸文には、筑紫に到着したら、まずは香椎宮に参詣するのが通例と記す。
養老4	720	5/21	・	『日本書紀』完成。仲哀天皇・神功皇后の香椎宮滞在の伝承などが載る。
神亀5	728	11/	・	大宰帥大伴旅人ら、香椎宮を参詣し、香椎潟の風景を歌によむ。
神亀年間	724-9		・	この頃、糟屋郡志賀村の白水郎荒雄、宗像郡の宗形部津麻呂の願いを聞き入れ、代わりに対馬へ向かう船に乗る。暴風雨により遭難する。
天平2	730	1/13	・	大宰府官人や国司ら、大宰帥大伴旅人の邸宅で梅の花を歌によむ。（梅花の宴）

6学年（2）我が国の歴史上の主な事象

和暦	西暦	月日	場所	できごと
		11/	・	大宰帥大伴旅人の帰京にあたり、別途、従者たちが海路で都に帰る。荒津の潮の満ち引きと恋心を比べる歌をよみ、別れを惜しむ。
天平 8	736	6/	・	遣新羅使、出発する。渡航の途中、筑紫郡や韓亭（西区唐泊付近）に滞在して歌をよむ。
天平 9	737	4/1	・	朝廷、筑紫の住吉神社・香椎宮などに奉幣し、新羅との外交悪化を報告する。
天平 12	740	9/3	・	大宰少弐藤原広嗣、西海道で反乱をおこす。広嗣は 11/1 に斬られる。（藤原広嗣の乱）
天平勝宝 4	752	4/9	●	大和国東大寺大仏の開眼供養が行われる。
天平勝宝 7	755	2/	・	東国から筑紫に向かう防人たち、歌をよむ。防人たちは難波津に集まり、船で筑紫に向かう。
天平勝宝 8	756	6/22	・	大宰大弐吉備真備、怡土城（現在の福岡市・糸島市に所在）をつくる。
天平宝字 2	758	12/21	・	早良郡額田郷の三家豊穂、亡き父が損失した稲 4600 束の代わりに、奴婢 5 人を観世音寺に進上する。
天平宝字 3	759	3/24	・	大宰府、懸案事項を朝廷に報告する。その 1 つに、警固式に定める、防衛のために博多大津・壱岐・対馬に 100 隻以上の船を配備することが実行できていないと述べる。（博多の初見）
			・	これより後、『万葉集』ができる。志賀の海人・志賀海神社・荒津・能古島など筑紫の景色をよんだ歌が載る。
神護景雲 2	768	2/28	・	怡土城が完成する。
宝亀 3	772	11/25	・	筑紫営大津城監を廃止する（大津城が何を指すかは諸説ある）。
宝亀 11	780		・	大宰大弐佐伯今毛人、香椎宮の春秋の祭で志賀島の海人が風俗楽を奏する際の衣裳をつくる。
延暦 3	784	11/11	●	山城国長岡に都を移す。（長岡京）
延暦 12	793	3/23	・	これより先、那珂郡の三宅真継、都で乱行をはたらく。この日、那珂郡に送還され、入京を禁止される。
延暦 13	794	10/22	●	長岡京の北東に都を移す。（平安京）
弘仁 14	823	1/29	・	大宰府の主厨・主船を停止する（840 年復活）。
承和 5	838	6/17	・	この日の夜半、遣唐使のうち 2 舶が唐に向けて博多津を出発する。（最後の遣唐使）
			・	遣唐使小野篁、鴻臚館に滞在する唐人沈道古と詩賦を唱える。
承和 8	841	5/12	・	朝廷、祈雨のために、神功皇后陵と香椎宮に使者を遣わす。この夜、暁に雨が降る。
承和 9	842	5/5	・	恵運、唐商人李処人の船に乗り、博多津から唐に向けて出発する。
		8/15	・	これより先、大宰府、新羅人の入国を禁止するよう朝廷に求める。この日、漂着者は食料を与え帰国させること、商人は民間での交易を許し、その後すぐに帰国させること、新羅商人を鴻臚館に安置してはならないことが決まる。
承和 14	847	9/17	・	円仁、唐から帰国し、能古島に宿泊する。18 日、鴻臚館の前に到り、19 日、鴻臚館に入ってしばらく滞在する。
		11/29	・	円仁、住吉大神・香椎明神のために経を読む。
仁寿 2	852	4/4	・	円珍、渡唐にあたり 4-10 日にかけ、「博太浜」において、鎮国のために経を読む。9 日は筑前国住吉神社に、10 日は香椎明神に対しておこなう。
天安 2	858	6/22	・	円珍、唐商人李延孝の船に乗り唐から帰国し、鴻臚館に入る。円珍、鴻臚館で唐人と詩をかわし、鴻臚北館の門楼などをよむ。
貞観 3	861	8/9	・	真如（高丘親王）、渡唐のため、鴻臚館に到着する。主船司香山弘貞がこれを大宰府に報告する。これ以前から、唐商人李延孝が鴻臚北館に滞在する。9/5、真如、壱岐島に向けて出発する。
貞観 4	862	7/	・	これより先、真如（高丘親王）が唐通事（通訳）張友信につくらせた船、完成する。真如、ふたたび鴻臚館に到り、この月、唐に向け出発する。
貞観 7	865	7/27	・	これより先、真如（高丘親王）の渡唐に同行した伊勢興房・宗叡、唐商人李延孝の船に乗って帰国する。この日、鴻臚館に安置される。
貞観 10	868	⑫/25	・	これより先、席田郡の水田の所有をめぐり、内蔵寮博太荘と観世音寺との間で相論になる。この日、大宰府が裁定する。
貞観 11	869	5/22	・	新羅海賊、那珂郡荒津に停泊していた貢調船を襲い、絹綿を奪い去る。
		12/5	・	大宰府と朝廷、先の新羅海賊事件をふまえ、大宰府から離れた場所にある鴻臚中島館と津厨の防衛策を講じる。（「鴻臚中島館」の場所は未詳、「津厨」は海の中道遺跡が関係するとされる）

和暦	西暦	月日	場所	できごと
		12/28	・	大宰権少弐坂上瀧守、鴻臚館に統領1人・選士40人・甲冑40具を移す。博多は隣国輻輳の津で、警固武衛の要だが、大宰府と距離が離れているためと述べる。翌年にさらに甲冑110領を移す。
貞観15	873	9/25	・	新羅人32人、対馬島に漂着する。拘束して、鴻臚館に送る。
		12/17	・	大宰府、筑前国に警固田などを置く。
貞観16	874			大宰府、志賀島の海人が、香椎宮の春秋の祭で風俗楽を奏する際の衣裳が年代を経て着用できなくなったため、府庫から支出して新造することを、朝廷に申請する。876年に許可される。
寛平6	894	9/	●	菅原道真、遣唐使派遣停止を建議する。
寛平7	895	3/13	・	大宰府、新羅に備えるため、博多警固所の警備を増やす。
延喜元	901	1/25	●	右大臣菅原道真、大宰権帥に左遷される。903年、道真が大宰府で死去したため、905年に廟をつくる（910年・915年とする史料もある）。（**安楽寺、のちの太宰府天満宮の創建**）
	907		□	唐、滅ぶ。
延長元	923		・	大宰少弐藤原真材、八幡神の託宣にしたがい、穂波郡大分宮の新宮を筥崎松原につくり、御仏経をここに移すという。（**筥崎宮の創建**）
延長5	927	12/26	・	『延喜式』完成。（市域の諸社・地名等に関する条文が数多く載る）
承平5	935	2/	●	平将門、東国で反乱を起こし、のち「新皇」と称す。（**平将門の乱**）
	936		□	高麗、朝鮮半島を統一する。
承平7	937	10/4	・	兼祐、最澄の発願により宇佐弥勒寺につくる予定だった多宝塔を、筥崎神宮寺につくる。
天慶4	941	5/20	●	これより先、藤原純友、反乱を起こす。大宰府に侵入したのち、この日、博多津で朝廷の追捕使と戦う。（**藤原純友の乱**）
天慶8	945	6/5	・	これより先、呉越の船、肥前国高来郡肥埼の警固所に曳航される。この日、船頭蒋袞が尋問に答え、鴻臚所への曳航を願う。
天暦9	955		□	この年、呉越国王、銭弘俶八萬四千塔（現・国指定重要文化財　そのうちの1基を西区今津の誓願寺が所蔵）を多数つくる。
	960		□	宋、建国される。
永延元	987	12/9	・	筥崎宮塔院、夜須郡司を鱸野（すずきの）荘から不当に税を徴収したと筑前国に訴える。鱸野荘は40年余り前に置かれたものという。
正暦元	990		・	これより後、『檜垣媼集』ができる。（香椎宮の綾杉や怡土郡・志摩（志麻）郡をよんだ歌が載る）
正暦2	991	1/27	・	藤原佐理、大宰大弐になる。これより後、源重之、佐理を頼り筑紫に滞在し、生の松原・志賀島・筥崎宮を歌によむ。
正暦3	992	9/20	・	これより先、筥崎宮塔院、夜須郡・下座郡の秋月荘に、筑前国の不当な土地調査が入ったと大宰府に訴える。この日、大宰府が差し止めを命じる。秋月荘は50年余り前に置かれたという。
長保3	1001		・	安楽寺遍知院に筑前国博多荘などが寄進される。
寛弘2	1005	3/14	・	前大宰権帥平惟仲、貫首秦定重（貞重）の邸宅で死去する。定重は筥崎大夫則重の祖父という。また、定重は刀を質に唐人から借金をして、藤原頼通や知人への贈り物を用意し、上京していたという。
		4/22	・	藤原高遠、大宰大弐になる。高遠、筑紫に向かうにあたって、筥崎宮・生の松原を歌によむ。また、赴任すると、住吉神社・博多の波掛の浦・生の松原を訪れて、歌をよむ。
長和5	1016	2/6	・	筑前守兼大宰少弐源道済、香椎宮の祭りに参加し、歌をよむ。春は梅、冬は杉をさして、筑前守が歌をよむのが恒例だという。
	1016		●	藤原道長、摂政になる。
寛仁3	1019	4/7	●	刀伊、怡土・志摩（志麻）・早良郡に襲来し、住民・牛馬・民宅などに多大な被害を与える。4/8 刀伊、能古島に到る。大宰府、大宰少監大蔵種材らを警固所に派遣し、襲来に備える。翌日、刀伊が警固所や筥崎宮を焼こうとするが、大宰府軍が奮戦し、これを拒む。刀伊、能古島に戻る。4/11 刀伊、早良郡から志摩（志麻）郡船越津に到る。4/13、肥前国松浦郡での合戦ののち去る。（**刀伊の入寇**）
		7/13	・	刀伊に連れ去られた志摩（志麻）郡安楽寺板持荘の内蔵石女ら、帰国して、その間の事情を報告する。
治安2	1022	2/20	・	筑前国、筥崎宮塔院の灯分田を、糟屋西郷から夜須東郷に改める。また、同院の三昧供米のために、新たに夜須東郷の公田をつける。
万寿元	1024	4/15	・	宇佐八幡宮弥勒寺講師命元、筥崎宮塔院三昧の務めを師資相承することを願い出て、認められる。

6学年（2）我が国の歴史上の主な事象

和暦	西暦	月日	場所	できごと
永承6	1051	12/5	・	石清水八幡宮別当清成、筥崎宮の大検校となる。清成は元命の息子。
11世紀半ばころ			・	これ以降、博多に大量の陶磁器がもたらされる。（博多遺跡群）
康平7	1064	2/	・	これより先、筥崎宮浜殿、大風により転倒する。この日、大宰府が朝廷に報告する。
			・	藤原明衡、没する。（明衡が編集した『雲州消息』には、大宰帥・大弐や筑前守が博多津や宋商人について綴った手紙が載せられている）
延久4	1072	10/19	・	筥崎宮の神体を、新造した神殿に移す。
承保4	1077	2/5	・	香椎宮、火事で焼失する。朝廷、造営日時を定め、7月17日に大江匡房を派遣して礼代の大幣を香椎宮に奉る。
永保2	1082	9/5	・	戒覚、入宋するために、博多津で宋商人劉琨の唐船に乗り込み、船底に隠れる。13日まで、北崎浦で順風を待つ。
応徳3	1086	11/26	●	白河天皇、善仁親王（堀河天皇）に譲位する。（院政の始まり）
寛治3	1089	10/	・	寿円、三宅寺の別当となる。
承徳元	1097	①/6	・	大宰権帥源経信、筑紫で死去する。博多にいた唐人たちが数多く弔問に訪れた際、息子の俊頼が歌をよむ。
		8/27	・	これより先、前大宰帥、他門僧円証を醍醐寺円光院の末寺三宅寺の別当に任命する。寿円、これを醍醐寺に訴える。この日、朝廷、寿円に三宅寺の寺務をとりおこなわせる。
康和2	1100		・	これより後、大宰権帥大江匡房、筥崎宮記を記す。筥崎宮は異国の来寇を防ぐために、この地に置かれていると述べる。
		7/27	・	筥崎宮の浜殿・宝殿・神殿、大風により転倒する。
長治2	1105	6/15	・	これより先、藤原頼貞、香椎宮権大宮司清原恒久を殺害する。また、宝殿を略奪し、神輿・鉾を切り壊し、海に投げ入れる。
		8/20	・	警固所、宋商人李充の船が那珂郡博多津志賀島の前の海に到来することを報告する。
永久4	1116	5/11	・	博多津唐房の大山船頭三郎三郎頭房、有智山明光房本の唐本にて『両巻疏知礼記（観音玄義疏）』を書写する。
	1127		□	宋、金の攻撃を受け、杭州に首都を移す。（南宋）
保延6	1140	⑤/5	・	筥崎宮・香椎宮・大山寺の大衆・神人、大宰府などの屋舎数十家を焼き払う。大宰帥、これを朝廷に訴える。このことにより、石清水八幡宮の任清は筥崎宮の執行を停止され、代わって大宰府がおこなう。
康治元	1142	6/30	・	大宰大弐平実親、三宅寺の船が門司関を通る際の通行料を免除する。
久安3	1147	春	・	博多津の宋商人、関白藤原忠実にクジャクとオウムを献上する。さらに忠実、これを鳥羽上皇に献上する。上皇、その吉凶を占わせ、不吉とする。
仁平元	1151	12/29	・	これより先、大宰府目代宗頼・検非違所別当安清・大監大蔵種平・季実、500騎余りの軍兵で筥崎・博多を略奪し、宋人王昇の後家など1600家の資財や、筥崎宮の新造の神体などを奪う。
保元元	1156	7/11	●	鳥羽法皇の死後、後白河天皇派と崇徳上皇派の対立が武力衝突に発展。（保元の乱）
保元3	1158	8/10	●	平清盛、大宰大弐に就任。博多での日宋貿易を本格化。
平治元	1159	12/9	●	藤原信頼・源義朝、クーデターを起こし信西を自害させるが、平清盛に討たれる。（平治の乱）
応保2	1162			この頃、『本朝無題詩』ができるという。（蓮禅・藤原周光が香椎宮の浜殿を訪れてよんだ歌が載る）
仁安2	1167	2/11	●	平清盛、太政大臣となる。
		4/	・	博多津居住の丁淵ら、宋の明州の寺の門前道路のために銭を寄進。
仁安3	1168		・	栄西、宋に渡る。9月に帰国。
安元元	1175		・	寛智、栄西を招き今津に誓願寺を建立。
元暦2・文治元	1185	3/24	●	源氏が平氏を滅ぼす。（壇ノ浦の戦い）
		11/8	・	筥崎宮、石清水八幡宮の別宮となる。
		11/29	●	源頼朝、全国に守護・地頭を設置。（鎌倉幕府の成立 諸説あり）
建久3	1192	7/12	●	源頼朝、征夷大将軍に任命される。

和暦	西暦	月日	場所	できごと
建久6	1195		・	栄西、博多に聖福寺を建立。（日本最初の禅寺）
承久3	1221	5/15	●	後鳥羽上皇、幕府を討つため挙兵する。（承久の乱）
	1234		□	金、モンゴルの攻撃を受け滅ぶ。
仁治3	1242		・	円爾、博多に承天寺を建立。謝国明、承天寺に土地を寄進。
文永5	1268	1/1	・	高麗国使、モンゴルの国書を大宰府にもたらす。
	1271		□	モンゴル、国号を元とする。
文永8	1271	9/13	・	幕府、九州に所領をもつ御家人を元に対する備えとして下向させる。
		9/19	・	趙良弼、元の使節として今津に上陸。
文永9	1272		・	幕府、異国警固番役を設置。
文永11	1274	10/16	●	元軍、能古島に上陸。10/20 元軍、博多湾に襲来。早良郡に上陸。竹崎季長、少弐景資に先駆けを願い出て許可される。菊池武房、赤坂で元軍と戦う（赤坂の戦い）。竹崎季長、鳥飼潟で元軍と戦う（鳥飼潟の戦い）。少弐景資、劉復亨を矢で射て負傷させる（百道浜の戦い）。日田永基、姪浜で元軍と戦う（姪浜の戦い）。（文永の役）
建治元	1275	12/8	・	幕府、翌年に高麗出兵を行うため軍勢を博多に集結させる。
建治2	1276	3/5	・	大友頼泰、高麗出兵に備え博多に軍勢を送る。
		3/10	・	幕府、高麗出兵を計画する一方、元寇防塁の建造を行う。
建治3	1277	1/27	・	島津久時、筥崎に元寇防塁を建造する。
	1279	2/6	□	元、南宋を滅ぼす。
弘安2	1279	6/25	・	幕府、元の使節周福を博多で斬首する。
弘安4	1281	6/	・	竹崎季長、菊池武房、元寇防塁付近に布陣。
		6/6	●	元軍、志賀島に上陸。6/8 竹崎季長、河野通有、海上で元軍と戦う（志賀島の戦い）。（弘安の役）
		⑦/9	・	幕府、元軍の捕虜を博多に連行して処刑する。
		8/	・	幕府、少弐経資、大友頼泰を大将として高麗出兵を計画。
弘安8	1285	11/17	●	安達泰盛一族、執権北条貞時により滅ぼされる。（霜月騒動）
				元寇の際、安達盛宗と共に活躍した少弐景資、恩賞地に不満を抱く御家人の勢力を結集し、那珂郡岩門で兄・経資に対して反乱を起こすが鎮圧される。（岩門合戦）
弘安9	1286	7/	・	幕府、博多に鎮西談議所を設置。
		8/27	・	少弐経資、友清又次郎入道に対し、博多に元寇防塁建造を命じる。
弘安10	1287	3/29	・	少弐浄恵、多々良潟に乱杭を6本打たせる。
		7/25	・	唯道、台明寺衆徒の博多元寇防塁建造を免除する。
正応2	1289	4/5	・	比志島忠範、筥崎に元寇防塁を建造する。
正応6	1293		・	幕府、博多に鎮西探題を設置。
		3/21	・	幕府、北条兼時・時家を鎮西探題として派遣。
永仁元	1293	8/15	・	他宝院、異国調伏のため生の松原に熊野権現を勧請する。
正安元	1299		・	一山一寧、元の成宗テムルの使節として博多に到着。捕らえられ、後に建長寺、南禅寺などの住持に就任。
乾元2	1303	④/17	・	少弐崇恵、中村統に博多の元寇防塁修理を命じる。
正和5	1316	2/12	・	少弐貞経、榊定禅に博多の元寇防塁修理を命じる。
正中2	1325	10/	・	幕府、島津庄の相論を裁決する。（筥崎元寇防塁に関する内容含む）
元徳4/元弘2	1332	2/1	・	少弐妙恵、筑前国人に元寇防塁修理を命じる。
正慶2/元弘3	1333	3/13	・	菊池武時、博多の鎮西探題を攻撃するも敗死。
		5/22	●	新田義貞、鎌倉を攻撃。得宗北条高時ら自害。（鎌倉幕府の滅亡）
		5/25	・	鎮西探題、陥落。探題・北条英時自害。
		5/25	●	後醍醐天皇、光厳天皇を廃し、年号を正慶から元弘に復する。（建武の新政-1336）

第1章 福岡らしさとは？

第2章 福岡という空間

第3章 土地に刻まれた記憶

第4章 くらしといとなみ

第5章 興し、伝え、守る

第6章 福岡のあゆみ

和暦	西暦	月日	場所	できごと
延元元/建武3	1336	3/2	・	足利尊氏、多々良浜にて菊池武敏ら宮方に勝利。（**多々良浜の戦い**）
		4/3	・	尊氏、上洛のため博多を出発。
		7/17	・	尊氏方の龍造寺修善、博多松原口で宮方と戦う。
		7/17	・	尊氏方の深堀明意・深堀時広、凶徒蜂起のため博多を警固。
		8/15	●	尊氏、後醍醐天皇と対立し、光明天皇を擁立。（**南北朝時代** −1392）
延元3/建武5	1338	8/11	●	尊氏、征夷大将軍に任命される。（**室町幕府の成立** 1336年成立説も）
正平6/観応2	1351	9/	・	尊氏庶子足利直冬、月隈合戦で北朝方の一色氏と戦う。
正平16/延文6	1361	9/	・	北朝方の少弐頼国・龍造寺家平、飯盛・油山で南朝方の菊池武光と戦う。
		9/	・	南朝方の深堀時勝、飯盛・油山・青柳等で北朝勢と戦う。
	1368		□	明、建国される。元が滅ぶ。
明徳3/元中9	1392		●	後亀山天皇、後小松天皇に神器を渡す。（**南北朝の合一**）
	1392		□	高麗、滅ぶ。李氏朝鮮が建国される。
応永8	1401	5/13	●	足利義満、同朋衆・祖阿と博多商人・肥富を明に派遣する。
応永26	1419	6/20	●	朝鮮の軍船、対馬に来襲する。（**応永の外寇**）
応永27	1420	3/4	・	朝鮮回礼使宋希璟、博多を訪れる。
応永30	1423	5/	・	少弐満貞、博多で渋川義俊と戦いこれを破る。
応永31	1424	6/	・	朝鮮回礼使朴安臣、博多で渋川義俊と会談。
応永32	1425	7/13	・	大内盛見、少弐氏・菊池氏の蜂起に対するため筑前に下向。
永享元	1429	7/29	・	大友持直、博多支配を主張し、朝鮮に使者宗金を遣わす。
永享2	1430	6/18	・	少弐満貞、箱崎で渋川満直と戦う。筥崎八幡宮炎上。
永享3	1431	3/3	・	幕府、使者を遣わし大内・大友・少弐・菊池を和談させる。
		6/26	・	大内盛見、筑前国怡土郡で少弐氏・大友氏と戦って討死。
永享5	1433	3/5	・	大内持世、少弐氏・大友氏を討つため筑前に侵出。
		8/19	・	大内持世、少弐満貞を秋月城で討ち取る。
永享6	1434	6/16	・	少弐氏と大内氏の合戦により、筥崎八幡宮炎上。
		12/20	・	聖福寺で火災。
永享12	1440	3/6	・	幕府、博多へ使者を遣わし大内・少弐・菊池を和談させる。
嘉吉元	1441	10/14	・	大内教弘、少弐教頼を討つため筑前に侵出。
	1445		□	この頃、グーテンベルク（独）、活版印刷技術を発明する。
応仁元	1467	5/26	●	細川勝元（東軍）、山名宗全（西軍）と戦う。以後、京都を中心に全国的な内乱となる（−1477）。（**応仁・文明の乱**）
応仁2	1468	12/6	・	少弐教頼、筑前に侵出して大内氏と戦うが敗北し、怡土郡高祖城で自害。
文明元	1469	5/	・	少弐政資・大友親繁、筑前に侵出して大内氏と戦う。
		11/7	・	香椎宮で火災。
文明10	1478	10/	・	大内政弘、少弐政資と戦い筑前を平定する。
		10/13	・	大内政弘、博多で百韻連歌を行う。
文明12	1480	9/	・	連歌師宗祇、大内政弘の招きで博多を訪れる。
文明16	1484		・	大内政弘、博多・箱崎等で少弐政資の残党を討伐する。
延徳4	1492	5/6	・	少弐氏と大内氏、箱崎で戦い筥崎八幡宮炎上。
明応6	1497	3/	・	大内義興、少弐政資を攻めて肥前国に逃亡させる。

南北朝・室町・戦国・安土桃山・江戸（1300〜1600年代）

第1章 福岡らしさとは？　第2章 福岡という空間　第3章 土地に刻まれた記憶　第4章 くらしといとなみ　第5章 興し、伝え、守る　第6章 福岡のあゆみ

和暦	西暦	月日	場所	できごと
永正3	1506	3/	・	少弐資元・大友親治、筑前国で大内氏と戦う。
永正7	1510	4/4	●	朝鮮の釜山浦・乃而浦・塩浦で日本人が暴動を起こす。（三浦の乱）
大永3	1523	5/	●	遣明船派遣をめぐり大内氏と細川氏が中国寧波で争う。（寧波の乱）
天文12	1543	8/25	●	ポルトガル人、大隅国種子島に漂着し、鉄砲を伝える（1542年説もあり）。（鉄砲伝来）
天文18	1549	7/22	●	フランシスコ・ザビエル、薩摩国鹿児島に上陸（西暦8/15）。翌年博多を訪れる。（キリスト教伝来）
天文20	1551	9/1	・	大内義隆、家臣陶隆房（晴賢）の謀反により滅ぼされる。
弘治3	1557		・	大友義鎮（宗麟）、博多における教会等の建設用地をイエズス会に寄進する。
永禄2	1559	2/18	・	筑紫広門、大友義鎮（宗麟）に反旗を翻し、博多を焼き討ちする。
			・	この頃、大友氏が博多の南側に房州堀を築く。
永禄11	1568		・	戸次道雪、立花城の戦いで立花鑑載に勝利。
永禄12	1569	5/	・	大友軍、多々良浜の戦いで毛利軍に勝利。
元亀4	1573	7/18	●	織田信長、将軍足利義昭を京都から追放する。（室町幕府の滅亡）
天正7	1579	9/	・	龍造寺隆信、早良郡安楽平城を攻撃し、城主小田部紹叱討死。
天正8	1580	7/	・	龍造寺隆信、安楽平城を陥落させる。同年、博多を焼き討ちする。
天正10	1582	6/2	・	明智光秀、京都本能寺の織田信長を攻め自害させる。（本能寺の変）
天正14	1586	8/	・	立花宗茂、立花山城を攻める島津軍を撃退する。（立花山城の戦い）
天正15	1587	1/23	・	豊臣秀吉、黒田孝高・安国寺恵瓊に荒廃した博多の再興を命じる。
		1/26	・	黒田孝高・小早川隆景、博多で治安を乱す行いを禁止させる。
		4/23	・	石田三成・大谷吉継・安国寺恵瓊、九州北部の大名に対して避難している町人を博多に帰るよう促す。
		5/8	・	秀吉、九州を平定し、その後箱崎に滞在する（6/7-7/2）。
		6/11	・	秀吉、博多の町割りを指図する。（太閤町割）
		6/18	・	秀吉、小早川隆景へ筑前国・肥前二郡・筑後二郡を与える。
		6/19	・	秀吉、キリスト教宣教師の国外退去等を命じる。（バテレン追放令）
天正17	1589	11/22	・	隆景、神屋宗湛・小山田寿才に名島・博多の家々の建設を急がせる。
天正19	1591	①/7	・	隆景、筑前へ下向する家臣に名島城下には家が一つもないので博多か箱崎に滞在するよう伝える。
		3/13	・	秀吉、小早川隆景へ30万7300石の知行目録を与える。その内、筑前国は26万9350石。
天正20	1592	3/13	●	秀吉、西国諸将に朝鮮へ派兵する15万8700人の陣立を発令。（文禄の役）
文禄4	1595	10/	・	小早川秀俊（秀秋）の付家老・山口宗永、筑前・筑後の検地を行う。
慶長2	1597	2/21	●	秀吉、西国諸将に朝鮮へ派兵する14万1500人の陣立を発令。（慶長の役）
慶長3	1598	8/4	・	浅野長政、筑前国九郡の代官支配を命じられる。
		8/18	●	秀吉、山城国伏見城で没する（61歳）。以後、博多は朝鮮半島に出兵していた軍勢の引揚港となる。
			・	小早川秀秋、越前国北庄へ移る。旧小早川領は石田三成の代官支配となる。
慶長4	1599	2/5	・	秀秋、筑前国・筑後国の北部を再び拝領。越前国北庄から移る。
慶長5	1600	9/15	●	徳川家康ら東軍、石田三成ら西軍と美濃国関ヶ原で戦い、勝利。（関ヶ原の戦い）
		10/1	・	家康、豊前国中津城主黒田長政に筑前国を与える。
		12/8	・	黒田長政、名島城を請取り12/11入城。小早川秀秋は備前国岡山へ移る。
慶長6	1601		・	長政、福岡城造営を開始。端城も築く。孝高は太宰府に居住する。
	1602		□	オランダ、東インド会社を設立する。
慶長8	1603	2/12	●	家康、征夷大将軍に任命される。（江戸幕府の成立）
慶長9	1604	3/20	・	孝高、山城国伏見の藩邸で没する（59歳）。

和暦	西暦	月日	場所	できごと
慶長 15	1610		・	長政、生の松原・箱崎地蔵松原に松を植えさせる。
慶長 19	1614	10/	●	豊臣秀頼、家康の挑発を受け、摂津国大坂城で挙兵。（**大坂冬の陣**）
		12/19	・	黒田忠之、筑前国より軍兵を率いて大坂に着陣。
元和元	1615	3/	●	豊臣側と徳川側の和平交渉決裂。（**大坂夏の陣**）翌月、長政も参陣。
		4/25	・	忠之、父長政の命を受け、軍兵 1 万余騎を率いて筑前から大坂へ上る。
		5/7	●	大坂城落城する。秀頼、城中で自害する。
		7/16	・	長政、筑前国の端城を破却させる。
元和 2	1616	4/17	●	家康、駿河国駿府城で没する（75 歳）。
		9/5	・	長政、2 代将軍徳川秀忠より筑前国 50 万 2416 石を拝領する。
元和 3	1617	9/17	・	長政、日光東照宮に石鳥居を献納する。
元和 4	1618	1/15	・	長政、福岡・博多・姪浜の町人に百道砂原への松の植付を命じる。
元和 9	1623	⑧/4	・	長政、山城国京都報恩寺の旅宿で没する（56 歳）。子の忠之が跡を継ぎ、忠之の弟・長興に秋月 5 万石、同じく高政に東蓮寺領 4 万石が分与される。（東蓮寺藩領は 1720 年に福岡藩に還付されている）
寛永 9	1632	6/15	・	栗山利章（大膳）、主君黒田忠之謀反の事を幕府日田奉行竹中重義に訴える。（**黒田騒動**）
寛永 10	1633	3/15	・	江戸城において栗山利章の訴訟の判決が下る。黒田忠之は一旦所領召し上げの上、改めて安堵、栗山利章は陸奥国盛岡藩主・南部家に預けられ、騒動に関与した倉八十太夫は高野山に追放される。
寛永 12	1635	7/27	・	大風で箱崎の松 2000 本、櫛田神社周辺の銀杏・松の大木が倒れる。
寛永 14	1637	10/25	●	肥前国島原藩の領民が過酷な領主の支配に抗して武装蜂起、唐津藩領だった肥後国天草の領民と合流し、原城に立て籠もる。（**島原・天草一揆**）
寛永 15	1638	2/27	●	幕府率いる鎮圧軍、原城を総攻撃。翌 28 日巳の刻（午前 10 時−正午頃）に落城する。
寛永 16	1639	7/5	●	幕府、ポルトガル船来航を禁止。（いわゆる「**鎖国**」の完成）
寛永 18	1641	1/15	・	小早川秀秋の時代に中断した博多松囃子、再興する。
		2/8	・	忠之、幕府より長崎港の警備を命じられる。
寛永 20	1643	5/12	・	異国船、大島（宗像市）へ来航。宣教師等 10 人を捕えて長崎へ護送。
	1644	春	□	明、滅ぶ。秋に清王朝が北京に遷都する。
正保 4	1647	6/24	●	ポルトガル船 2 艘、長崎へ来航。九州の各藩は警備のため出兵する。福岡藩は 11,000 人余。
承応元	1652	5/17	・	徳川家康を祀る東照宮、荒戸山に完成する。
明暦元	1655		・	この年、日照りで不作。被害は 75,000 石余り。
明暦 2	1656	8/15	・	大風。家屋 8400 軒余りが倒壊、船の損害 60 余艘、溺死者 50 人、田畑に大きな被害が出る。
明暦 3	1657	1/19	●	江戸で大火。江戸城天守炎上、黒田家桜田屋敷も焼ける。（**明暦の大火**）
寛文元	1661		・	城下荒戸の波止場が完成する。
寛文 5	1665	春	・	幕府の命令で初めて宗旨奉行を置き、宗門改めを厳密に行うようになる。
寛文 7	1667	11/19	・	博多商人伊藤小左衛門とその一族、密貿易が発覚し、処刑される。
寛文 8	1668	10/19	・	城下東職人町から出火、武家屋敷 22、町人屋敷 89 軒余り焼失。
寛文 11	1671	冬	・	儒学者貝原益軒、3 代藩主光之より黒田家の歴史書『黒田家譜』の編さんを命じられる。
延宝元	1673	5/25	●	イギリス船リターン号、通商を求めて長崎に入港するが、幕府は拒絶する。福岡藩、長崎警備のため出兵する。（リターン号事件）
延宝 3	1675	1/15	・	箱崎放生会再興される。
		12/23	・	城下烟草町（浜町）から出火。武家屋敷 21・町人屋敷 161 軒焼失する。
延宝 5	1677		・	疫疾流行。筥崎宮・警固神社で護摩祈禱を行い、護符 4250 枚を博多に、3700 枚を福岡に配る。
延宝 6	1678	8/5	・	大風により 5000 軒余の家屋が倒壊する。

和暦	西暦	月日	場所	できごと
延宝8	1680	9/26	・	博多妙楽寺裏町から出火、13町で町人屋敷421軒焼失。
		秋	・	小呂島の波止場、完成する。
	1687		□	ニュートン（英）、すべての物体には相互に引き合う力が存在すると提唱する。（**万有引力の法則**）
元禄3	1690	12/	・	城下荒戸に軍船を係留する港が完成する。
元禄6	1693	春	・	筥崎宮の東側を通る箱崎宿の古道を廃止し、門前を通る新道を開く。
		10/12	・	福岡藩、佐賀藩と争っていた背振付近の国境争論に敗れる。
元禄8	1695	7/4	・	大雨。早良・那珂・御笠・糟屋の各郡の田畑が土石流の被害を受ける。城下の薬院・博多川端・新大工町も洪水で家屋に被害が出る。
	1695	7/	・	那珂郡老司村で疫病が流行する。医師・高原良庵が治療に当たる。
元禄10	1697	7/23	・	農学者宮崎安貞、没する（75歳）。早良郡・女原小松原に葬る。同年、印刷されたものとしては日本最古の農書である『農業全書』が刊行される。
元禄12	1699	4/13	・	早良郡姪浜で大火、民家50軒焼失。
元禄13	1700	2/26	・	城下、地震で9回揺れる。24・25・27日も揺れる。
元禄14	1701	8/13	・	筥崎宮の神幸が再興する。
元禄15	1702	8/29	・	50年に一度の規模の大風。上座・下座両郡は100年に一度の洪水。11,893軒が倒壊、田畑は295,500石の被害。倒木は18,300本。水死5人。
元禄16	1703	2/1	・	博多鰯町下から出火。9町で町人屋敷150軒焼失。死者4人。
		11/10	・	福岡藩で藩札が初めて通用する。
		12/	・	糟屋郡奈多に30町歩の塩浜が完成する。大野忠右衛門が奉行を勤める。
			・	貝原益軒、筑前国の地誌『筑前国続風土記』をまとめ、藩主に献上する。
宝永元	1704	12/29	・	博多竪町から出火、町人屋敷150軒焼失。
宝永2	1705	10/24	・	志摩郡宮浦で大火。民家51戸焼失。
宝永4	1707	10/4	●	昼、大坂で大地震。福岡も揺れる。（**宝永地震**）
宝永5	1708	11/13	・	城下西職人町から出火。武家屋敷179、町人屋敷148、合計327軒焼失。
宝永6	1709	8/	・	貝原益軒、日本で初めての実証的な本草書『大和本草』を著す。
正徳3	1713		・	貝原益軒、心身の健康と長寿の秘訣を平易に説いた『養生訓』を著す。
正徳4	1714	4/5	・	志摩郡小呂島の沖に中国の南京船が漂流する。
		8/27	・	貝原益軒、城下荒戸四番丁で没する（85歳）。城下西町の金龍寺に葬る。
正徳5	1715	10/28	・	那珂郡志賀島に中国の福州船（39人乗り）が漂着する。
享保元	1716	4/17	・	志摩郡唐泊に中国の寧波船（36人乗り）が漂着し、長崎へ送る。
		5/21	・	城下唐人町から出火、町人屋敷270軒焼失。
享保2	1717	1/18	・	志摩郡玄界島付近に朝鮮の商船（22人乗り）が漂流し、長崎へ送る。
享保3	1718	11/10	・	城下伊崎から出火、簀子町辺りまで類焼。武家屋敷74、町人屋敷500、船手屋敷170軒余り焼失。
享保4	1719		・	密貿易船の取締が厳しくなる。
享保5	1720	12/25	・	城下荒戸新町から出火、町人屋敷131軒余り焼失。
享保9	1724	8/14	・	大風。遠賀・穂波・早良郡等で土砂崩れ、田畑の水損3万石余、民家流失2643軒、死者10人等の被害。
享保10	1725	11/18	・	城下荒戸四番町から出火、武家屋敷181、足軽・船手屋敷27、町人屋敷542、民家105軒余り焼失。
享保11	1726	1/12	・	宗像郡地島に朝鮮船漂着、同19日にも志摩郡・西浦へ朝鮮船漂着、ともに長崎へ送る。
享保12	1727	9/23	・	6代藩主黒田継高、元和3年の長政三ヶ条の法令を家臣に示し、合わせて家中倹約令を出す。
享保13	1728	2/20	・	城下鳥飼通付近から出火、地行へ類焼、武家屋敷12、足軽屋敷236、町人屋敷58軒焼失。
享保14	1729	8/3	・	空梅雨による不作に加え、8/3・19の大風・大雨で民家の倒壊が1896軒、死者6人、田畑の水損の被害が出る。

第1章　福岡らしさとは？
第2章　福岡という空間
第3章　土地に刻まれた記憶
第4章　くらしといとなみ
第5章　興し、伝え、守る
第6章　福岡のあゆみ

和暦	西暦	月日	場所	できごと
		12/18	・	那珂郡志賀島で大火。民家 307 軒焼失。
享保 17	1732	1/29	・	志摩郡玄界島付近に朝鮮の漁船漂着し、翌日遠賀郡波津浦へも一艘漂着する。両船を長崎へ送る。
		9/29	●	冷夏と蝗害により大飢饉となる。この年の福岡藩領内の餓死者は 1000 人に達する。（**享保の大飢饉**）
享保 18	1733	1/	・	城下勘定所前に目安箱が置かれる。（1752/9/5 に一旦廃止）
享保 19	1734	2/7	・	糟屋郡箱崎で大火、別館、茶屋、制札場、武家屋敷 5、民家 290 軒余り焼失。
享保 20	1735	7/17	・	大風。家屋の倒壊 3205 軒、倒木 7520 本余、家臣の屋敷も多数破損する。
元文 3	1738	5/	・	洪水。田畑の水損 61,980 石余り、家屋の倒壊 74 軒の被害。
寛保元	1741	10/	・	博多の各町の門を整理して、外側の町の 18 の門に限って残すこととする。
寛保 2	1742	9/28	・	朝鮮へ漂着した早良郡姪浜の商船、対馬藩経由で長崎へ送還、この日奉行所より黒田家へ引渡し。
寛保 3	1743	8/13	・	大風雨。武家屋敷 1326 軒倒壊するも、田畑の被害は少ない。
		9/2	・	糟屋郡箱崎村・浜男村の間の道の付け替えと多々良川に渡船場を建設する許可が幕府から出る。
宝暦元	1751	10/12	・	博多馬場新町から出火、町人屋敷 80 軒余り焼失。
宝暦 4	1754	3/	・	早良郡田島村に藩主の別館が完成し、友泉亭と命名する。
宝暦 5	1755	8/24	・	大風。上座・下座・夜須・御笠・嘉麻・穂波・遠賀・鞍手・宗像郡で家屋倒壊 2830 軒、死者 43 人、倒木 15,000 等の被害。
宝暦 6	1756	2/	・	3 年前にルソン島に漂流した志摩郡浜崎浦の清二郎・久次郎、長崎入津の中国船で帰国。
宝暦 12	1762	④/4	・	城下名島町西会所に目安箱を再設置する。これ以降、家老・吉田保年らが中心となり改革が進められる。（**宝暦・明和の改革**）
明和 4	1767	6/5	・	大雨洪水。家屋 91 軒流失、田畑 28,845 石の被害が出る。
		7/8	・	3 年前にルソン島に漂流した早良郡能古島、志摩郡泊の漁師等 18 人、長崎入津の中国船で帰国。
明和 5	1768	8/2	・	継高、福岡城本丸に祠を建て初代藩主長政の神霊を祀る（聖照権現）。
明和 8	1771	8/21	・	7 年前にボルネオ島に漂流した志摩郡唐泊の孫太郎、オランダ船で帰国。
安永 2	1773	4/24	・	藩祖黒田孝高の神霊を水鏡権現と称し、長政の聖照権現と合祀する。
	1776		□	アメリカ、イギリスからの独立を宣言する。
安永 6	1777	6/12	・	那珂郡志賀島で大火。民家 316 軒焼失。
安永 7	1778	8/8	・	大風。田畑 55,183 石、家屋の倒壊 1,151 軒、倒木 11,972 本、圧死 6 人の被害が出る。
安永 9	1780	6/29	・	早良郡姪浜で大火、民家 164 軒余り焼失。
天明 4	1784	2/23	・	那珂郡志賀島叶崎で金印が見つかる。
		2/	・	城下に東西学問所が開設される。修猷館（東）は竹田定直、甘棠館（西）は亀井南冥が惣司となる。
天明 5	1785	11/21	・	早良郡姪浜で大火、民家 485 軒余り焼失。
	1789	7/	□	フランスで「自由・平等・博愛」をスローガンとする市民革命が起きる。（**フランス革命**）
寛政 3	1791	12/	・	博多中島町北側の軍船を係留する船入が埋もれて不便なので、対岸（現・博多中学校の場所）に新たに港を築く。
寛政 4	1792	4/1	・	肥前国島原の普賢岳が噴火する。島原で 1 万人余、肥後で 5000 人余が死亡。（**島原大変肥後迷惑**）
		4/23	・	早良郡能古島で大火、民家 106 軒余り焼失。
		7/23	・	23 日・26 日の二度の大風で水田 13,632 町に被害、家屋の倒壊は 256 軒、1 人死亡。
寛政 8	1796	9/2	・	早良郡姪浜で大火、民家 105 軒余り焼失。
寛政 10	1798	2/1	・	城下唐人町から出火、武家屋敷 43 軒、町人屋敷 166 軒余り焼失。西学問所も焼失し、そのまま廃止。

和暦	西暦	月日	場所	できごと
寛政 12	1800	4/18	・	城下荒戸の波止場を南東に増築する許可が幕府から出る。
享和 2	1802	5/25	・	大雨。田畑の被害 22,440 石余り、家屋の流失と倒壊 397 軒、死者 3 人。
文化元	1804	9/8	●	ロシア使節レザノフ、交易を求めて長崎へ入港。（翌年 2 月に再入港）
文化 5	1808	8/15	●	イギリス船、長崎に入港し、オランダ人を人質に取り薪水を求める。（**フェートン号事件**）
文化 6	1809	3/8	・	那珂郡志賀島で大火。民家 110 軒延焼。
		夏	・	日照りによる農作物の被害が 87,581 俵。年貢米 67,880 俵を免除する。
文化 8	1811	12/22	・	この年の洪水被害が 11,432 石に達し、幕府に届出る。
文化 10	1813	12/5	・	日照りによる不作が 28,513 石余り。幕府に報告する。
文化 11	1814		・	日照りのため、90,022 俵の不作。年貢米 74,894 俵余りを免除して、蓄えていた米穀を放出する。
		11/4	・	志摩郡小呂島の東に朝鮮の漁船が漂流する。漁師 2 人は長崎に護送。
文化 12	1815	12/27	・	城下浜町から出火。大名町から東南の町が延焼。武家屋敷 134 軒、足軽等の屋敷 67 軒、町人屋敷 143 軒、農家 49 軒等が焼失。
文化 13	1816	7/7	・	志摩郡西浦で大火。民家 186 軒延焼。
		8/23	・	大風雨。家屋の倒壊 274 軒、田畑の被害 42,170 俵余り。
文政 11	1828	3/	・	10 代藩主黒田斉清、嫡子長溥と共に長崎でシーボルトと面会する。
		8/9	・	9 日、24 日と続けての大風。前代未聞の被害が出る。
天保 5	1834		・	家老久野一鎮、眼医白水養禎らを登用し改革を行う。（**天保の改革**）
天保 6	1835	12/13	・	長崎・唐人屋敷で騒動が起こる。福岡藩出兵し、180 人余を捕える。
	1835		□	モールス（米）、有線電信機を発明。
	1840		□	イギリス、清国との間のアヘン貿易確保と国交樹立等を目指し遠征軍を派遣する。（**アヘン戦争**）
弘化 4	1847		・	11 代藩主黒田長溥、博多中島に精錬所を設置する。
嘉永 2	1849		・	長溥、藩医江藤貴山や安田仲元らと長崎へ行き、オランダ人医師から種痘法を学ぶ。
嘉永 6	1853	6/3	●	ペリー（米）、軍艦 4 隻で浦賀に来航。開国を迫る。（**黒船来航**）
		7/17	・	長溥、ペリー来航を受けて、幕府へ開国を建議する。
嘉永 7	1854	2/	●	ペリー、軍艦 7 隻を率いて浦賀に再来航。3/3、下田・函館の開港、領事の駐在などを定めた条約を結ぶ。（**日米和親条約**）
安政 2	1855	10/2	●	江戸大地震。
安政 4	1857	5/17	・	長溥、西洋軍法開始と蘭方医登用を指示する。
	1861	4/12	□	アメリカで奴隷問題をめぐる内戦が勃発する。（**南北戦争**）
文久元	1861	4/11	・	那珂郡志賀島、早良郡能古島、城下荒戸山に大砲を備える。
		5/	・	藩士月形洗蔵ら勤王派が処分される。（**辛酉の獄**）
文久 2	1862	8/	・	コレラ大流行。領内で数千人が死亡する。薬・虎頭丸を患者へ施す。
文久 3	1863	4/7	・	城下洲崎・波奈に砲台を築く。波奈の砲台は 6/20 に落成。
		10/	・	藩士平野国臣ら尊王攘夷派、公卿の沢宣嘉を擁して但馬国生野で挙兵。（**生野の変**）
元治元	1864	3/24	・	藩士牧市内・博多小山町米屋惣右衛門、城下黒門橋に首を晒される。
慶応元	1865	10/	・	藩内勤王派、弾圧され、加藤司書らが切腹させられる。（**乙丑の獄**）
		11/27	・	長溥、軍隊を西洋式に改める兵制改革を行う。
慶応 3	1867	10/14	●	15 代将軍慶喜、政権を朝廷に返上。（**大政奉還・江戸幕府の滅亡**）
			・	城下土手町に医学館賛生館を開く。教師は武谷椋亭・河島養粋ら。
明治元	1868	1/3	●	旧幕府軍と新政府軍、山城国鳥羽伏見で戦闘。内戦となる（−翌年 5/18）。（**戊辰戦争**）
		4/8	・	佐幕派の家老であった野村東馬・浦上信濃・久野将監、切腹する。
		9/8	●	政府、天皇一代に元号は一つと定める。（**一世一元の制**）

第1章 福岡らしさとは？

第2章 福岡という空間

第3章 土地に刻まれた記憶

第4章 くらしといとなみ

第5章 興し、伝え、守る

第6章 福岡のあゆみ

6学年（2）我が国の歴史上の主な事象

和暦	西暦	月日	場所	できごと
明治2	1869	6/17	●	諸藩主が天皇に土地と人民を返す。12代藩主黒田長知、知藩事に任命される。（**版籍奉還**）
		12/25	●	電信、東京－横浜間で開通する。
明治3	1870	7/	・	福岡藩、太政官札の偽造が発覚。（**福岡藩贋札贋金事件**）
明治4	1871	3/1	●	郵便、東京－京都－大阪間で始まる。
		4/4	●	政府、戸籍法を公布する。
		7/2	・	長知、福岡藩知事を罷免される。有栖川宮熾仁親王が後任となる。
		7/14	・	政府、藩知事に藩を廃止し、府と県を置くことを伝える。現在の福岡県の範囲では、福岡藩が福岡県となった他、秋月・久留米・柳河・三池・豊津・千束・中津県が置かれる。（**廃藩置県**）
		7/15	・	有栖川宮熾仁親王、福岡県令となる。県庁は旧福岡城三の丸に置かれる。
		8/20	●	陸軍の鎮台、東北・東京・大阪・熊本に置かれる。
		10/25	・	藩校「修猷館」、廃止。
		11/14	・	現在の福岡県の範囲が福岡、小倉、三潴の3県になる。
		11/	・	旧筑前国に34の戸籍区が置かれる（第一区が福岡、第二区が博多）。
		12/	・	福岡郵便役所、簀子町に開設。
明治5	1872	4/9	●	大庄屋・庄屋・名主などを廃止し、戸籍区の戸長・副戸長に一元化。
		8/3	●	政府、学制を公布する。
		9/12	●	鉄道、新橋－横浜間に開通する（日本初）。
		9/15	・	旧筑前国が16大区に分かれ、福岡が第1大区、博多が第2大区となる。
		9/29	●	ガス灯、横浜で点火（日本初）。
		9/1	・	博多郵便取扱所、下新川端町に開設。
		11/	・	福岡県、山笠・松囃子を禁止する。
		11/9	●	政府、太陰太陽暦を太陽暦に改め12月3日を明治6年1月1日とする。（**改暦**）
			・	今津で大火。140戸が焼失する。
			●	政府、初めて全国の戸籍調査を実施（総人口3111万825人）。
明治6	1873	1/10	●	政府、欧米の国民皆兵の理念に基づき、徴兵令を公布。
		2/	・	旧筑前国が16大区29小区に再編される。
		3/	・	福岡郵便役所、橋口町に移転し、博多郵便役所が下新川端町に開設。
		4/29	・	長崎電信局、開局（九州初の通信所）。東京－長崎間の通信が開通。
		5/1	●	ウィーン万国博覧会開催。日本政府、初めて公式参加（－10/31）。
		6/16	・	新政府に不満を持つ民衆が蜂起し福岡県庁を襲う（－6/25）。（**筑前竹槍一揆**）
		10/1	・	福岡電信分局、大名町に開設。
		10/	・	大明（大名）小など9小学校が開校。
明治8	1875	5/20	□	メートル条約成立。日本も調印する。
			・	山笠、再興するも、翌年より再度禁止。
明治9	1876	4/18	・	現在の福岡県の範囲が福岡・三潴の2県になる。
		5/	・	第1大区と第2大区を統合し、第1大区（調所＝橋口町勝立寺）となる。
		7/1	・	福岡県警察出張所、天神町に設置される。
		7/17	・	県庁、福岡城内から天神町（現・アクロス福岡の場所）に移転。
		8/21	・	三潴県から筑後10郡が編入され、現在の県域が確立。
		10/28	・	前原一誠ら不平士族、山口県で反乱を起こす（－11/6）。（**萩の乱**）
		10/29	・	長崎裁判所福岡支庁、福岡区裁判所が創立される。

和暦	西暦	月日	場所	できごと
		10/	・	東公園、開園。
			□	ベル（米）、電話機を発明する。
明治10	1877	1/30	●	西郷隆盛ら不平士族、鹿児島県で反乱を起こす（-9/24）。（西南戦争）
		2/25	・	警察出張所、福岡警察署に改称。
		3/24	・	『筑紫新聞』（『西日本新聞』の前身の一つ）、創刊。4ヶ月で休刊。
		3/28	・	越智彦四郎ら不平士族、福岡県で反乱を起こす（-4/1）。（福岡の変）
		8/21	●	第1回内国勧業博覧会、東京・上野公園で開催（-11/30）。
		11/1	・	第十七国立銀行（現・福岡銀行、九州初の銀行）、橋口町に開業。
		11/7	・	頭山満・進藤喜平太ら、士族救済のため開墾社を設立。
明治11	1878	2/11	・	松囃子、再興する。
		7/22	●	政府、郡区町村編成法を公布。
		12/15	・	『めさまし新聞』創刊。のち『筑紫新報』に改題（1879/8/25）。
			・	第1大区を福岡区（区役所＝天神町水鏡天満宮神主宅跡）に改称。
			□	ジョゼフ・スワン（英）、炭素フィラメントによる白熱電球を発明。
明治12	1879	3/11	●	政府、琉球国を廃し沖縄県とする。（琉球処分）
		4/13	・	自由民権運動の政治結社向陽社、向陽義塾を設立する。
		9/29	●	政府、学制を廃し、教育令を制定。
		10/13	・	福岡商法会議所、設置。
		12/3	・	博多で初めての誓文払い。
明治13	1880	4/17	・	『筑紫新報』、『福岡日日新聞』に改題。
		8/6	・	福岡区会、成立。
明治14	1881	2/	・	向陽社、玄洋社と改称する。
		11/	・	西公園、開園。
明治15	1882	6/25	●	馬車鉄道、東京・新橋－日本橋間に開通（日本初）。
		10/1	・	第1回九州沖縄八県連合共進会、長崎で開催（-10/30）。
		11/1	●	電気街灯（アーク灯）、東京銀座で点火（日本初）。
			□	ドイツ・オーストリア・イタリアの三国同盟。
明治16	1883	11/28	●	政府、外国貴賓の接待・宿泊施設である鹿鳴館、東京府麹町区に開館。
		12/	・	博多港、特別貿易港に指定。外国貿易は対朝鮮のみ。長崎税関出張所、対馬小路に設置。
明治17	1884	2/16	・	区役所新庁舎と区会議事堂、天神町の水鏡天満宮西隣に完成。
明治18	1885	9/10	・	英語専修修猷館（現・県立修猷館高校）、大名町に開館。
		12/22	●	政府、太政官制を廃し、内閣制度を創設する。
明治19	1886	4/10	●	政府、師範学校令・小学校令・中学校令を公布。
		4/20	●	政府、メートル条約公布。尺貫法からメートル法への移行が徐々に進む。
		6/14	・	歩兵第24連隊、本部を旧福岡城内に設置。
		7/5	●	東京電灯会社、電力供給開始（日本初）。
		7/13	●	日本の標準時、東経135度の子午線の時に決まる（1888/1/1実施）。
		10/24	●	英貨物船、和歌山勝浦沖で沈没。日本人乗客25人取り残され水死。（ノルマントン号事件）
明治20	1887	2/10	・	第5回九州沖縄八県連合共進会、東中洲で開催（-3/31）。
		5/3	・	第五高等学校（現・熊本大学）、熊本に設置。
		8/11	・	『福陵新報』創刊。のち『九州日報』に改題（1898/5/10）。
明治21	1888	4/25	●	政府、市制・町村制を公布。

第1章 福岡らしさとは？

第2章 福岡という空間

第3章 土地に刻まれた記憶

第4章 くらしといとなみ

第5章 興し、伝え、守る

第6章 福岡のあゆみ

6学年（2）我が国の歴史上の主な事象

和暦	西暦	月日	場所	できごと	市長
		7/22	・	時間を知らせる号砲（ドン）の発射、西公園山上で始まる。	
		12/20	●	政府、特許条例・意匠条例・商標条例を公布。	
明治22	1889	2/11	●	政府、大日本帝国憲法を発布。	
		4/1		**市制施行、福岡市が誕生。**	
		4/24	・	市会議員選挙（–4/26）、第1回市会（4/30）。	M22.5 山中立木
		6/1	・	福岡県測候所、設置。	
		7/1	●	鉄道（東海道線）、新橋–神戸間が全線開通。	
		7/1	・	海軍鎮守府、佐世保に設置。	
		7/16	・	博多郵便局と福岡電信局が合併し、博多郵便電信局となる。	
		7/30	・	博多港、「特別輸出港」に指定。輸出は米、石炭など5品目に限定。	
		12/11	・	九州鉄道、博多–千歳川間で開業。	
明治23	1890	1/15	・	号砲（ドン）、資金難と音への苦情のため中止。	
		2/6	・	市会で「福岡市の市名変更」の建議を否決。	
		3/1	・	九州鉄道、博多–久留米間が開通。	
		7/1	●	第1回衆議院議員総選挙。	
		9/28	・	九州鉄道、博多–赤間間が開通。	
		10/30	●	「教育ニ関スル勅語」、発布。（**教育勅語**）	
		11/25	●	第1回帝国議会、召集。	
		12/16	●	電話、東京–横浜間に開通（日本初）。	
明治24	1891	4/1	・	九州鉄道、門司–博多–高瀬（現・玉名）間が開通。	
		4/	・	博多郵便電信局、橋口町に移転、福岡郵便電信局と改称。	
		5/11	●	ロシア皇太子、滋賀県大津町で襲撃される。（**大津事件**）	
		6/20	・	号砲（ドン）、復活する（–1931/3/31）。	
		7/	・	熊本電灯会社、電力供給を開始（九州初）。	
明治25	1892	1/25	・	博多周辺の五郡の農村、糞尿代の値下げを求めて争議となる。	磯野七平 M25.11
明治26	1893	6/	・	川上音二郎、博多の芝居小屋教楽社（金屋小路）で公演。	M26.1
明治27	1894	7/	・	市役所、天神町の水鏡天満宮東隣の旧福岡高等小学校校舎に移転。	
		8/1	●	日本と清国、朝鮮の支配をめぐって開戦する。（**日清戦争**）	M27.12
明治28	1895	2/1	●	京都電気鉄道、京都駅–伏見間が開通（日本初の路面電車）。	M28.5 奥山亨
		4/17	●	日本と清国の間で講和条約が結ばれ、台湾が清国から日本に割譲される。（**下関条約**）	
			・	博多祇園山笠、コレラ流行につき延期。	
明治29	1896	4/6	□	第1回オリンピック、ギリシャのアテネで開催（–4/15）。	
		6/	・	県立福岡病院、東中洲から千代村に移転（現・九州大学病院）。	
		10/4	・	博多港、開港外貿易港に指定。輸入入は日本人所有の船舶のみに限定。	
			・	市設井戸（松原水）、東公園内に開設（1923/3/31閉鎖）。	
明治30	1897	9/1	・	博多絹綿紡績（株）、住吉村に開業。	
		11/1	・	博多電灯（株）、電力供給を開始。市内に電灯がともる。	
明治31	1898	9/15	・	福岡電話交換局、東中洲に設置。	
明治32	1899	4/1	・	電話、長崎市内で開通（九州初）。	
		5/1	・	電話、福岡市内で開通。加入者197名。	

和暦	西暦	月日	場所	できごと	市長
		7/13	・	博多港、開港の指定を受ける。	M32.7
					M32.8
明治33	1900	5/10	・	大分で豊州電気鉄道が開業（九州初の路面電車）。	
		7/17	・	修猷館、大名町から西新町に移転。	松下直美
明治34	1901	2/5	・	八幡製鉄所、第1高炉に火入れ。	
		3/31	・	第七高等学校造士館、鹿児島に設置（現・鹿児島大学）。	
		5/19	・	ボートレース、那珂川で行われる（市内初）。	
		5/27	●	鉄道（山陽本線）、神戸−下関間が全線開通。関門間は渡船で連絡。	
		7/1	・	自動電話（公衆電話）、博多駅構内に設置（市内初）。	
		12/	□	第1回ノーベル賞授賞式。	
明治35	1902	1/30	●	日本と英国、ロシアへのけん制、中国での権益の擁護を目的に同盟を結ぶ。（**日英同盟**）	
		2/	・	8階建ての高砂館、東中洲に完成。	
明治36	1903	3/12	・	明治座、東中洲に開場。	
		4/1	・	福岡郵便電信局、福岡郵便局に改称。	
		4/1	・	京都帝国大学福岡医科大学、千代村に設置（現・九州大学）。	
		10/1	・	ガス灯、長崎で点火される（九州初）。	
		12/17	□	ライト兄弟（米）、飛行機での初飛行に成功。	
明治37	1904	1/1	・	博多湾鉄道、西戸崎−須恵間が開通（後に国鉄路線に編入）。	
		2/8	●	日本とロシア、朝鮮と南満州の支配をめぐって開戦する。（**日露戦争**）	
		5/15	・	九州鉄道、博多−篠栗間開通。	
		11/8	・	東公園の日蓮上人像、除幕。	
		12/21	・	三越呉服店、東京日本橋で開店（日本初のデパート）。	
		12/24	・	東公園の亀山上皇像、除幕。	
明治38	1905	3/11	・	武徳会支部演舞場、大名町に完成。	
		5/27	●	日本とロシア、対馬沖で艦隊戦を行い、日本が勝利する。（**日本海海戦**）	
		7/15	・	博多祇園山笠、追山ならしで雷鳴事件。	
		9/5	●	日本とロシア、講和条約を結ぶ。（**ポーツマス条約**）	M38.8
					M38.9
明治39	1906	2/22	・	ガス灯、福岡で博多瓦斯（株）により点火される。	佐藤平太郎
明治40	1907	3/21	・	政府、小学校令を改正する（義務教育年限を6年に延長）。	
		7/1	・	九州鉄道（株）、国有化。	
明治41	1908	2/10	・	博多築港落成式を挙げる。	
			・	自家用自動車（フォード製）、福岡市内に出現する。	
明治42	1909	2/	・	日本生命九州支店（のちの赤煉瓦文化館）、橋口町に完成。	
		3/9	・	博多駅2代目駅舎、完成。	
		10/11	・	福岡市、徽章を制定。	
		11/21	・	九州鉄道、門司−鹿児島間が全線開通。	
明治43	1910	3/1	・	箱崎水族館、開館。	
		3/5	・	県公会堂、西中洲に完成。	
		3/9	・	路面電車（福博電気軌道）、博多駅分岐線・呉服町−博多停車場前間／福博本線・大学前−黒門間が開業（市内初の路面電車）。	
		3/11	・	第13回九州沖縄八県連合共進会、肥前堀埋立地で開催（−5/9）。	
		8/22	●	日本、大韓帝国を併合して統治下に置く。（**韓国併合**）	
		8/	・	潮湯「抱洋閣」、箱崎浜に完成。	
		8/	●	不思議な透視能力「千里眼」が流行する。	

第1章 福岡らしさとは？

第2章 福岡という空間

第3章 土地に刻まれた記憶

第4章 くらしといとなみ

第5章 興し、伝え、守る

第6章 福岡のあゆみ

6学年（2）我が国の歴史上の主な事象

和暦	西暦	月日	場所	できごと	市長
		11/6	・	博多電気軌道、北筑軌道を合併。	佐藤平太郎
		11/13	・	博多電気軌道、北筑軌道線・今川橋－加布里間が開通。	
		11/	・	福岡郵便貯金支局、共進会跡地に開局。	
		12/	・	福岡船溜、完成。	
明治44	1911	1/1	・	九州帝国大学工科大学、開設（現・九州大学）。	
		3/11	・	路面電車（福博電気軌道）、福博本線・箱崎－今川橋間が開通。	
		4/1	・	京都帝国大学福岡医科大学、九州帝国大学医科大学に改称（現・九州大学）。	
		10/2	・	路面電車（博多電気軌道）、循環線・博多駅前－天神町－取引所前が開通。	
		10/10	□	清国で共和革命が起こる（－1912/2/12）。（辛亥革命）	
		11/2	・	福博電気軌道、博多電灯（株）に合併され、博多電灯軌道（株）となる。	
明治45 大正元	1912	11/15	・	路面電車（博多電気軌道）、循環線・取引所前から築港を経て4分の3が開通。	
		1/1	□	中華民国、成立。	
		1/30	・	路面電車（博多電気軌道）、吉塚線・大学通－吉塚駅前が開通。	
		2/12	□	清王朝、滅亡する。	
		4/14	□	タイタニック号（英）、沈没（－4/15）。	
		5/25	・	国内初のアマチュア管弦楽団「九大フィルハーモニー会」、創立。	
		6/29	・	博多電灯軌道と九州電機（株）が合併、九州電灯鉄道（株）となる。	
		10/1	・	福岡市、警固村を編入。	
		10/20	●	フランス映画「ジゴマ」大流行するも、社会問題化し上映禁止。	
		10/24	・	九州劇場、東中洲に開場。	
		11/15	・	博多電気軌道、九州水力電気（株）に合併される。	
		11/17	・	福岡市初の飛行実演（城外練兵場）。	
大正2	1913	3/13	・	和白村奈多で大火。二百数十戸を焼く。	
		3/14	・	中島自動車商会、開業（市内初のタクシー）。	
		6/19	・	世界館、東中洲に開館（市内初の活動写真常設館）。	
		6/	・	貯金支局、福岡為替貯金支局となる。	
		8/17	・	西部合同瓦斯（株）、九州山口一円のガス会社を合併し、千代町に設立。	
大正3	1914	1/28	・	志賀島で大火。全焼260軒。	
		3/21	・	福岡為替貯金支局の新局舎、因幡町に完成。	
		4/22	・	路面電車（九州水力電気）、博多駅前－天神町－大学通－博多駅前を巡る循環線が全線開通。	○ T3.7
		7/28	□	サラエボ事件がきっかけとなり欧州で戦争が始まる（－1918/11/11）。（第一次世界大戦）	○ T3.11
		8/15	□	パナマ運河、開通。	井手佐三郎
大正4	1915	2/1	・	県の新庁舎、天神町に完成。	
		4/1	・	九州沖縄勧業共進会、天神町で開催（－5/11）。	
		4/1	・	福岡市、豊平村の一部を編入。	
		9/30	・	筑紫電気軌道（株）、設立。	
		12/4	●	東京株式市場、暴騰（大戦景気の始まり）。	
大正5	1916	4/23	・	第1回九州学生武道大会（現・金鷲旗玉竜旗高校柔道大会）、開催。	
		8/9	・	警察署の新庁舎、因幡町に完成。	
		11/11	・	大正天皇行幸に伴う陸軍特別大演習、福岡で挙行される（－11/16）。	

和暦	西暦	月日	場所	できごと	市長
大正6	1917	3/8	□	ロシア帝政に反対する労働者や兵士が蜂起。（**ロシア革命／二月革命**）	
		5/25	・	市立通俗博物館、薬院堀端に開館。隣接する記念館も同年開館。	
		6/5	・	鹿児島で山形屋が開店（九州初のデパート）。	
		10/3	・	九州電灯鉄道本社ビル（のちの東邦電力ビル）、天神交差点西北角に完成。	
		11/7	□	ソビエト政権、成立。（**ロシア革命／十月革命**）	
大正7	1918	4/1	・	九州沖縄物産共進会、須崎裏町で開催（−4/24）。	
		7/17	・	百道海水浴場、開場。	
		8/3	●	米価高騰と米の供給不足が重なり全国で民衆暴動が起きる。（**米騒動**）	
		8/	●	日・米・英・仏、ロシア革命干渉のため出兵する。（**シベリア出兵**）	
		11/11	□	ドイツ、連合国と休戦協定調印、第一次世界大戦終わる。	T7.11
			□	スペイン風邪、世界的大流行。	
大正8	1919	1/18	□	第一次世界大戦講和会議が戦勝国だけで開催される。（**パリ講和会議**）	
		2/7	・	政府、帝国大学令を改正。九大の各分科大学は、医学・工学・農学部に。	
		3/15	・	恩賜財団済生会福岡診療所、天神に開所（現・済生会福岡総合病院）。	T8.3
		3/15	・	北九州鉄道（株）、設立。	久世庸夫
		6/28	□	第一次世界大戦連合国、ドイツと講和条約を結ぶ。（**ベルサイユ条約**）	
		11/1	・	福岡市、鳥飼村を編入。	
		11/3	・	陸軍航空第4大隊、太刀洗に完成した飛行場に赴任。	
大正9	1920	1/10	□	国際連盟、発足。	
		1/20	・	福岡市公設市場、因幡町に設置。	
		1/8	・	カフェー・ブラジル、西中洲に開店。	
		3/15	●	戦後恐慌、始まる。	
		3/20	・	工業博覧会、福岡築港埋立地と須崎裏町で開催（−5/10）。	
		3/25	・	博多湾鉄道、博多湾鉄道汽船に改称。	
		4/2	・	名島火力発電所、発電開始。	
		10/1	●	第1回国勢調査、実施。	
		10/	・	大日本ビール、竹下に博多工場を建設。	
		12/12	・	大博劇場、上東町に開場。	
大正10	1921	6/5	・	路面電車（九州電灯鉄道）、貫通線・箱崎−工科大学前間が開通。	
		7/1	□	中国共産党、結成。	
		10/	・	福岡郵便局、天神町に移転。	
		11/4	●	原敬首相、暗殺される。	
		11/12	□	海軍軍縮と極東・太平洋問題に関する国際会議が開かれる（−1922/2/6）。（**ワシントン会議**）	
		12/13	□	日・英・米・仏、ワシントン会議で4か国条約調印、日英同盟廃棄。	
大正11	1922	3/3	●	全国水平社、京都市岡崎公会堂で結成。	
		4/1	・	福岡市、西新町を編入。	
		4/3	□	スターリン、ソビエト連邦共産党書記長となる（−1953/3/5）。	
		5/31	・	九州電灯鉄道、関西電気（株）と合併し、東邦電力（株）となる。	
		6/1	・	福岡市、住吉町を編入。	
		6/15	・	筑紫電気軌道、九州鉄道（株）となる。	
		7/15	●	日本共産党、東京渋谷で結成。	
		7/26	・	北筑軌道線・西新町−姪浜間が電化（姪浜−加布里の非電化区間は1928/8/10に廃止）。	

和暦	西暦	月日	場所	できごと	市長
		9/4	・	コレラが大流行する（患者数 177 名、死者 100 名）。9/18 に収束。	久世庸夫
		10/31	□	ムッソリーニ、イタリア首相となる（－1943/7/25）。	
		11/18	・	福岡高等学校（後の九州大学教養部）、鳥飼に設立（翌 4 月に開校）。	
		12/30	□	ソビエト社会主義共和国連邦、成立。	
		12/23	・	アインシュタイン博士、来福（－12/25）。	
大正 12	1923	1/17	・	東中洲で大火。	
		3/1	・	室見川上流の曲淵ダムと平尾浄水場が完成。上水道、給水開始。	
		4/17	・	福岡県立女子専門学校（現・福岡女子大学）、須崎裏町に開校（日本初の公立女専）。	
		5/29	・	福岡市、都市計画施行市に指定される。	
		6/12	・	福岡西南部耕地整理起工式。	
		7/	・	福助足袋の広告塔、中洲の西大橋東詰に出現（1934 年に解体）。	
		9/1	●	南関東を中心とする M7.9 の地震が発生。死者・行方不明者 10 万 5000 人余り。（**関東大震災**）	
		11/11	・	博多郵便局、奥堂町に開局。	
		12/25	・	市役所新庁舎、因幡町に完成。	
大正 13	1924	1/26	・	皇太子御成婚記念の水上公園、中洲の西大橋西詰に開園。	
		4/12	・	九州鉄道、九鉄福岡－九鉄久留米間を開業（現・西鉄天神大牟田線）。	
		5/23	・	博多湾鉄道汽船、新博多－和白間が開通（現・西鉄貝塚線）。	T13.5
		6/8	・	福岡無尽（株）（後の福岡シティ銀行、現・西日本シティ銀行）設立。	
		7/1	●	政府、メートル法を施行する。	
		8/1	・	熊本市、市電が開業。	T13.8
		9/26	・	九州帝国大学、法文学部を設置。	
大正 14	1925	1/14	・	九州帝国大学、法文学部への女子の入学を許可する（4 月に 2 名の女性が入学）。	立花小一郎
		1/20	●	日本とソ連、1917 年以降途絶えていた外交・領事関係を確立する。（**日ソ基本条約**）	
		3/22	●	東京放送局（JOAK）、ラジオ放送を行う（日本初。本放送は 7/12－）。	
		3/29	●	選挙人の納税要件が撤廃される。（**男子普通選挙法成立**）	
		4/20	・	福岡－大阪間で郵便飛行が開始。	
		4/21	●	政府、治安維持法を公布。	
		5/5	●	政府、普通選挙法を公布。	
		8/	●	白木屋大阪支店、ネオン点灯（日本初の本格的ネオンサイン）。	T14.8
		10/4	・	福岡玉屋百貨店、東中洲に開店（地上 5 階、地下 1 階、市内初の本格的デパート）。	
		12/28	●	大日本相撲協会（現・日本相撲協会）、発足。	
大正 15	1926	4/1	・	福岡市、八幡村を編入。	T15.3
		6/16	・	市立屋形原病院、開院（現・国立福岡病院）。	時実秋穂
		10/15	・	北九州鉄道、東唐津－博多間が全線開通（後に国鉄路線に編入。現・JR 筑肥線）。	
昭和 2	1927	1/29	・	姪浜町で大火。住戸 83、納屋 10 棟焼失。	
		3/14	●	片岡蔵相、渡辺銀行破綻と失言し、銀行が相次いで休業（－5/13）。（**金融恐慌**）	
		3/25	・	東亜勧業博覧会、大濠で開催（－5/23）。	
		3/26	・	路面電車（九州水力電気）、城南線・渡辺通 1 丁目－西新町間が開通。	
		4/28	・	西部合同瓦斯、東邦瓦斯（株）と合併。	
		11/4	・	博多港、第 2 種重要港湾に指定される。	

和暦	西暦	月日	場所	できごと	市長
		12/30	●	地下鉄、東京・上野−浅草間に開通（日本初）。	
		12/	・	愛宕山索道、開業する（−1942年金属供出で撤去）。	
昭和3	1928	2/20	●	普通選挙法のもとで初の総選挙。	
		2/5	・	脇山村、大嘗祭主基斎田に選ばれる。	
		3/15	・	福岡玉屋、下足預かり制度廃止。「おハキモノのまま屋上まで」。	
		4/1	・	福岡市、堅粕町を編入。	
		5/1	・	福岡市、千代町を編入。	
		6/16	・	熊本放送局（JOGK）、開局（九州初の放送局）。	
		9/16	・	熊本放送局福岡演奏所、因幡町に設置。	
		11/17	・	昭和天皇御大典を祝うどんたく開催。	
昭和4	1929	4/1	・	福岡市、原村・樋井川村を編入。	
		5/17	・	博多電気軌道、九州水力電気の子会社となる。	
		6/	・	武徳殿、東公園に完成。	
		9/12	●	朝鮮博覧会、京城（ソウル）で開催（−10/31）。	
		9/27	・	東中洲の寿座、トーキー映画を上映（県内初）。	
		10/24	□	ウォール街（米）で株価が大暴落し、全世界を巻きこむ恐慌が始まる。（**世界大恐慌**）	
		10/	・	洋館3階建の松屋百貨店、天神交差点の北東角に開店。	
昭和5	1930	1/11	・	金の輸出解禁を契機として不況となる。（**昭和恐慌**）	
		3/27	・	名島水上飛行場、開所式。	S5.3
		3/	・	大濠公園、開園。	
		10/1	●	特急「燕」、東京−神戸間に開通。東京−大阪間を8時間20分で結ぶ。	S5.6
		12/5	・	西部瓦斯（株）、東邦瓦斯より独立。	
		12/6	・	福岡放送局（JOLK）、開局。	久世庸夫
		4/22	□	日・米・英・仏・伊、軍艦の保有数等を制限する条約を結ぶ。（**ロンドン海軍軍縮条約**）	
昭和6	1931	3/31	・	福岡市、午砲を廃止。	
		6/25	・	気象台福岡支台、大濠公園に開庁。	
		6/29	・	東中洲の郵便局分室電話課、福岡電話局となる。	
		7/1	・	市内初の灯火管制演習（−7/2）。	
		7/6	・	福岡市、時報のサイレンを開始する。	
		9/17	・	リンドバーグ夫妻、名島水上飛行場に来場。	
		9/18	●	日本軍、中国・柳条湖付近の南満州鉄道を爆破し、中国軍と戦闘する。（**満州事変**）	
		9/26	・	下須崎町の材木街全焼。被害額27万6100円。	
			●	東北・北海道地方で凶作。欠食児童・娘の身売りが増加。（**農業恐慌**）	
昭和7	1932	1/28	●	日本軍、日本人僧侶襲撃をきっかけに中国軍と衝突する。（**上海事変**）	
		3/1	□	満州国、建国。	
		3/25	・	路面電車（東邦電力）、福博本線・今川橋−西新町が開通。	
		5/15	●	海軍将校ら、国家改造を目指し犬養首相を暗殺する。（**五・一五事件**）	
		8/2	・	九軌デパート・九軌マーケット、博多駅前に開店。	
昭和8	1933	1/30	□	ヒトラー（独）、首相に就任（翌年、総統、−1945/4/30）。	
		2/12	・	三原山噴火口に女学生が投身自殺、以降流行。	
		3/27	●	日本、国際連盟脱退。	
		3/29	●	米穀統制法、公布。	

6学年（2）我が国の歴史上の主な事象

和暦	西暦	月日	場所	できごと	市長
		4/1	・	福岡玉屋、新館完成。	久世庸夫
		4/1	・	福岡市、姪浜町・席田村を編入。	
		4/5	・	福岡市、三宅村を編入。	
		6/16	□	ルーズベルト大統領（米）、不況克服のためニューディール政策を開始。	
		8/20	・	市動植物園、東公園に開園。	
昭和9	1934	1/15	・	松屋、西日本初のエスカレーターをそなえ、新装開店。	
		3/1	・	福岡簡易保険支局、大濠公園に開局。	
		3/16	・	自動信号機、天神交差点に設置（九州初）。	
		3/16	●	霧島・雲仙・瀬戸内海、初の国立公園に指定。	
		9/21	●	台風、高知に上陸。関西中心に死者・行方不明者3000人。（室戸台風）	
		10/26	・	博多電気軌道、東邦電力の電気軌道部門を合併し、福博電車（株）設立。	
			●	軍事特需で増築する工場が増加。	
昭和10	1935	6/12	・	国防婦人会福岡本部、発足。	
		7/15	・	山笠、初の福岡入り。	
昭和11	1936	2/26	●	陸軍青年将校、武力による政治改革を目指し政府要人を殺害する。（二・二六事件）	
		3/9	●	広田弘毅、福岡県出身者として初の首相となる（–1937/2/2）。	
		3/25	・	博多築港記念大博覧会、長浜埋立地で開催（–5/13）。	
		3/29	・	九州鉄道の福岡駅、新駅舎完成。	
		6/1	・	雁ノ巣飛行場（福岡第一飛行場）、開場。	
		10/7	・	岩田屋百貨店、九州初のターミナルデパートとして天神交差点の南西角に開店。	
		11/25	□	日・独、共産主義勢力の侵入を防ぐための協定を結ぶ（翌年には伊とも）。（日独防共協定）	
昭和12	1937	5/26	・	ヘレン・ケラー、来福。	
		7/7	●	日中両軍、中国・盧溝橋一帯で軍事衝突をする。（日中戦争）	
昭和13	1938	4/1	●	政府、国家総動員法、公布。	河内卯兵衛　S13.1　S13.4
		4/21	・	日伊親善使節一行、来福。	
		5/17	・	福岡市、市制公布50周年記念式を開催する。	
		11/3	・	日独親善使節一行、来福。	S13.8
昭和14	1939	3/31	・	九州帝国大学、理学部を設置。	S14.1
		4/1	・	聖戦大博覧会、大濠公園で開催（–5/14）。	畑山四男美
		4/22	・	博多港、第1種重要港湾に指定される。	
		4/26	・	松囃子（どんたく）、中止。	
		5/11	●	日ソ両軍、満蒙国境付近で軍事衝突をする。（ノモンハン事件）	
		7/1	・	九州鉄道、福岡－大牟田間（現・西鉄大牟田線）が全線開通。	
		7/8	●	政府、国民徴用令、公布。	
		7/10	・	博多駅前－築港間の道路の愛称「大博通り」に。	
		9/1	□	ドイツ軍、ポーランドに侵攻。9/3英・仏、独に宣戦布告。（第二次世界大戦）	
		9/23	●	政府、石油を配給制とする。	
		11/2	・	福岡電信局、郵便局から分局。	
昭和15	1940	4/24	●	米・味噌・醤油・砂糖・マッチなど生活必需品10品目に切符制採用。	
		9/11	●	政府、国民総動員体制の最末端組織として隣組を組織させる。	

和暦	西暦	月日	場所	できごと	市長
		9/27	□	日・独・伊、ベルリン（独）で軍事同盟を結ぶ。（**日独伊三国同盟**）	
		10/12	●	全政党が解散し、大政翼賛会が発足する。	
		11/1	●	政府、国民服令を公布・施行。	
		11/10	●	紀元二千六百年式典、挙行。	
		12/24	・	西部軍司令部、小倉市から福岡市へ移転。	
		12/26	・	福岡市、箱崎町を編入。	
昭和 16	1941	3/1	●	政府、国民学校令、公布。小学校が国民学校に改称される。	
		4/1	●	東京はじめ6大都市で米の通帳配給制実施。	
		4/13	●	日・ソ、相互の領土不可侵と中立を定めた条約締結。（**日ソ中立条約**）	
		10/15	●	福岡市、残島村・今宿村・壱岐村を編入。	
		10/18	●	東条英機、首相となる（-1944/7/22）。	
		12/1	・	日本銀行福岡支店、天神町に開設。	
		12/8	●	日本軍、真珠湾を攻撃し、アメリカと戦争を開始する。（**太平洋戦争**）	
昭和 17	1942	1/1	●	塩の通帳配給制実施。	
		2/1	●	衣料切符制実施。	
		4/1	・	福岡市、今津村を編入。	
		4/18	●	アメリカ軍、東京・名古屋・神戸などを初めて空襲。	
		6/5	●	日米両軍、ハワイ諸島北西で海戦。日本軍は空母4隻を失う。（**ミッドウェー海戦**）	
		6/11	・	関門トンネル竣工。7/11-貨物、11/15-旅客の運輸営業を開始。	
		8/10	・	『福岡日日新聞』と『九州日報』が合併し、『西日本新聞』創刊。	
		9/22	・	九州電気軌道・九州鉄道・博多湾鉄道汽船・福博電車・筑前参宮鉄道を合併し、西日本鉄道（株）を設立。	
		9/25	・	大東亜建設大博覧会、百道で開催（-11/12）。	
昭和 18	1943	2/20	・	プロ野球「西鉄軍」、誕生。	
		4/30	・	福岡県護国神社、完成。	
		7/15	・	博多港-釜山間航路、開設。	
		9/8	□	イタリア、降伏。	
		11/22	□	米・英・中、対日戦争と戦後処理について討議する。（**カイロ会談**）	
昭和 19	1944	5/20	・	福岡市動物園、閉園する。	
		8/4	●	学童の集団疎開始まる。	
		10/	・	松竹映画「陸軍」、福岡市で撮影される。	
		11/24	●	B29爆撃機、東京を初めて爆撃する。	
		12/1	・	西日本無尽（株）設立（後の西日本銀行、現・西日本シティ銀行）。	
			・	国道第2号線（現・国道3号線）、開通。	
昭和 20	1945	2/4	□	米・英・ソ、戦後処理やソ連の対日参戦について討議する（-2/11）。（**ヤルタ会談**）	
		4/21	・	西脇で大火災。全半焼199戸。	
		5/7	□	ドイツ、連合軍に無条件降伏。	
		5/27	・	B29爆撃機、博多港に機雷投下。	
		5/	・	陸軍席田飛行場（現・福岡空港）、開場。	
		6/19	・	B29爆撃機、福岡市街を爆撃する。1000人以上が死亡・行方不明。（**福岡大空襲**）	
		6/23	●	沖縄で組織的な戦闘が終了。	
		8/6	●	アメリカ、広島に原子爆弾投下。年末までに約14万人が死亡する。	
		8/9	●	アメリカ、長崎に原子爆弾投下。年末までに約7万4000人が死亡する。	

第1章 福岡らしさとは？
第2章 福岡という空間
第3章 土地に刻まれた記憶
第4章 くらしといとなみ
第5章 興し、伝え、守る
第6章 福岡のあゆみ

第6章　福岡のあゆみ

和暦	西暦	月日	場所	できごと	市長
		8/15	●	日本、ポツダム宣言を受諾。（**第二次世界大戦終結**）	畑山四男美
		9/30	・	進駐軍・米海兵第5師団第28連隊、福岡に入る。	
		10/2	●	連合国軍最高司令官総司令部（GHQ）設置。	
		10/15	・	博多港、海外引揚援護港に指定される。	
		10/24	□	国連憲章、発効。国際連合が正式に成立する。	
		11/24	・	博多引揚援護局、博多港に設置（-1947/4）。	
		11/29	・	席田飛行場、進駐軍により接収。板付飛行場と改称。	
昭和21	1946	1/1	●	天皇の人間宣言。	
		1/4	●	GHQ、軍国主義者を公職から追放する。	
		2/17	●	政府、インフレ対策として旧円を廃止して新円への切り換えを始める。	
		2/19	●	天皇、巡幸はじまる（福岡は1947/5/19-21）。	
		4/8	・	『夕刊フクニチ』、創刊。	
		5/3	●	極東国際軍事裁判、開廷（1948/11/12に25被告に有罪判決）。（**東京裁判**）	S21.5
		5/25	・	第1次博多復興祭、奈良屋校区住宅組合主催で開催。	S21.8
		10/15	・	新天町商店街、開業。	三好弥六
		11/3	●	日本国憲法、公布。	
昭和22	1947	4/1	●	新学制による6・3制の義務教育、はじまる。	
		5/3	●	日本国憲法、地方自治法の施行。	
		5/24	・	祝福岡市復興祭・みなと祭開催（市・福岡商工会議所共催-5/25）。	
		10/11	●	山口判事、配給食糧による生活を守り餓死。	
		10/	・	九州帝国大学、九州大学に改称。	
		12/7	・	熊本で第1回金栗賞朝日マラソン開催（現・福岡国際マラソン）。	
		12/18	●	過度経済力集中排除法（集排法）、公布。財閥の解体が進む。	
			●	第一次ベビーブーム。	
昭和23	1948	5/10	・	どんたく、博多港検疫所開所式にあわせ開催。戦後初の花電車が運行（-5/11）。	
		6/24	□	ソ連、ベルリンと米・英・仏が占領する地域との交通を封鎖（-49/5/12）。（**ベルリン封鎖**）	
		7/10	・	博多祇園山笠、復活。	
		8/15	□	朝鮮半島で大韓民国が建国。9/9に朝鮮民主主義人民共和国が建国。	
		10/15	・	ヘレン・ケラー、再来福。	
		10/29	・	第3回国民体育大会秋季大会、平和台総合運動場で開催（-11/3）。	
昭和24	1949	1/26	●	奈良・法隆寺金堂壁画、焼失。	
		4/4	□	米・英・仏・伊など12ヶ国、同盟条約を結び、北大西洋条約機構（NATO）を設置する。	
		4/8	・	博多祇園山笠振興期成会、結成。	
		4/	・	今宿公民館、市の最初の公民館として設置される。	
		5/3	・	「松囃子どんたく港祭り」開催（-5/4）。	
		6/10	・	博多港、機雷の掃海が完了し、開港安全宣言をする。	
		7/6	●	国鉄総裁・下山定則、東京綾瀬駅で轢死体で発見される。（**下山事件**）	
		7/15	●	国鉄中央本線の東京三鷹駅で無人列車が暴走する。（**三鷹事件**）	
		8/17	●	国鉄東北本線の福島松川駅付近で人為的な脱線事故。（**松川事件**）	
		10/1	□	中華人民共和国、成立（毛沢東国家主席、周恩来首相）。	

和暦	西暦	月日	場所	できごと	市長
		11/3	●	湯川秀樹、ノーベル物理学賞受賞。	
		12/18	・	平和台野球場、球場開き（巨人–阪神戦）。	
		12/27	・	プロ野球球団「西日本パイレーツ」、誕生。	
昭和25	1950	2/16	●	電力制限全面解除。	
		4/22	・	福岡市、市営競輪事業を開始（–1962/10）。	
		6/6	●	GHQ、共産党員の公職・企業からの追放を開始する。（レッドパージ）	
		6/25	●	北朝鮮、38度線を越えて韓国を攻撃する。（朝鮮戦争）	
		7/25	・	第1回西日本大濠花火大会、開催。	
		8/10	●	政府、警察予備隊令を公布・施行。	
昭和26	1951	1/19	・	博多港、重要港湾に指定される。	
		1/30	・	「西鉄クリッパーズ」と「西日本パイレーツ」が合併し、「西鉄ライオンズ」誕生。	
		4/11	□	連合軍総司令官・マッカーサー（米）、罷免される。	S26.4
		5/1	・	九州電力（株）、発足。	S26.4/23
		8/17	・	板付遺跡、第一次発掘調査始まる。	小西春雄
		9/8	●	日本、連合国との間で講和条約を結ぶ。（サンフランシスコ平和条約）	
		9/8	●	日米、米軍の日本駐留などを定めた条約を結ぶ。（日米安全保障条約）	
		9/9	・	日本銀行福岡支店、橋口町の新営業所に移転。	
		10/25	・	板付飛行場で民間航空の運航が再開。	
		12/1	・	ラジオ九州（現・RKB毎日放送）、放送開始（九州初の民放ラジオ）。	
			●	結核、死因の2位に後退（1位は脳溢血）。	
昭和27	1952	4/9	●	羽田発福岡行き日航機「もく星号」、伊豆大島・三原山に墜落。乗員乗客37名死亡。	
		4/28	・	薬院堀端の旧銀行集会所に米領事館、開設。	
		6/5	・	能古島の電化工事完成。全島261戸に送電を開始する。	
		7/8	●	東京空港に世界最初のジェット旅客機コメット（DH106）、着陸。	
		7/19	□	第15回オリンピックヘルシンキ大会（–8/3）。	
		11/15	・	第1回九州一周駅伝、開催（–11/24）。	
昭和28	1953	2/1	●	NHK東京テレビ局、本放送を開始。	
		3/14	●	吉田茂首相、バカヤロー解散。	
		5/29	□	登山家ハント（英）を隊長とする探検隊のヒラリーとノルゲイ、エベレストに初登頂。	
		6/10	・	博多祇園山笠、県無形文化財に指定される。	
		6/15	・	博多大丸、呉服町に開店。	
		6/25	・	九州北部で大規模な水害（–6/29）、死者・行方不明者1001名。	
		7/27	□	国連軍・北朝鮮人民軍・中国人民義勇軍、休戦協定を結ぶ。（朝鮮戦争休戦協定）	
		8/22	・	福岡市動物園、南公園に開園。	
		8/28	●	日本テレビ放送、本放送を開始（国内初の民放テレビ）。	
		9/25	・	福岡競艇場、那の津に開業。	
		10/31	・	九州交響楽団、第1回定期演奏会。	
昭和29	1954	1/1	●	政府、50銭以下の小銭廃止。	
		2/8	・	マリリン・モンローとジョー・ディマジオ夫妻、来福。	
		3/1	●	米の水爆実験で静岡県のマグロ漁船が被ばく。（第五福竜丸事件）	
		4/21	・	博多松ばやし、県無形文化財に指定される。	
		5/1	・	新天町商店街で大火。	

和暦	西暦	月日	場所	できごと	市長
		6/2	・	平和台球場でナイターが行われる（西日本初）。	小西春雄
		7/1	●	政府、防衛庁を設置し、自衛隊法公布。	
		9/26	・	青函連絡船「洞爺丸」、台風により転覆。乗客・乗員1100人余りが死亡。	
		10/1	・	福岡市、日佐村・田隈村を編入。	
		12/	●	好景気が続く（-1957/6）。（**神武景気**）	
			●	ヒロポン中毒広がる。	
昭和30	1955	1/28	・	博多祇園山笠振興会、発足。	
		2/1	・	福岡市、香椎町・多々良町を編入。	
		4/5	・	福岡市、那珂町を編入。	
		4/18	□	第1回アジア・アフリカ会議（-4/24）。	
		5/14	□	ソ連と東欧7ヶ国、安全保障機構（ワルシャワ条約機構）を結成する。	
		8/24	●	森永ヒ素ミルク事件、発覚。	
		8/27	・	天神町市場で火災。	
		9/3	・	新天町商店街で火災。	
		11/13	・	福岡スポーツセンター、薬院堀端（現・警固公園付近）に開場。	
		11/15	●	自由民主党、結成。	
昭和31	1956	4/1	・	NHK福岡テレビ局、開局。東京、大阪、名古屋について4番目。	
		5/12	・	日本住宅公団・曙団地、完成（九州初の公団住宅）。	
		5/24	●	政府、売春防止法、公布。	
		7/1	●	政府、気象庁を発足させる。	
		7/17	●	経済白書、「もはや戦後ではない」と宣言。	S31.7/31
		10/1	・	西鉄ライオンズ、初の日本シリーズ制覇。	S31.9/17
		10/19	●	日ソ両国、戦争状態の終結や外交・領事関係の回復等を宣言する。（**日ソ共同宣言**）	
		11/19	・	博多-東京間の夜行寝台特急「あさかぜ」、誕生。所要時間17時間25分。	奥村茂敏
		12/18	●	日本、国際連合に加盟する（80番目）。	
			●	白黒テレビ・洗濯機・冷蔵庫が「三種の神器」となる。	
昭和32	1957	1/29	●	日本、南極大陸に昭和基地を設営する。	
		3/12	・	「博多どんたく松囃子港祭り振興会」、結成。	
		7/	●	長期的な不況がはじまる（-1958/6）。（**なべ底不況**）	
		8/29	・	福岡城跡、国史跡に指定される。	
		10/1	●	政府、5000円札を発行する。	
		10/4	□	ソ連、人工衛星打ち上げ成功。	
		11/1	・	西鉄ライオンズ、日本シリーズ2連覇。	
		11/10	・	大相撲九州場所、はじまる。この年から本場所に昇格。	
		12/11	●	政府、100円硬貨を発行する。	
昭和33	1958	3/1	・	ラジオ九州（現・RKB毎日放送）、テレビ放送開始（九州初の民放テレビ）。	
		3/9	・	関門国道トンネル、開通。	
		7/	●	長期的な好景気がはじまる（-1961/12）。（**岩戸景気**）	
		10/21	・	西鉄ライオンズ、日本シリーズ3連覇。「神様、仏様、稲尾様」の文字が新聞を飾る。	
		12/1	●	政府、1万円札を発行する。	

和暦	西暦	月日	場所	できごと	市長
		12/23	●	東京タワー、完工。	
昭和 34	1959	1/1	●	政府、計量法改正。一般の商取引をメートル法に統一する。	
		3/1	・	九州朝日放送（KBC）、テレビ放送開始。	
		4/10	●	皇太子結婚式。	
		4/10	・	西鉄香椎花園、開園。	
		5/1	・	西鉄大牟田線に特急電車が登場。	
		7/10	●	政府、最低賃金法、施行。	
		8/2	・	三井三池炭鉱の人員整理に反対する労働争議がはじまる。（**三池争議**）	
		9/26	●	東海地方を大型台風が襲う。死者・行方不明者 5041 人。（**伊勢湾台風**）	
		12/3	●	個人タクシー、登場。東京で 173 名に免許付与。	
昭和 35	1960	1/19	●	日米両国、安全保障条約を改定する。	
		4/28	・	福岡市、高宮浄水場で通水式。	
		6/6	・	天神ビル、天神交差点の北西角に完成。	
		6/18	●	安保改定に反対するデモ隊 33 万人（警察発表 13 万人）、国会を取り囲む。	
		8/27	・	福岡市、和白町・金武村を編入。	
		12/27	●	政府、国民所得倍増計画、閣議決定。	S35.9/16 ○
					S35.9/17 ○
			●	インスタント食品がブームとなる。	
昭和 36	1961	4/1	・	福岡市、周船寺村・元岡村・北崎村を編入。	阿部源蔵
		4/12	□	ソ連、人類初の有人宇宙船打上げに成功。	
		6/20	・	「福岡市総合計画（マスタープラン）」、全国に先駆けて策定。	
		10/25	・	日本航空、福岡−東京線にジェット旅客機を就航させる。	
		11/1	・	西鉄福岡駅、高架化。	
		12/23	・	福岡バスセンター、完成。	
		12/31	・	福岡ビル、天神交差点の南東角に完成。	
			●	通勤ラッシュ、激化する。	
昭和 37	1962	2/14	・	テレビ西日本（TNC）、放送開始。	
		4/	・	どんたく振興会、「福岡市民の祭り振興会」と改称。	
		10/13	・	オークランド市（米）と姉妹都市提携を結ぶ。	
		10/22	□	米、ソ連がキューバに建設中のミサイル基地の撤去を求めて海上封鎖。（**キューバ危機**）	
		11/	●	全国での学生による大学管理法への反対行動が始まる。	
昭和 38	1963	2/10	・	門司・小倉・若松・八幡・戸畑の 5 市が合併し北九州市、誕生。	
		2/11	・	国立福岡中央病院（現・九州医療センター）、平和台横に開院（九州初の基幹病院）。	
		4/1	・	北九州市、政令指定都市となる。	
		5/4	●	埼玉・狭山市の女子高生誘拐殺人事件での警察の捜査方法が議論を呼ぶ。（**狭山事件**）	
		6/29	・	福岡市域で集中豪雨による水害が発生する（−7/2）。	
		8/5	□	米・英・ソ、部分的核実験停止条約を採択。	
		10/20	・	西鉄ライオンズ、最後のリーグ優勝。	
		10/25	・	福岡市民会館、須崎公園に開館。	
		11/9	・	三井三池炭鉱で爆発事故。死者 458 人。	
		11/22	□	ケネディ大統領（米）、暗殺される。	
		12/1	・	新装の博多駅、開業。駅舎は 3 代目。	
		12/8	●	プロレスラー力道山、刺される（12/15 に死亡）。	

第1章 福岡らしさとは？

第2章 福岡という空間

第3章 土地に刻まれた記憶

第4章 くらしといとなみ

第5章 興し、伝え、守る

第6章 福岡のあゆみ

6学年（2）我が国の歴史上の主な事象

和暦	西暦	月日	場所	できごと	市長
昭和 39	1964	3/28	・	九電記念体育館、薬院に完成。	阿部源蔵
		6/30	・	志免炭鉱、閉山。	
		10/1	●	東海道新幹線、東京 - 新大阪間が開通。	
		10/1	・	NHK 福岡テレビ局、カラー放送を開始（平日で 1 時間 30 分）。	
		10/10	●	東京オリンピック、開催（-10/24）。	
		10/17	・	博多埠頭にタワーをそなえた博多パラダイスが開館。	
		11/3	・	福岡県民文化会館、須崎公園に開館。	
		11/12	●	全日本労働総同盟、発足。	
		11/15	・	博多駅に地下街が完成（西日本初）。	
		11/17	●	公明党、結成。	
		12/16	・	行政区画審議会、福岡市を総合出先機関のある五つの行政区へとすることを答申。	
			●	社共や総評など、ベトナム反戦集会を開催。	
昭和 40	1965	2/7	□	アメリカ軍、ベトナム北爆を開始。	
		6/22	●	日・韓、外交関係の開設や日韓併合の失効等を規定した条約を結ぶ。（**日韓基本条約**）	
		8/1	・	福岡交通センタービル、博多駅に開業。	
		9/1	・	福岡 - 釜山間定期航空路、開設。翌日、福岡 - 香港間も開設。	
		11/	●	長期的な好景気が続く（-1970/7）。（**いざなぎ景気**）	
		12/3	・	ツタンカーメン展、福岡文化会館で開幕（-1/15）。	
昭和 41	1966	3/19	・	福岡大博覧会、大濠公園で開催（-5/29）。	
		3/31	●	住民登録集計による総人口が 1 億人を突破。	
		5/1	・	博多井筒屋、博多駅ビルで開店。	
		5/16	□	毛沢東（中）、大衆を動員した政治闘争を開始する（-1976/10/6）。（**文化大革命**）	
		7/1	・	福岡市、中部下水処理場を完成させ、都心地区の水洗化が始まる。	
		8/12	・	海底ケーブルを使った玄界島への送電始まる。	
		8/26	●	政府、100 円札を廃止する。	
昭和 42	1967	4/1	・	福岡空港ビルディング（株）、設立。	
		7/1	□	ヨーロッパの 3 つの共同体が合併、欧州共同体（EC）が誕生する。	
昭和 43	1968	1/19	・	原子力空母エンタープライズ（米）、大規模な反対運動の中、佐世保港に入港する。	
		4/22	・	国立九州芸術工科大学（現・九州大学芸術工学部）、塩原に開校。	
		6/2	・	板付米軍基地発進のファントム機、九州大学大型計算機センターに墜落。	
		6/12	□	国連総会で核兵器拡散を防止する条約が採択される。（**核不拡散条約**）	
		6/26	●	小笠原諸島、日本に復帰する。	
		7/1	●	政府、郵便番号制度を実施する。	
		12/10	・	東京・府中市で偽の白バイ隊員が現金輸送車から 3 億円を強奪する。（**三億円事件**）	
			●	日本の国民総生産（GNP）、世界第 3 位に。3C（カー・クーラー・カラーテレビ）時代。大学紛争ピーク。	
昭和 44	1969	1/18	●	機動隊、東大・安田講堂のバリケード解除を開始（-1/19）。	
		2/16	・	東中洲の日活博多会館、売却される（翌年、博多城山ホテルに）。	
		3/12	・	旧日本生命九州支店、国の重要文化財に指定される。	
		4/1	・	福岡放送（FBS）、開局。	
		4/13	・	油山市民の森、開園。	

和暦	西暦	月日	場所	できごと	市長
		4/16	・	板付飛行場、ボーディングブリッジ（国内初）を装備した第一旅客ターミナルの供用を開始。	
		7/20	□	アポロ11号（米）、月面着陸に成功。	
		8/7	●	政府、大学管理法、公布（8/17施行）。	
		10/14	・	機動隊、九州大学構内の封鎖解除を開始。	
		10/15	・	福岡市、市制施行80周年を記念し、「福岡市民のことば」制定。	
昭和45	1970	3/15	●	日本万国博覧会、大阪で開催。テーマは、人類の進歩と調和（–9/13）。	
		2/20	・	中央児童会館、今泉に開館。	
		3/31	●	赤軍派9人、羽田発福岡行日本航空機をハイジャック。（**よど号事件**）	
		11/25	●	三島由紀夫、自衛隊にクーデターを呼びかけ失敗、割腹自殺。	
			●	この年の交通事故死亡者数、1万6745人（史上最多）。	
昭和46	1971	4/5	・	福岡市、志賀町を編入。	
		5/5	・	福岡市立少年文化会館（後に少年科学文化会館）、舞鶴に開館。	
		6/15	・	ダイエーショッパーズ福岡店、天神に開店。	
		8/15	□	ニクソン大統領（米）、金とドルの交換停止を発表。（**ドルショック**）	
		10/15	・	雁の巣レクリエーションセンター、雁ノ巣飛行場の跡地に開園。	
昭和47	1972	1/24	●	元日本兵・横井庄一、米・グアム島で発見される。	
		2/3	●	第11回冬季オリンピック、札幌で開催（2/13）。	
		2/19	●	連合赤軍5人、長野の山荘に人質を取って立てこもる（–2/28）。（**あさま山荘事件**）	
		3/21	●	奈良県高松塚古墳で壁画発見。	
		4/1	・	板付飛行場、米軍より返還され、福岡空港が開港。	
		4/1	・	福岡市民体育館、東公園に開館。	
		4/1	・	福岡市、政令指定都市となり、区制施行（東・博多・中央・南・西）。	
		5/15	●	沖縄、日本に復帰する。	
		6/11	●	田中角栄通産相、「日本列島改造論」発表。	
		8/25	・	福岡市上水道の水源・小石原川上流の江川ダムが完成。	
		9/29	●	日・中両国、戦争状態を終結し、国交正常化を宣言。（**日中共同声明**）	S47.9/16 ○ S47.9/17 ○
		10/28	●	中国、日本にパンダ2頭（カンカン・ランラン）を贈る。11/5–上野動物園で公開。	
		11/16	・	福岡市立歴史資料館、赤煉瓦文化館に開館。	進藤一馬
昭和48	1973	1/5	・	路面電車（西鉄）、吉塚線廃止。	
		1/27	□	アメリカとベトナムの3政府、戦争終結のための平和条約を結ぶ。（**ベトナム和平協定**）	
		4/26	・	マツヤレディース、天神橋口交差点の北東角に開店（現・ミーナ天神）。	
		5/23	・	油山牧場、開場。	
		6/1	・	福岡地区水道企業団、設立。	
		7/1	・	玄界島・宮浦航路、福岡市に譲渡され市営渡船となる。	
		9/28	・	ももちパレス、百道に開館。	
		10/6	□	エジプト・シリア両軍、イスラエルを攻撃する。（**第4次中東戦争**）	
		10/23	●	石油価格高騰による買い占めや売り惜しみで世界経済が混乱する。（**オイル・ショック**）	
		11/14	・	関門橋、完成。	
昭和49	1974	3/10	●	元日本兵・小野田寛郎、フィリピン・ルバング島で発見される。	
		3/25	・	福岡市、初めて公債を発行する。	
		12/8	・	第28回福岡国際マラソン開催、この年から大会名に福岡を冠する。	
			・	大相撲九州場所、会場が九電記念体育館になる（1981年まで）。	

第1章 福岡らしさとは？
第2章 福岡という空間
第3章 土地に刻まれた記憶
第4章 くらしといとなみ
第5章 興し、伝え、守る
第6章 福岡のあゆみ

6学年（2）我が国の歴史上の主な事象

和暦	西暦	月日	場所	できごと	市長
昭和50	1975	2/14	・	玄海原子力発電所、送電開始。	進藤一馬
		2/16	・	フェリー「えめらるどおきなわ」、博多－那覇間で就航。	
		3/1	・	福岡市、早良町を編入。	
		3/10	・	国鉄山陽新幹線、博多駅まで開通。東京－博多間は最速で6時間56分。	
		3/13	・	九州自動車道、福岡から熊本まで開通。	
		3/15	・	新幹線開通記念福岡大博覧会、大濠公園で開催（－5/25）。	
		7/20	●	沖縄国際海洋博覧会、開催（－1976/1/8）。	
		7/22	・	福岡市立ヨットハーバー、小戸に開業。	
		10/1	・	福岡市、人口100万人を突破。	
		11/2	・	路面電車（西鉄）、貫通線・呉服町線・城南線廃止。	
		11/7	・	市内初の16階建高層ビル西日本新聞会館に博多大丸が移転開業。	
昭和51	1976	2/4	●	田中角栄首相ら、米航空機購入を巡る収賄が発覚。（ロッキード事件）	
		5/30	・	福岡市民図書館、築港本町に開館。	
		6/5	・	天神コア、開店。	
		9/10	・	天神地下街、開業。	
		10/9	・	岩田屋、明治通沿いの本館隣に新館を開店。	
昭和52	1977	3/10	・	雁の巣米軍基地、全面返還される。	
昭和53	1978	3/3	・	西鉄大牟田線、平尾－大橋間が高架化。	
		5/20	●	新東京国際（成田）空港、開港。	
		5/20	・	福岡市、大渇水。287日におよぶ給水制限（－1979/3/24）。	
		8/12	●	日・中両国、国連憲章の尊重や反覇権条項を定めた条約を結ぶ。（日中平和友好条約）	
昭和54	1979	2/11	・	路面電車（西鉄）、循環線が廃止。市内から路面電車が姿を消す。	
		3/2	・	サンセルコ、渡辺通に開店。	
		5/2	・	福岡市、広州市（中）と友好都市提携を結ぶ。	
		10/18	・	福岡市、市制施行90周年を記念し、市の木・市の花を制定。	
		11/3	・	福岡市美術館、大濠公園に開館。	
昭和55	1980	3/23	・	中国・広州市、福岡市にパンダを寄贈。4/1－市動物園で公開。	
		6/3	・	福岡市植物園、南公園に開園。	
		7/19	□	第22回オリンピック、ソ連のモスクワで開催（－8/3）。不参加国多数。	
		9/1	・	西日本初のこども病院・感染症センター、唐人町に開院。	
		9/22	□	イラク軍、イラン領内に侵攻し、戦争状態となる（－1988/8/20）。（イラン・イラク戦争）	
		10/20	・	福岡都市高速道路、香椎－東浜間が開通。	
昭和56	1981	4/25	・	福岡市立少年文化会館、プラネタリウム館新設。	
		4/26	・	友泉亭公園、開園。	
		5/1	・	福岡サンパレス、築港本町に開館。	
		6/26	・	西新エルモール（現・プラリバ）、岩田屋を核店舗として開店。	
		7/26	・	福岡市営地下鉄（1号線）、室見－天神間が開通。	
		10/4	・	福岡国際センター、築港本町に開場。大相撲九州場所の会場となる。	
		10/18	・	海の中道海浜公園、西戸崎に開園。	
		11/16	・	福岡県の新庁舎、東公園に開庁。	

和暦	西暦	月日	場所	できごと	市長
昭和57	1982	2/22	・	福岡市埋蔵文化財センター、井相田に開館（九州初の埋文センター）。	
		3/19	・	福岡市営地下鉄開業記念ふくおか '82 大博覧会、舞鶴公園で開催（～5/30）。	
		4/1	●	政府、500 円硬貨を発行。	
		5/10	・	福岡市が西区を分区（城南・早良・西）し、七区制となる。	
		7/20	・	福岡市営渡船（志賀島航路）、博多ふ頭－西戸崎間が就航。	
		8/7	・	福岡市の新議会棟、開庁。	
		11/8	・	福岡市、ボルドー市（仏）と姉妹都市提携を結ぶ。	
昭和58	1983	3/22	・	福岡市営地下鉄（1号線）、姪浜－博多間で全線開業。国鉄筑肥線と相互直通運転開始。	
		4/15	●	東京ディズニーランド、千葉・浦安に開園。	
		7/21	・	オランダ村、長崎に開場。	
		8/21	□	フィリピン・アキノ大統領、暗殺される。	
		9/1	□	大韓航空機（韓）、領空侵犯により北海道付近でソ連軍に撃墜される。269 人死亡。	
		10/31	・	久留米市の筑後大堰から福岡市へ導水、始まる。	
		12/10	・	第1回福岡女子国際柔道選手権大会、福岡国際センターで開催。	
			●	ワープロ・パソコンが急速に普及。	
昭和59	1984	3/18	・	江崎グリコ社長誘拐される。これ以降、食品会社を標的とする脅迫事件が相次ぐ（～1985/8/12）。（**グリコ・森永事件**）	
		5/21	・	旧福岡県公会堂貴賓館、国の重要文化財に指定される。	
		7/2	・	国際交流センター・レインボープラザ、福岡サンパレス内に開設（のち天神のイムズに移転）。	
		7/21	・	背振少年自然の家、開所。	
		7/28	□	第23回オリンピック、アメリカのロサンゼルスで開催（～8/12）。不参加国多数。	
		11/1	●	政府、三種類の新札を発行する。	
		11/2	・	花畑園芸公園、柏原に開園。	
			●	倒産件数、戦後最高の2万841件に達する。	
昭和60	1985	1/8	・	モノレール、北九州市・小倉に開通。	
		4/1	●	電電公社・専売公社、それぞれ民営化し NTT・JT となる。	
		4/1	・	小呂島航路、福岡市営定期航路となる。	
		4/24	・	海づり公園、西区小田に開園。	
		5/20	・	旧福岡市庁舎、解体開始。	
		8/12	●	日本航空123便、群馬御巣鷹山に墜落。520 人死亡。	
		10/1	・	福岡市、自転車駐輪場条例、施行。	
昭和61	1986	1/28	□	スペースシャトルチャレンジャー（米）、発射後に爆発する。	
		2/	□	ゴルバチョフ書記長（ソ）、「ペレストロイカ（建て直し）」を提唱。	
		4/1	●	政府、男女雇用機会均等法、施行。	
		4/26	□	ソ連のチェルノブイリで原子力発電所が爆発。	
		5/10	・	博多港箱崎埠頭に九州最大級のガントリークレーンを設置。コンテナ港機能が強化される。	
		6/24	・	福岡市、オークランド市（ニュージーランド）と姉妹都市提携を結ぶ。	
		7/24	・	福岡と佐賀を結ぶ三瀬トンネルが開通する。	
		11/12	・	福岡市営地下鉄（2号線）、中州川端－貝塚間が全線開通。	S61.11/8
		11/15	・	三原山大噴火。	
		12/	・	株価と地価が上昇、長期的な好景気が続く（～91/2）。（**バブル景気**）	S61.12/7
昭和62	1987	3/30	●	安田火災海上、53 億円でゴッホの「ひまわり」落札。	
		4/1	●	国鉄、民営化し、JR に。	桑原敬一

6学年（2）我が国の歴史上の主な事象

和暦	西暦	月日	場所	できごと	市長
		5/5	・	天神の福岡スポーツセンター、閉館。	桑原敬一
		7/11	□	世界人口、50億人を突破。	
		10/19	□	ニューヨーク株式市場で株価大暴落。（ブラックマンデー）	
		11/20	●	全日本民間労働組合連合会（民間「連合」）、発足。	
		12/28	・	平和台球場で鴻臚館の遺構を発見。	
昭和63	1988	3/13	●	青函トンネル、開通。	
		4/10	●	瀬戸大橋、開業。	
		7/5	●	リクルート社による議員等に対する未公開株の大規模な譲渡が発覚。（リクルート事件）	
		7/8	・	市役所、新庁舎が開庁。	
		8/24	・	「パピヨン24」ビル、千代に開館。	
		9/17	□	第24回オリンピック、韓国のソウルで開催（-10/2）。	
		10/1	・	プロ野球球団「福岡ダイエーホークス」、誕生。本拠地は平和台球場。	
		10/31	・	都市高速の荒津大橋、完成。	
		11/2	・	女性センター「アミカス」、高宮に開館。	
			●	地方博覧会ラッシュ。	
平成元	1989	3/6	・	福岡タワー、百道浜埋立地に完成。	
		3/11	・	ユーテクプラザ天神（現・天神ロフトビル）、渡辺通に開業。	
		3/17	・	アジア太平洋博覧会'89「よかトピア」、百道浜埋立地で開催（-9/3）。	
		3/21	・	福岡市、イポー市（マレーシア）と姉妹都市提携を結ぶ。	
		3/24	・	ソラリアプラザ、天神の福岡スポーツセンター跡地にオープン。	
		4/1	●	消費税（3%）、スタート。	
		4/12	・	イムズ、天神にオープン。	
		5/1	・	福岡市民病院、旧国鉄吉塚駅貨物ヤード跡地に開院。	
		5/27	・	ソラリア西鉄ホテルが開業。	
		6/4	□	中国、民主化を求める学生・市民を武力で制圧する。（天安門事件）	
		8/24	・	博多の森陸上競技場、完成。	
		10/24	・	福岡市、釜山広域市（韓）と行政交流都市提携を結ぶ（2007/2/2に姉妹都市）。	
		11/9	□	東ドイツ、旅行の自由化を発表、東西冷戦の象徴であるベルリンの壁、破壊される。	
		11/21	●	日本労働組合総連合（新「連合」）発足、日本最大の労働組合組織に。総評は解散へ。	
		12/3	□	米・ソ、首脳会談。（冷戦終結）	
平成2	1990	1/26	・	長崎自動車道、全線開通。	
		4/1	・	回送新幹線を利用した「博多南線」が開業。	
		4/10	・	フェリー「ごーるでんおきなわ」、博多-韓国麗水間が就航（1991休航）。	
		4/22	・	国内初の宇宙テーマパーク・スペースワールド、北九州市八幡東区にオープン。	
		5/2	・	高速船「ビートル」、博多-平戸-長崎オランダ村間が就航（1994休航）。	
		7/20	・	博多港、「特定重要港湾」に指定される。	
		8/20	□	バルト三国、ソ連から独立。	
		9/1	・	アジアマンス、開幕。	
		9/9	・	第45回国民体育大会・とびうめ国体、福岡県で開催（-9/12,10/21-26）。	
		10/3	□	西ドイツ、東ドイツを編入する。（ドイツ統一）	

和暦	西暦	月日	場所	できごと	市長
		10/18	・	福岡市博物館、百道浜に開館。	
平成3	1991	3/25	・	高速船「ビートル2世」、博多-韓国釜山間が就航。	
		6/3	・	雲仙普賢岳で大規模火砕流。43人死亡。	
		6/15	・	ベイサイドプレイス博多ふ頭、オープン。	
		9/6	・	アジアフォーカス・福岡映画祭、開催。	
		9/7	・	九州新幹線の鹿児島ルート、起工。	
		12/25	□	ゴルバチョフ大統領（ソ）、辞任。ソ連、解体される。（**ソ連崩壊**）	
平成4	1992	1/19	・	福岡市民防災センター、百道浜に開館。	
		3/25	・	大型リゾート・ハウステンボス、長崎県・佐世保にオープン。	
		10/1	・	平和台球場での最後のプロ野球公式戦（ダイエー vs 近鉄）。	
平成5	1993	3/3	・	福岡市営地下鉄（1号線）、延伸。博多-福岡空港間が開業。	
		4/1	・	博多港、国際ターミナル開設。	
		4/2	・	福岡ドーム、地行浜に開場。	
		4/18	・	博多湾を航行するレストラン船「マリエラ」就航（-2021/1/1）。	
		5/15	●	Jリーグ、開幕。	
		6/9	●	皇太子、御成婚。	
		7/20	・	福岡市、アトランタ市（米）とパートナーシップ都市提携を結ぶ（2005/2/8に姉妹都市）。	
		7/30	・	国のリゾート法の指定をうけ、宮崎にシーガイアがオープン。	
		10/10	・	九州最大の百貨店・小倉そごう、開店。	
			●	コメ凶作。	
平成6	1994	8/4	・	福岡市、渇水のため295日に及ぶ給水制限（-1995/5/31）。	
		9/4	●	関西国際空港、開港。	
平成7	1995	1/17	●	兵庫県淡路島付近を震源とするM7.2の大地震が起きる。死者5504人。（**阪神・淡路大震災**）	
		3/20	●	オウム真理教の信者、東京の地下鉄に毒ガスをまく。死者12人。（**地下鉄サリン事件**）	
		8/23	・	ユニバーシアード福岡大会、開催（-9/3）。	
		8/24	・	マリンメッセ福岡、沖浜町に開館。	
		8/24	□	マイクロソフト（米）、パソコンのOS「Windows95」を発売する。日本語版は11/23。	
			・	プロサッカー藤枝ブルックスが福岡市へ移転しアビスパ福岡に。	
平成8	1996	3/28	・	大分自動車道、全線開通。	
		4/20	・	キャナルシティ博多、住吉に開店。	
		6/29	・	福岡市総合図書館、百道浜に開館。	
		7/27	・	九州自動車道、全線開通。	
		9/22	・	岩田屋Z-SIDE、天神に開店。	
平成9	1997	3/2	・	博多大丸東館（エルガーラ）、天神に開店。	
		3/30	・	三池炭鉱、閉山。	
		7/1	□	香港、中国に返還。	
		9/27	・	西鉄福岡駅の改良工事、完成。	
		10/1	・	福岡三越、天神に開店。	
		11/24	・	平和台球場、閉鎖。	
平成10	1998	4/1	・	博多小学校が旧冷泉小学校に開校（2001年、旧奈良屋小学校跡地に新校舎完成）。	H10.12/6 H10.12/7
平成11	1999	1/1	□	EC統一通貨ユーロが誕生。	
		3/6	・	博多リバレイン、下川端町に開業。福岡アジア美術館、開館。	山崎広太郎

6学年（2）我が国の歴史上の主な事象

和暦	西暦	月日	場所	できごと	市長
		3/30	・	ソラリアステージビル、竣工。	山崎広太郎
		4/1	・	福岡市営地下鉄、よかネットカードを導入（-2011/3/31）。	
		5/1	・	福岡交通センター、全館リニューアルオープン。	
		6/3	・	博多座、下川端町に開場。	
		6/29	・	福岡市で集中豪雨による水害発生。博多駅前が水没する。	
		7/15	・	福岡玉屋、閉店。	
		10/28	・	ダイエーホークス、福岡移転後初のリーグ優勝、その後日本一に。	
		12/20	□	マカオ、中国に返還。	
平成12	2000	3/31	・	岩田屋新館（A-LIVE）、閉館。	
		7/19	●	政府、2000円紙幣を発行する。	
		7/21	・	第26回主要国首脳会議（九州・沖縄サミット）、沖縄の万国津梁館で開催（-7/23）。	
平成13	2001	3/1	・	中世博多展、百道浜で開幕（-12/2）。	
		4/21	・	吉野ヶ里歴史公園、オープン。	
		7/16	・	第9回世界水泳選手権大会福岡2001、開幕（-7/29）。	
		9/11	□	ワールドトレードセンター（米）他、航空機で攻撃される。（**アメリカ同時多発テロ**）	
		10/7	□	米・英、アフガニスタンに武力行使。	
		10/13	・	福岡都市高速道路、百道-福重間が開通し、西九州自動車道と直結。	
		11/29	・	九州最後の炭鉱・長崎の池島炭鉱が閉山。	
平成14	2002	1/1	□	EU統一通貨ユーロの流通、開始。	
		3/10	・	福岡都市高速道路、福岡ICで九州自動車道と直結。	
		5/31	●	サッカー第17回ワールドカップ日韓大会、開催（-6/30）。	
		9/17	●	初の日朝首脳会談行われる。10/15に拉致被害者5名が帰国。	
平成15	2003	2/14	・	西新岩田屋、閉店。	
		3/3	・	福岡国際会議場、石城町に開館。	
		3/20	□	米、大量破壊兵器の保持を理由にイラクへ侵攻。（**イラク戦争**）	
		9/16	・	博多城山ホテル、閉鎖。	
平成16	2004	2/22	・	天神岩田屋本館、閉店。	
		3/2	・	岩田屋新館、NHK福岡放送会館跡地に開店。旧Z-SIDEが「本館」に。	
		3/13	・	九州新幹線、鹿児島中央-新八代間が開業。	
		9/23	・	BiVi福岡、渡辺通に開業。	
		10/26	□	スマトラ島沖で大地震。死者・行方不明者約30万人。	
		10/23	●	新潟県中越地方を震源とするM6.8の地震が発生。死者68人。（**新潟県中越地震**）	
		11/1	●	政府、新紙幣3種を発行する。	
平成17	2005	1/28	・	プロ野球球団「福岡ソフトバンクホークス」、誕生。	
		2/2	・	天神地下街、南に延伸。翌3日に市営地下鉄3号線（七隈線）、天神南-橋本間で開業。	
		3/20	・	玄界灘を震源とするM7.0の地震発生。死者1人。（**福岡県西方沖地震**）	
		9/9	・	第22回全国都市緑化ふくおかフェア（アイランド花どんたく）、アイランドシティで開催（-11/20）。	
		10/1	・	九州大学、元岡に伊都キャンパスを開設。	
		10/16	・	九州国立博物館、太宰府市に開館。	
平成18	2006	3/16	・	新北九州空港、開港。	

和暦	西暦	月日	場所	できごと	市長
		6/24	・	イギリスの MONOCLE 誌が行ったランキングで、福岡市が「世界で最も暮らしやすい都市」17位に。東京は3位、京都は20位。	
平成 19	2007	3/31	・	博多井筒屋、閉店。博多駅ビルの解体はじまる。	
		6/29	□	アップル（米）、スマートフォン「iPhone」を発売。日本での発売は翌年7/11。	
		10/1	●	（株）日本郵政グループ、発足。（**郵政民営化**）	
		11/15	・	天神ロフト、渡辺通に開店。	
平成 20	2008	7/7	●	第34回主要国首脳会議、開催（-7/9）。（**北海道洞爺湖サミット**）	
		9/15	□	米投資銀行の経営破綻により金融危機が発生。（**リーマン・ショック**）	
平成 21	2009	3/7	・	福岡市営地下鉄、「はやかけん」を導入（nimoca は 2008/5/18-、SUGOCA は 2009/3/1-）。	
平成 22	2010	3/19	・	福岡パルコ、天神の岩田屋旧館跡に開店。	
		6/13	●	小惑星探査機「はやぶさ」、小惑星「イトカワ」から帰還する。	
平成 23	2011	3/3	・	新博多駅ビル（JR 博多シティ）、開業。核店舗として博多阪急開店。	
		3/11	●	宮城県沖を震源とする M9.0 の地震が発生。死者・行方不明者2万2000人余り。（**東日本大震災**）	
		3/13	・	九州新幹線（鹿児島ルート）、博多-鹿児島中央間が開業。	
		4/29	・	国道202号・福岡外環状道路、全線開通。	
		11/11	・	博多港、「日本海側拠点港」に指定される。	
平成 24	2012	7/21	・	福岡都市高速道路、環状線としての全線供用開始。	
平成 25	2013	5/1	・	福岡市、人口150万人を突破。	
平成 26	2014	5/1	・	福岡市、国家戦略特区に指定される。	
		8/8	□	米、ISIL（イスラム国）に対して空爆を行う。	
平成 27	2015	2/25	・	福岡市、天神の再開発プロジェクト「天神ビッグバン」を始動させる。	
平成 28	2016	2/12	・	福岡市青果市場（ベジフルスタジアム）、アイランドシティに開場。	
		4/16	・	熊本県熊本地方を震源とするM7.3の地震が発生（4/14に前震）。死者273人。（**熊本地震**）	
		4/21	・	KITTE博多、博多駅中央街に開店。	
		5/27	●	オバマ大統領（米）、広島を訪問し核廃絶を訴える。	
		12/7	・	福岡市、ヤンゴン市（ミャンマー連邦共和国）と姉妹都市提携を結ぶ。	
平成 29	2017	7/5	・	福岡・大分で集中豪雨による水害が発生。死者・行方不明者40人。	
		10/1	・	福岡市科学館、九州大学六本松キャンパス跡地に開館。	
平成 30	2018	6/28	●	西日本一帯で集中豪雨による水害（-7/8）。死者・行方不明者271人。	
		9/6	●	北海道胆振地方を震源とする M6.7 の地震が発生。死者43人。（**北海道胆振東部地震**）	
		12/1	・	福岡市総合体育館、アイランドシティに開館。	
平成 31	2019	4/30	●	天皇、202年ぶりに退位。元号が平成から令和に（5/1-）。	
令和元	2019	9/20	●	ラグビーワールドカップ2019、日本で開催（アジア初）。	
令和 2	2020	1/31	□	世界保健機関（WHO）、新型コロナウィルスの流行を受けて緊急事態を宣言する。	
		11/25	・	福岡ソフトバンクホークス、4年連続日本一（パ・リーグ初）。	

市長: H18.12/6 / H18.12/7 吉田宏 ・ H22.12/6 / H22.12/7 髙島宗一郎

第1章 福岡らしさとは？
第2章 福岡という空間
第3章 土地に刻まれた記憶
第4章 くらしといとなみ
第5章 興し、伝え、守る
第6章 福岡のあゆみ

巻末付録　ふくおか調べもの案内

調べものに役立つウェブサイト

図書館で情報を集める

◎レファレンス協同データベース（https://crd.ndl.go.jp/reference/）
◎福岡県立図書館ふくおか資料室（https://www.lib.pref.fukuoka.jp/hp/kyoudo/page/index.html）
◎福岡市総合図書館（https://toshokan.city.fukuoka.lg.jp/）

統計情報を調べる

◎e-Stat 政府統計の総合窓口（https://www.e-stat.go.jp/）
◎福岡市オープンデータ（https://www.open-governmentdata.org/fukuoka-city/）

地図や昔の空中写真を調べる

◎国土交通省国土地理院「地理院地図」（https://maps.gsi.go.jp/）
◎時系列地形図閲覧サイト「今昔マップ on the web」（http://ktgis.net/kjmapw）
◎市町村変遷パラパラ地図（http://mujina.sakura.ne.jp/history/）
◎国土交通省国土政策局「国土数値情報ダウンロードサービス」（https://nlftp.mlit.go.jp/ksj/）
◎人文学オープンデータ共同利用センター「Geoshapeリポジトリ 地理形状データ共有サイト」（https://geoshape.ex.nii.ac.jp/）

福岡の歴史・写真・会社・新聞記事を調べる

◎福岡市史ホームページ（https://www.city.fukuoka.lg.jp/shishi/）
◎福岡市博物館 アーカイブズ（http://museum.city.fukuoka.jp/archives/）
◎福岡市議会史の編さん（https://gikai.city.fukuoka.lg.jp/info/history）
◎福岡県史紹介／刊行物の紹介（http://www.bunkakyokai.org/newpage-fukuokakenshi.html）
◎福岡市文学館（https://toshokan.city.fukuoka.lg.jp/literature_publications/index/）
◎福岡共同公文書館 所蔵資料検索（http://archiveskensaku.pref.fukuoka.lg.jp/archives/）
◎福岡市の画像検索サイト まるごと福岡・博多（https://showcase.city.fukuoka.lg.jp/）
◎西日本新聞フォトライブラリー（https://c.nishinippon.co.jp/photolibrary/）
◎にしてつwebミュージアム（http://www.nishitetsu.co.jp/museum/index2.html）
◎渋沢社史データベース（https://shashi.shibusawa.or.jp/index.php）
◎神戸大学附属図書館新聞記事文庫（http://www.lib.kobe-u.ac.jp/sinbun/）

地域の遺跡や文化財を調べる

◎福岡市の文化財（https://bunkazai.city.fukuoka.lg.jp/）
◎奈良文化財研究所 全国遺跡報告総覧（https://sitereports.nabunken.go.jp/ja/）
◎福岡市美術館 所蔵品検索（https://www.fukuoka-art-museum.jp/archives/）

全国・全世界の博物館・美術館の資料を一度に調べる

◎MAPPS Gateway（https://gateway.jmapps.ne.jp/）　※日本
◎europeana（https://www.europeana.eu/en）※EU加盟国中心
◎Google Arts&Culture（https://artsandculture.google.com/?hl=ja）　※世界

さまざまなデータベースを一度に調べる

◎ジャパンサーチ（https://jpsearch.go.jp/）　※国の機関を中心とした横断検索サイト
◎人文系データベース協議会（http://www.jinbun-db.com/）　※データベースのデータベース

福岡を知る文献リスト

おおむね福岡市総合図書館、福岡県立図書館、国立国会図書館で所蔵する文献を分野別に掲載した。分野の中では刊行年順、各区の文献は現校区をあいうえお順に並べた。書誌情報は「編著者『書名』発行者,刊行年」とした。編著者と発行者が同一の場合は編著者を省略した。福岡県史・福岡市史・市議会史は巻数が多く、また、概要をウェブサイトで確認できるため省略した。

概説・読み物

- ◎福岡市総務局編『福岡の歴史 市政九十周年記念』福岡市, 1979
- ◎『福岡県の歴史』福岡県, 1981
- ◎『福岡県百科事典』上・下巻, 西日本新聞社, 1982
- ◎井上精三『博多郷土史事典』葦書房, 1987
- ◎川添昭二ほか『福岡県の歴史』光文館, 1990
- ◎丸山雍成・長洋一編『博多・福岡と西海道』吉川弘文館, 2004
- ◎福岡地方史研究会編『福岡市歴史散策 エリア別全域ガイド』海鳥社, 2005
- ◎西日本新聞社広告局編『博学博多 ふくおか深発見』西日本新聞社, 2007
- ◎石瀧豊美監修『図説 福岡・宗像・糸島の歴史』福岡の歴史シリーズ, 郷土出版社, 2008
- ◎川添昭二ほか『福岡県の歴史』(第2版), 県史40, 山川出版社, 2010
- ◎髙倉洋彰・宮崎克則編『大学的福岡・博多ガイド こだわりの歩き方』昭和堂, 2012
- ◎常設展図録『FUKUOKAアジアに生きた都市と人びと』福岡市博物館, 2013
- ◎福岡市博物館監修『福岡博覧』海鳥社, 2013
- ◎西日本新聞トップクリエ編『博学博多200』(増補改訂版), 西日本新聞社, 2014
- ◎石瀧豊美編『博多謎解き散歩』KADOKAWA, 2014
- ◎アクロス福岡文化誌編纂委員会編『福岡県歴史散歩』アクロス福岡文化誌10, アクロス福岡, 2016
- ◎西日本シティ銀行編『博多に強くなろう 北九州に強くなろう 100の物語』上・下巻, 西日本新聞社, 2018
- ◎Y氏『福岡路上遺産 身近に残る歴史の痕跡』1・2, 海鳥社, 2016・2018

地誌・地名・地図

- ◎山崎藤四郎『増補再版 石城遺聞 全』名著出版, 1973
- ◎檜垣元吉編『石城志』九州公論社, 1977
- ◎加藤一純・鷹取周成編、川添昭二ほか校訂『筑前国続風土記附録』上・中・下巻, 文献出版, 1977
- ◎三原恕平編輯、田坂大藏校訂『筑前国福岡区地誌』文献出版, 1980
- ◎井上忠・安川巌・井上精三『福岡・博多の町名誌』福岡市都市計画局, 1982
- ◎奥村玉蘭、田坂大藏・春日古文書を読む会校訂『筑前名所図会』文献出版, 1985
- ◎角川日本地名大辞典編纂委員会・竹内理三編『角川日本地名大辞典』40, 福岡県, 角川書店, 1988
- ◎『福岡市町名誌 100周年記念』福岡市市民局, 1990
- ◎坂田大『福岡市の町名』(改訂版)坂田大, 1990
- ◎青柳種信、福岡古文書を読む会校訂『筑前町村書上帳』文献出版, 1992
- ◎青柳種信、福岡古文書を読む会校訂『筑前国続風土記拾遺』上・中・下巻, 文献出版, 1993
- ◎井上精三『福岡町名散歩』(改訂版)葦書房, 1996
- ◎梅林孝雄『福岡県地名考 市町村名の由来・語源』海鳥社, 2000
- ◎服部英雄『地名の歴史学』角川書店, 2000
- ◎『稿本 明治前期 福岡県町村字名分類索引 筑前篇』上村重次, 2001
- ◎貝原益軒編、伊東尾四郎校訂『筑前国続風土記』(増補版), 文献出版, 2001
- ◎平凡社地方資料センター編『日本歴史地名大系』41福岡県, 平凡社, 2004
- ◎日高三朗・保坂晃孝『博多 旧町名歴史散歩』西日本新聞社, 2014
- ◎小林茂・佐伯弘治『近世の福岡・博多市街絵図 公用図について』小林茂, 1992
- ◎宮崎克則・福岡アーカイブ研究会編『古地図の中の福岡・博多 1800年頃の町並み』海鳥社, 2005
- ◎月刊はかた編集室編『古地図で歩く福岡歴史探訪ガイド』メイツ出版, 2018

まちの様子(合併・開発)

- ◎『福岡県市町村合併史』福岡県, 1962・2014
- ◎『博多駅地区 土地区画整理事業 工事完了記念写真集』福岡市都市開発局博多駅区画整理事務局, 1970
- ◎『指定都市への歩み 記録編』福岡市, 1972
- ◎福岡市都市開発局博多駅区画整理部編『博多駅地区区画整理誌』福岡市, 1974

◎『福岡市松崎第二地区土地区画整理事業』福岡市松崎第二地区土地区画整理組合, 1987
◎都市整備局都市開発部塩原区画整理課編『塩原地区区画整理誌』福岡市, 1988
◎都市整備局都市開発部管理課編『姪浜地区区画整理誌』福岡市, 2005
◎『FUKUOKA 福岡市の土地区画整理事業』福岡市都市整備局, 1999・2005・2008
◎道路下水道局建設調整課編『筥崎地区区画整理誌』福岡市, 2013
◎住宅都市局都市づくり推進部 伊都区画整理事務所編『伊都地区 区画整理誌』福岡市, 2016
◎『福岡市の臨海住宅地の誕生 シーサイドももちとアイランドシティを通じて考える』新建築2018年11月別冊第93巻15号, 新建築社, 2018

まちの様子（写真）

◎『福岡市郷土写真帖』福岡市教育会, 1938
◎福岡県総務部総務課編『福岡県の百年』西日本文化協会, 1971
◎『ふるさと飛行 福岡県航空写真集』西日本新聞社, 1983・1989
◎木村秀明編『進駐軍が写したフクオカ戦後写真集』西図協出版, 1983
◎フクニチ新聞社編『変転30年 写真が語る福岡』福岡県立図書館, 1986
◎『福岡100年 写真集』西日本新聞社, 1985
◎『福岡都市圏飛行マップ 垂直撮影7000分の1連続写真』西日本新聞社, 1987
◎『ふるさと100年 福岡市市制100周年記念』福岡市, 1989
◎『空から福岡・博多―いま・むかし』朝日新聞西部本社企画部, 1989
◎福岡市経済農林水産局商工部観光課編『福岡百景 市制100周年記念写真集』福岡市, 1989
◎井上孝治『想い出の街』河出書房新社, 1989
◎大崎周水撮影『大崎周水写真集 104冊のアルバムから』葦書房, 1992
◎石橋源一郎・波多江五兵衛編『想い出のアルバム 博多,あの頃 明治・大正・昭和を綴る』葦書房, 1997
◎石瀧豊美監修『目で見る福岡市の100年』郷土出版社, 2001
◎井上孝治『こどものいた街』河出書房新社, 2001
◎北島寛『想い出の博多 昭和30年代写真帖』海鳥社, 2003
◎益田啓一郎編『ふくおか絵葉書浪漫』海鳥社, 2004
◎『福岡市都市景観賞20周年記念誌 景観がつくる都市の元気』福岡市都市景観賞20周年記念事業実行委員会, 2006
◎アーカイブス出版編集部編『昭和30年代の福岡 経済成長を担った暮らしと祭りの記録』アーカイブス出版, 2007
◎展覧会図録『福岡近代絵巻 福岡市制120周年記念』福岡市博物館, 2009
◎大田治彦『西鉄電車おもいでアルバム 昭和晩年の福岡市内線・大牟田線急行電車・宮地岳線』櫂歌書房, 2010
◎『福岡の町並み』アクロス福岡文化誌5. アクロス福岡文化誌編纂委員会, 2011
◎北島寛監修, 石瀧豊美ほか『福岡市の今昔』上・下巻, 郷土出版社, 2011
◎北島寛『街角の記憶 昭和30年代の福岡・博多』海鳥社, 2012
◎昭和のアルバム編集室編『昭和のアルバム福岡 写真でよみがえるあの頃のふるさと』電波社, 2015
◎石橋源一郎・波多江五兵衛編『写真集 明治大正昭和 博多』（復刻版）, ふるさとの想い出, 国書刊行会, 2020
◎『福博名所写真帖』大崎周水堂. 〔出版年不明〕

まちの様子（世相）

◎読売新聞西部本社編『福岡百年』上・下巻. 浪速社, 1967
◎小田泰秀編『明治100年 西日本新聞に見る』西日本新聞社, 1968
◎『明治百年 福岡県の歩み』毎日新聞西部本社, 1968
◎読売新聞西部本社社会部編『読売新聞に見る 九州・山口の百年』成美堂出版, 1975
◎柳猛直『ハカタ巷談』1-4. ふくおか四季・博文舎, 1976・1978
◎井上精三『博多風俗史』遊里編・芸能編. 積文館書店, 1968・1975
◎江頭光『博多おやまあ 新聞100年』西日本新聞社, 1977
◎崎山恭三『博多中洲ものがたり』前・後編. 文献出版, 1979・1980
◎江頭光『ふてえがってえ 福岡意外史』西日本新聞社, 1980
◎鬼頭鎮雄『はかた大正ろまん』西日本新聞社, 1981
◎福岡文化連盟編『画文集 博多新風土記』梓書院, 1983
◎小田部博美『博多風土記』海鳥社, 1986
◎井上精三『博多大正世相史』海鳥社, 1987
◎江頭光『ふくおか100年』地球時代選書 福岡版1. ぐるーぷ・ぱあめ, 1989

◎福岡県女性史編纂委員会編『新聞にみる福岡県女性のあゆみ 明治・大正編』福岡県. 1993
◎『1960 '60年代のお祭り騒ぎ大図鑑 人生こんなに楽しくて良いじゃないか!!(博多発)』リンドバーグ. 1993
◎江頭光 文・西島伊三雄 え『博多の絵日記』プランニング秀巧社. 1995
◎戦後50年福岡県行政史研究会編『福岡県戦後50年の歩み』福岡県. 1995
◎『西日本新聞に見る戦後50年 1945～1994』西日本新聞社. 1995
◎長谷川法世『こりゃたまがった!』海鳥社. 2004
◎徳永行生編著『天神時代の福岡県教育会館と旧県庁の記録』普存建築研究会. 2006
◎和田博文監修、波潟剛編『博多の都市空間』コレクション・モダン都市文化 90. ゆまに書房. 2013

東区

【全体】 ◎香椎町役場編『香椎町誌』香椎町. 1953
◎北畠菊蔵編『志賀町郷土史年表』志賀町. 1960
◎糟屋郡編『糟屋郡志』臨川書店. 1986
◎福岡市箱崎公民館・福岡市筥松公民館編『箱崎を語る会 必携集』福岡市箱崎公民館.〔出版年不明〕
◎東区歴史ガイドボランティア連絡会『東区歴史街道を往く 東区よかまち・よかとこ歩・歩・歩』vol. 1-5. 福岡市東区役所. 2011–2019
◎『アジアのなかの博多湾と箱崎』アジア遊学224. 勉誠出版. 2018
◎『未来につなごう和白干潟 和白干潟を守る会30年のあゆみ2』和白干潟を守る会. 2018(20年史もあり)
【青葉】 ◎『青葉 青葉校区創立10周年記念』青葉校区創立10周年記念事業実行委員会. 1995
【香椎】 ◎『かしい 創立百周年記念誌』香椎小学校百周年記念会. 1988
◎森田隆明・宮川洋・長洋一・新原正典『古代・中世の香椎』上・下巻. 櫂歌書房. 2012・2013
【香椎下原】◎開校記念実行委員会編『香椎下原小学校開校記念誌』香椎下原小学校. 1985
【香椎東】 ◎福岡シティジャーナル編『歴史のふるさと香椎東』香椎東校区10周年記念行事実行委員会. 1987
◎香椎東校区町づくり推進会議監修『わたしたちの町 香椎東』香椎東校区自治連合会. 2000
◎『香椎東 みどり・歴史・ひとの和 香椎東光区創立35周年記念誌』香椎東校区自治協議会. 2012
【香住丘】 ◎『20周年』香住丘小学校. 1976
◎『香住ケ丘校区沿革史』香住ケ丘校区沿革史づくり実行委員会. 2001
【勝馬】 ◎勝馬地区高令者活動促進協議会編『かつま』福岡県福岡農業改良普及所. 1987
【西戸崎】 ◎『西戸崎 西戸崎小学校創立百周年記念誌』西戸崎小学校創立百周年記念事業実行委員会. 1990
【志賀島】 ◎『志賀島小学校創立百周年記念誌』志賀島小学校創立百周年記念の会. 1975
◎森山邦人『志賀島の四季』九州大学出版会. 1981
【多々良】 ◎百周年記念誌部編『多々良 多々良小学校創立百周年記念誌』多々良小学校創立百周年記念事業実行委員会. 1988
◎『郷土史たたら』「郷土史たたら」作成委員会. 2000
◎後藤周三『多々良の歴史と文化遺産 後藤周三遺稿集』葦書房. 1988
【千早西】 ◎『千早西校区30周年記念誌』千早西校区30周年記念事業実行委員会. 2017
【名島】 ◎『創立40周年沿革史』名島小学校. 1976
◎『松崎の歴史 その群像』『松崎の歴史』発行委員会. 2000
◎『故郷名島の歴史』故郷名島の歴史編集委員会. 2005
【奈多】 ◎30周年記念誌編集委員会編『奈多 奈多校区30周年記念誌』奈多校区自治協議会. 2011
【箱崎】 ◎箱崎小学校創立百周年記念誌委員会編『はこざき』箱崎小学校. 1973
◎『絆 箱崎小学校創立百二十周年』箱崎小学校創立百二十周年記念会記念誌部. 1993
◎橋本幸雄『わが町はこざき』箱崎歴史ガイドボランティア. 2010
【筥松】 ◎『筥松 創立50周年記念』筥松小学校. 1991
◎斉藤政雄監修、50周年記念誌編集委員会ほか編『筥松公民館50周年記念誌 筥松の文化と公民館』筥松公民館. 2003
◎『原田史 戦後からの原田』筥松校区まちづくり協議会. 2018
【八田】 ◎『八田 創立十周年記念』八田小学校. 1983
【馬出】 ◎広報委員会編『創立馬出小学校七十周年福岡中学校三十周年記念』馬出小七十周年福岡中三十周年合同創立記念事業委員会. 1979
【舞松原】 ◎『舞松原 校区史誌』舞松原校区まちづくり実行委員会. 2003
【美和台】 ◎十周年記念会誌編集部編『美和台小学校創立十周年記念誌』美和台小学校創立十周年記念事業実行委員会. 1983
【若宮】 ◎『わかみや』若宮校区まちづくり実行委員会. 2002
【和白】 ◎『百年のあゆみ』和白小学校. 1973
◎『ふる里のむかし わじろ』和白郷土史研究会. 2006
【和白東】 ◎『和白東校区のあゆみ』和白東公民館. 2000

博多区

【板付】	◎『わがまち40年のあゆみ 記念誌』福岡市博多区麦野一丁目町内会, 1999
	◎吉嗣清美 ほか『古老達の文と絵による"村の歴史と昔話"旧那珂村大字麦野とその周辺』古里の歴史を掘り起こし伝える会, 2010
【板付北】	◎『板付遺跡』板付遺跡保存会(板付公民館内), 1968
【堅粕】	◎百周年記念編集委員会編『かたかす 創立百周年記念誌』堅粕小学校百周年記念事業実行委員会, 1989
【住吉】	◎『開校六十周年記念学校案内』住吉小学校, 1972
	◎創立70周年記念誌作成委員会編『すみよし 創立七十年誌』住吉小学校, 1982
	◎『学校沿革誌』住吉小学校, 1977
	◎『公民館開館満5周年記念誌』美野島公民館, 1984
【千代】	◎百周年記念誌編集委員会編『千代小学校百年誌』千代小学校, 1987
	◎『千代流五十周年記念誌』博多祇園山笠千代流運営委員会, 1999
【東光】	◎『東光 創立20周年記念』東光小学校20周年記念誌委員会, 1975
	◎記念誌編集委員会編『東光 創立三十周年記念誌』東光小学校30周年記念事業実行委員会, 1985
【那珂】	◎『郷土の昔がたり 暮らしの心をつぎの世代に』福岡市那珂公民館, 1983
	◎『竹ちゃんの歴史散歩 小中学生のための那珂校区の歴史』21世紀 in 竹下子どもフェスティバル実行委員会, 2004
	◎『竹ちゃんの那珂校区ガイド』2-4, 21世紀in竹下子どもフェスティバル実行委員会, 2005–2007
【那珂南】	◎『那珂南百年史』那珂南校区自治会連合会, 1985
	◎『那珂南50年の歩み どんなとここんなとこ那珂南』「那珂南50年の歩み」作成委員会, 1998
【博多】	◎『福岡市奈良屋小学校ノ教育』奈良屋小学校, 1927
	◎『覇台 創立四拾週年記念』大浜小学校, 1951
	◎『御供所小学校六十年のあゆみ』御供所小学校, 1968
	◎貞原征太郎編『われら冷泉博多っ子 福岡市立冷泉小学校五十周年記念誌』冷泉小学校, 1970
	◎御供所小学校P.T.A.広報委員会編『御供所小学校七十年のあゆみ』御供所小学校, 1977
	◎『冷泉公民館24年の歩み 落成記念号』冷泉公民館, 1977
	◎奈良屋小学校八十周年記念実行委員会編『ならや 創立80周年記念』奈良屋小学校PTA, 1978
	◎七十周年記念誌作成委員会編『覇台 70周年誌』大浜小学校父母教師会, 1980
	◎『奈良屋小学校90周年記念誌』奈良屋小学校創立90周年実行委員会, 1987
	◎松井喜久雄『東流の歩み 戦後の世相』まつい工務店, 1990
	◎百周年記念誌編集委員会編『奈良屋 奈良屋小学校創立百周年記念誌』奈良屋小学校, 1997
	◎『中洲流 五十年の軌跡』中洲流50周年実行委員会, 1999
	◎「思い出アルバム」編集委員会事務局『博多の移り変わりを偲ぶ 思い出アルバム(大濱編)』大浜生涯学習実行委員会, 2000
	◎工藤和美『学校をつくろう! 子どもの心がはずむ空間』TOTO出版, 2004
	◎『博多大好き 昭和十年代の暮らしあれこれ』博多大好き出版会, 2005
	◎40周年記念誌編纂委員会編『冷泉写真集 1945～2007』冷泉地区自治連合会40周年記念事業実行委員会, 2007
	◎40周年記念誌編纂委員会編『冷泉40年のあゆみ 冷泉地区自治連合会40周年記念誌』冷泉地区自治連合会40周年記念事業実行委員会, 2007
	◎川原雅康編『中洲の歩み』中洲町連合会, 2013
	◎『五十年を駆け抜けた走る飾り山笠 八番山笠上川端通』八番山笠上川端通五十周年記念誌編纂委員会, 2014
	◎長谷川法世監修『博多町家思い出図画集「博多町家」ふるさと館開館20周年記念』「博多町家」ふるさと館, 2015
	◎『博多祇園山笠西流五十周年誌』博多祇園山笠西流編纂委員会, 2016
	◎『東流のあゆみ 博多祇園山笠東流50周年記念誌』東流50周年記念誌実行委員会, 2017
	◎『土居流記録簿』土居流記録簿編集委員会, 2017
	◎『古ノ一五十年 大黒流古ノ一五十周年記念誌』古ノ一50周年記念誌発行委員会, 2018
【春住】	◎『昔の生活用具展 若い世代に語り継ぐ』福岡市春住公民館, 1979
【東住吉】	◎『福岡市立東住吉小学校創立40周年記念誌』東住吉小学校創立40周年記念会, 1974
	◎記念誌編集委員会編『ひがしすみよし 創立五十周年記念誌』東住吉小学校創立五十周年記念会, 1984
【東月隈】	◎三木寿恵雄編『東月隈校区の沿革と歴史変遷』渕上一雄, 2007
【東吉塚】	◎記念誌編集委員会編『東吉塚 福岡市立東吉塚小学校創立三十周年記念誌』東吉塚小学校創立30周年記念実行委員会, 1987
【席田】	◎席田小学校編『百年のあゆみ 席田小学校創立百周年記念』席田小学校創立百周年記念の会, 1973
	◎『空港とふる里席田 福岡空港地域対策協議会60年史』福岡空港地域対策協議会, 2006
	◎下臼井町『昔々の下臼井』同刊行委員会, 2019
【吉塚】	◎『吉塚小学校50 溌剌と吉塚』吉塚小学校, 1980

中央区

【赤坂】　◎『赤坂歴史ものがたり』原田久, 1991
　　　　　◎『赤坂舞鶴公園のあゆみ』原田久, 1993
【小笹】　◎二十周年記念誌編集委員会編『記念誌 創立20周年』小笹小学校, 1983
　　　　　◎創立50周年記念事業会記念誌部編『福岡市立小笹小学校創立50周年記念誌 おざさ 未来へ向けて小笹っ子』小笹小学校創立50周年記念事業会, 2013
【草ケ江】◎『くさがえ 創立五十周年記念誌』草ケ江小学校創立五十周年記念会, 1975
【警固】　◎『けご 創立九十周年記念誌』警固小学校創立九十周年記念実行委員会, 1974
　　　　　◎柴田勝『警固今昔物語 文献並びに聞き書覚え書』警固今昔物語発行実行委員会, 2001
　　　　　◎『けご 創立100周年記念誌』警固小学校, 1984
【高宮】　◎『南風鳴琴』南風鳴琴編纂委員会, 1950
　　　　　◎『高宮の歩み 創立百周年記念』高宮小学校創立百周年記念会事業部, 1974
　　　　　◎開館50周年記念誌編集委員会編『たかみやの風 開館50周年記念誌』高宮公民館開館50周年記念事業実行委員会, 2005
　　　　　◎『高宮の思い出〜今残したい記録〜』高宮校区の歴史を記録する会, 2019
【当仁】　◎福岡地方簡易保険局史編さん委員会編『福岡地方簡易保険局史 開局五十周年記念』福岡地方簡易保険局, 1984
　　　　　◎波多野聖雄監修『よかぁ〜とこ・当仁地区の歴史 唐人町・黒門・大濠・荒戸・西公園』郷土史・語り部シリーズNO1, ボランティアグループよかぁ〜当仁・郷土史のぼせもん倶楽部, 2007
　　　　　◎創立九十周年記念誌編集委員会編『当仁 創立90周年記念誌』当仁小学校, 1982
　　　　　◎当仁風土誌編纂委員会編『当仁風土記』当仁公民館, 1983
【春吉】　◎『晴好 開校百周年記念誌 1973』春吉小学校百年祭記念会, 1973
　　　　　◎春吉小学校編『晴好 創立百十周年記念誌 1983』春吉小学校創立110周年記念会, 1983
　　　　　◎柴田勝『春吉・清川今昔物語 文献並びに聞き書覚え書』春吉清川今昔物語実行委員会, 1999
【平尾】　◎『平尾の歴史 第1集』平尾の歴史を語る会, 1979
　　　　　◎平尾よかとこ探検隊ほか編『平尾の歴史 第2集』平尾公民館, 2013
【福教大附属】◎創立百周年記念誌出版委員会編『わが校百年のあゆみ』福岡教育大学附属福岡小学校, 1976
【福浜】　◎記念誌部編『創立十周年記念誌』福浜小学校創立10周年記念実行委員会, 1986
【舞鶴】　◎松尾健一郎編『天神町 1910〜1960』天神町発展会, 1960
　　　　　◎大名小学校同窓会百年史編集委員会編『大名校百年史』大名小学校, 1973
　　　　　◎『まいづる 創立20周年記念』舞鶴小学校, 1980
　　　　　◎百十年史編集委員会編『大名校百十年史』大名小学校, 1983
　　　　　◎柳猛直・財部一郎『大名界隈誌』海鳥社, 1989
　　　　　◎毎日新聞福岡総局編『天神「親不孝通り」物語』毎日新聞社, 1991
　　　　　◎『新天町飾り山笠五十年史 永久保存版』新天町商店街商業協同組合, 2000
　　　　　◎『われらは大名小学生 福岡市立大名小学校創立140周年記念』大名小学校創立140周年記念事業実行委員会, 2010
　　　　　◎『簀子 福岡市立簀子小学校創立百周年記念誌』簀子小学校, 2011
　　　　　◎大名小学校編『福岡市立大名小学校創立百四十周年記念誌』大名小学校創立140周年記念事業実行委員会, 2014、
【南当仁】◎『南当仁 創立20周年記念誌』南当仁小学校20周年記念会, 1976

南区

【全体】　◎『南区ふるさと』福岡市南区民俗文化保存会, 1992
　　　　　◎『南区校区よかとこ再発見』南区まちづくり活動協議会, 2003
【大楠】　◎『福岡市立大楠小学校創立20周年記念誌』大楠小学校20周年記念会, 1975
【日佐】　◎『福岡市合併記念写真 当時の日佐村のすがた』日佐村, 1954
　　　　　◎創立80周年記念事業実行委員会『日佐小学校八十年のあゆみ』日佐小学校, 1982
　　　　　◎実行委員会記念誌委員会編『日佐小学校百年誌』日佐小学校創立百周年記念事業実行委員会, 2001
【柏原】　◎大平寺町創立六十周年記念誌編集委員会編『大平寺町創立六十周年記念誌』大平寺町内会, 2014
【塩原】　◎塩原誌編集委員会編『塩原誌』塩原公民館, 2002
　　　　　◎『福岡市立塩原小学校創立20周年記念誌』塩原小学校創立二十周年記念事業実行委員会, 2005
【玉川】　◎『学校要覧 昭和50年度 創立25周年記念』玉川小学校, 1975
【筑紫丘】◎筑紫丘小学校編『筑紫丘 創立十周年記念誌』筑紫丘小学校創立十周年記念実行委員会, 1978
　　　　　◎創立二十周年記念行事実行委員会編集委員会編『筑紫丘 創立20周年記念誌 平成6年』福岡市筑紫丘公民館, 1994
　　　　　◎『若久団地30年のあゆみ』若久団地自治会, 1994（20年史もあり）

【長尾】	◎『長尾のあゆみ』長尾校区自治連合会, 2002
【長住】	◎『ながずみ 創立十周年記念誌』長住小学校創立十周年記念会, 1976
【西高宮】	◎『住みよいまち西高宮 創立60周年記念』西高宮校区60周年実行委員会記念誌部会, 2014
【西長住】	◎『開校十周年記念誌』西長住小学校, 1983
【西花畑】	◎『創立10周年記念誌』西花畑小学校, 1978
	◎『郷土西花畑』西花畑郷土史研究会, 2015
【野多目】	◎『野多目物語 歴史と文化財』南区地域振興事業推進委員会, 1997
	◎記念誌部編『わがまち野多目 校区創立30周年記念誌』野多目校区創立30周年記念事業実行委員会, 2010
【三宅】	◎『創立90周年記念誌』三宅小学校, 1978
	◎三宅小学校編『三宅小学校百年誌』三宅小学校創立百周年記念実行委員会, 1988
	◎『三宅の宝もの 三宅の宝マップ』三宅小学校PTA・三宅の宝マップ作り実行委員会, 1993
	◎みやけのあゆみ記念事業実行委員会編『みやけのあゆみ50年 三宅校区自治会連合会三宅公民館創立50周年記念誌』三宅校区自治会連合会, 2002
【宮竹】	◎創立三十周年記念誌編集委員会編『みやたけ 創立三十周年記念誌』宮竹小学校, 1983
【弥永】	◎『やなが 創立十周年記念誌』弥永小学校, 1979
【弥永西】	◎『警弥郷の歩み・ふるさと絵史』広田久雄, 1984
【横手】	◎安部隆典編著『横手宝満宮の石碑と横手春秋』高鍋土雄, 1996
【若久】	◎『若久 創立20周年記念誌』若久小学校, 1978
	◎30周年記念実行委員会事業部編『若久 創立30周年記念誌』若久小学校, 1987

城南区

【全体】	◎城南区歴史探訪講座「城南区の歴史散策」編集委員会編『城南区の歴史散策「城南区歴史探訪講座」報告書』福岡市城南区役所生涯学習推進課, 2013
【片江】	◎『新風土記かたえ 片江神松寺西片江』片江校区郷土史研究会, 2003
【城南】	◎記念誌編集委員会編『城南』城南小学校創立十周年記念誌実行委員会, 1981
	◎『開館10周年記念誌 平成元年9月』福岡市城南公民館, 1990
	◎実行委員会記念誌部編『城南 創立二十周年記念誌』城南小学校創立二十周年記念事業実行委員会, 1991
【田島】	◎『田島沿革史 現代語版』福岡市大字田島財産区, 1996
【鳥飼】	◎鳥飼小学校編『とりかい 創立三十周年記念誌』鳥飼小学校創立三十周年記念実行委員会, 1979
	◎鳥飼小学校編『水鏡 鳥飼小学校50周年記念誌』鳥飼小学校創立50周年並に講堂兼体育館落成記念実行委員会, 2000
【七隈】	◎『創立十周年記念誌』七隈小学校十周年記念実行委員会, 1974
	◎『七隈郷土誌 縄文時代から現代まで』七隈郷土史研究会, 1986
	◎『創立20周年記念誌』七隈小学校, 1985
【別府】	◎『別府のあゆみ 福岡市別府公民館創立40周年記念誌』福岡市別府公民館, 2004
	◎『別府 福岡市別府公民館創立50周年記念誌 むかし・いま・あす』福岡市別府公民館, 2014

早良区

【全体】	◎福岡県早良郡役所編『早良郡志』名著出版, 1973
	◎『早良区お宝写真今昔物語い～ね!!』早良区総務部地域支援課, 2014
【有田】	◎山口津『福岡市有田郷土史』有田歴史研究会, 1973
【飯倉】	◎『飯倉・唐木・干隈見歩記(みてあるき)』正続, 飯倉校区歴史探訪実行委員会, 1999・2000
【入部】	◎『郷土読本』早良郡入部村入部小学校, 1933
	◎『安楽平城物語』石津司, 2005
【内野・脇山】	◎『背振山麓の民俗 福岡県早良郡早良町内野・脇山地区』北九州大学民俗研究会, 1970
【賀茂】	◎『免の里をたずねて 賀茂校区史跡探訪』賀茂校区明るい町づくり実行委員会, 1997
	◎『免の思い出』下司種夫, 1982
【四箇田】	◎四箇田校区史誌編纂委員会編『私が住んでる四箇田』四箇田公民館, 2008
	◎四箇田校区自治協議会ほか編『四箇田校区と周辺の遺跡・古墳・神社仏閣等マップ』四箇田公民館, 2015
【高取】	◎泊秀治『麁原の歴史』高取校区地域掘り起こし実行委員会, [出版年不明]
【田隈】	◎田隈小学校創立70周年記念誌編集委員会編『田隈 田隈小学校創立70周年記念』田隈小学校創立70周年記念会, 1978
	◎田隈小学校編『100年の絆, 未来への希望 福岡市立田隈小学校創立百周年記念誌』田隈小学校創立100周年記念事業実行委員会, 2008
	◎『たぐま 田隈校区人権尊重推進協議会二十周年記念誌』二十周年記念誌編纂委員会, 2008
	◎『たぐま 田隈校区人権尊重推進協議会30周年記念誌』三十周年記念誌編纂委員会, 2019

【田村】	◎『田村今昔』田村郷土誌研究会, 1991
【西新】	◎『西新歴史散歩 改訂ポケット版』西新公民館歴史研究会, 2011
	◎『西新 作り始めて350年』藤本光博, 2018
【野芥】	◎記念誌編集委員会編『野芥小学校創立十周年記念誌』野芥小学校10周年記念実行委員会, 1985
【原】	◎『百年のあゆみ 原小学校創立百年記念』原小学校, 1973
【原西】	◎福岡市原西公民館編『はらにし 原西公民館開館30周年記念誌』福岡市原西公民館30周年記念事業実行委員会, 2003
【室見】	◎『室見郷土史会報』1, 福岡市室見公民館, 1972
【百道】	◎『百道 百道公民館開館50周年記念誌』開館50周年記念事業実行委員会記念誌部, 2016
【百道浜】	◎福岡市百道浜公民館10周年記念誌編集委員会編『心かようももち 百道浜公民館10年のあゆみ』福岡市百道浜公民館, 2005
【脇山】	◎『主基斎田記念』脇山村, 1928
	◎『脇山主基斎田90周年記念事業記念誌』脇山主基斎田90周年記念事業実行委員会, 2019

西区

【全体】	◎糸島郡教育会編『糸島郡誌』臨川書店, 1986
	◎『西区は歴史の博物館展 早良王墓から元寇まで』福岡市西区役所, 1996
【壱岐】	◎『壱岐小学校百年誌』壱岐小学校, 1985
【壱岐南】	◎『橋本と八幡宮の歴史』上原三郎, 1981
【石丸】	◎10周年記念誌編集委員会編『石丸小学校10周年記念誌』石丸小学校10周年記念事業委員会, 1987
【今宿】	◎『今宿校誌』今宿小学校創立110周年記念実行委員会, 1984
	◎今宿商工業協同組合広報担当編『創立60周年記念誌 住みたくなる町づくり』今宿商工業協同組合, 2020
【今津】	◎『今津 今津小学校創立百周年記念誌』今津小学校創立百周年記念会, 1975
	◎『今津のいま・むかし』福岡市合併70周年記念写真集1, 「今津のいま・むかし」写真展2012編集委員会, 2015
【内浜】	◎記念誌部編『内浜公民館開館三十周年記念誌 未来』内浜公民館開館三十周年事業委員会, 2009
【小呂】	◎宮地島邦『小呂島における部落祭祀』日本宗教学会, 1962
	◎入江島太ほか『小呂島実態調査 社会面について』小呂小学校, 1965
	◎『海祭』小呂小学校創立百周年・小呂中学校創立五十周年記念誌部, 1998
【金武】	◎金武村々誌編纂委員会編『村誌』金武村役場, 1960
	◎『かなたけ 創立百年記念誌』金武小学校創立百年記念会, 1975
【北崎】	◎北崎小学校百年誌編集委員会編『北崎小学校百年誌』北崎小学校, 1980
	◎『西南学院大学民俗調査報告 第1輯 福岡市西区北崎』西南学院大学国語国文学会民俗学研究会, 1982
	◎北崎村々編纂委員会編『北崎村誌』北崎村, 1961
【玄界】	◎玄界小学校編『玄界小学校創立百周年記念誌』玄界小学校百周年記念事業実行委員会, 1987
【玄洋】	◎玄洋校区30周年事業実行委員会編『玄洋校区創立30周年記念誌』玄洋校区自治協議会, 2018
【城原】	◎記念誌編纂委員会編『城原』城原小学校創立20周年記念行事実行委員会, 2001
【周船寺】	◎周船寺村誌編纂委員会編『周船寺村誌』周船寺村役場, 1961
	◎『周船寺教育百年誌』周船寺小学校百年記念会, 1977
	◎福岡市合併50周年記念事業委員会編さん委員会編『すせんじ物語 福岡市合併50周年記念誌』福岡市合併50周年記念事業委員会, 2012
【西陵】	◎『西陵小学校10年史』西陵小学校創立10周年記念事業実行委員会, 1985
【能古】	◎『研究集録 島の子らをみつめて』能古小学校, 1962
	◎『能古小学校百年誌』能古小学校, 1985
	◎『能古島の歴史』高田茂廣, 1985
	◎石橋渟平『能古島の方言』能古小学校, 1985
	◎『博多湾物語 蒙古襲来からサザエさんまで 能古島発』亀陽文庫・能古博物館, 2008
	◎西牟田耕治ほか編『博多湾物語 創館30周年記念誌』亀陽文庫・能古博物館, 2019
【姪浜】	◎『姪浜 小学校創立百周年記念誌』姪浜小学校創立百周年記念誌部, 1975
	◎『郷土めいのはまの今昔』姪浜中学校, 1977
	◎『郷土写真集2006年 姪浜とその周辺 私たちが育った町』(改訂版), 姪浜を愛する会, 2006
【元岡】	◎『もとおか 福岡市合併三十周年記念誌』元岡校区自治会, 1991
	◎元岡小学校創立一二〇周年記念会記念史編集委員会編『福岡市立元岡小学校百二十年史』元岡小学校創立百二十周年記念会, 1996
	◎福岡市合併五〇周年記念記念誌編集委員会編『もとおか 福岡市合併五〇周年記念誌』元岡校区自治協議会, 2011
	◎『もとおか 福岡市西区』元岡商工連合会, 2015

学校（中学）

【梅林】	◎『梅林中創立10周年記念』梅林中学校10周年記念誌編集委員会. 1978
【香椎第2】	◎十周年記念行事業実行委員会編集スタッフ編『香椎二中10年のあゆみ』香椎第二中学校PTA. 1981
【金武】	◎『稲穂 創立50周年記念』金武中学校. 1996
【警固】	◎『ぎんなん 創立参拾周年記念誌』警固中学校. 1977
【玄界】	◎『玄界 創立三十周年記念』玄界中学校. 1978
【三筑】	◎実行委員会広報部編『三筑 三筑中学校創立五十周年記念誌』三筑中学校創立50周年記念事業実行委員会. 1997
【下山門】	◎『開校記念』下山門中学校. 1987
【城西】	◎『城西 創立30周年記念号』城西中学校. 1978
【多々良】	◎多々良中央中学校ほか編『たたら』多々良中学校. 1976
【筑紫丘】	◎記念誌編集委員編『筑紫丘 創立20周年記念誌』筑紫丘中学校. 1978
【東光】	◎『東光 福岡市立東光中学校25周年記念』東光中学校. 1973
【当仁】	◎『当仁 当仁中学校創立五十周年記念誌』当仁中学校創立五十周年実行委員会. 1998
【那珂】	◎那珂中学校編『那珂 福岡市立那珂中学校創立五十周年記念誌』創立五十周年記念事業実行委員会. 2003（35年史もあり）
【長尾】	◎創立50周年記念事業実行委員会記念誌部編『福岡市立長尾中学校創立50周年記念誌』長尾中学校. 2018
【能古】	◎『福岡市立能古中学校創立50周年記念誌』能古中学校創立50周年記念実行委員会. 2001
【博多】	◎博多第一中学校PTA「あゆみ」編集部編『あゆみ 福岡市立博多第一中学校創立30周年記念誌』博多第一中学校PTA. 1977
	◎貞包征太郎編『福岡市立博多第二中学校創立30周年記念誌 燃えて博多っ子』博多第二中学校. 1978
	◎博多中学校創立記念誌編集委員会編『山笠 創立記念誌』博多中学校. 1983
	◎博多中学校編『知仁勇 福岡市立博多中学校創立二十周年記念誌』創立二十周年記念行事実行委員会. 2002（10年史もあり）
【箱崎】	◎野辺忠郎『箱崎中学校創立当時の思い出』箱崎中学校同窓会創立三十周年記念事業会. 1978
【原】	◎『創立十周年記念誌』原中学校. 1982
【春吉】	◎『はるよし 創立三十周年記念号』春吉中学校. 1977
【平尾】	◎平尾中学校編集委員会ほか編『ひらお 創立二十周年記念号』平尾中学校. 1984
【福岡】	◎『松苑 福岡市立福岡中学校生徒会誌 1978』福岡中学校. 1978
【福教大附属】	◎福岡教育大学附属福岡中学校編『大樹とならん 福岡教育大学附属福岡中学校創立三十周年記念誌』記念誌編纂委員会. 1979
【席田】	◎記念誌編集委員会編『むしろだ 創立十周年記念誌』席田中学校広報委員会. 1983
【姪浜】	◎『阿古女 創立50周年記念』姪浜中学校創立五十周年記念事業実行委員会. 1998
【百道】	◎実行委員会記念誌部編『松千歳 創立70周年記念誌』百道中学校創立70周年記念事業実行委員会. 2016（30年史もあり）

学校（公立高校等・旧制中学）

【か】	◎『創立90周年記念誌』福岡県立香椎高等学校. 2011（40、50、60、70、80年史もあり）
	◎福岡県立香椎工業高等学校五十周年記念誌編集委員会編『福岡県立香椎工業高等学校五十年記念誌～世界を変える風となれ～』福岡県立香椎工業高等学校. 2012（10、20、40年史もあり）
	◎創立30周年記念誌編集委員会編『茜に映ゆる 福岡県立香住丘高等学校創立30周年記念誌』香住丘高等学校. 2014（5、10、20年史もあり）
	◎『福岡市立勤労青年学校8年の歩み 1971』勤労青年学校. 1971
	◎『福岡県立玄洋高等学校創立三十周年記念誌』福岡県立玄洋高等学校. 2013（5、15、20年史もあり）
【さ】	◎『福岡県立早良高等学校 創立30周年記念誌』福岡県立早良高等学校. 2016
	◎修猷館二百年史編集委員会編『修猷館二百年史』修猷館二〇〇年記念事業委員会. 1985（他、記念誌等多数あり）
	◎閉課程記念事業・編集委員会編『閉課程記念誌』福岡県立修猷館高等学校定時制課程. 2000（50年史、閉課程・移設記念もあり）
	◎柴田守・飯田正朔編『城南20年誌』福岡県立城南高等学校. 1983（10年史もあり）
	◎『西陵二十年 記念誌 1975～1995』福岡市立福岡西陵高等学校. 1995（5年史もあり）
【た】	◎福岡県立筑紫丘高等学校創立90周年記念誌編集委員会編『福岡県立筑紫丘高等学校創立90周年記念誌』筑紫丘高等学校. 2018（40、50、60、70、80年史もあり）
	◎『灯火の道標 閉課程記念誌』福岡県立筑紫丘高等学校定時制課程. 2000
	◎『筑前 創立二十周年記念誌』福岡県立筑前高等学校. 1999（5、10年史もあり）
【な】	◎福岡県立西福岡高等学校創立70周年記念誌編集委員会編『創立70周年記念誌 樟風』西福岡高等学校. 1995（30、40年史もあり）
【は】	◎博多工業高等学校記念誌編集委員会編『博多工業高等学校創立50周年記念誌 写真集』福岡市立博多工業高等学校. 1990（移転落成記念、30、40年史もあり）
	◎『福岡県立柏陵高等学校創立30周年記念誌』福岡県立柏陵高等学校. 2012（10年史もあり）
	◎創立20周年記念誌編集委員会編『福岡県立博多青松高等学校創立20周年記念誌　誇りをもって明日へ』福岡県立博多青松高等学校. 2016（10年史もあり）

◎『福中福高90周年誌』福岡県立福岡高等学校. 2007（20、40、50、60、70、80年史もあり）

◎『福高讃歌』西日本新聞社. 2018

◎福岡県立福岡高等学校定時制課程閉課程記念誌『月に嘯く』編集委員会編『月に嘯く 創立七十七年の風雪を越えて』福岡高等学校. 2000（40、70年史もあり）

◎福岡県立福岡工業高等学校創立百周年記念誌編集委員会編『福岡工業高校百年史』福岡工業高等学校. 1996（60、70、80、90年史もあり）

◎『翔ばたく福商人脈 創立110周年記念誌』福岡市立福翔高等学校. 2001（70、80、100年史もあり）

◎記念誌委員会編『きらめきの星 福商定時制閉課程記念誌』福岡市立福岡商業高等学校定時制閉課程記念実行委員会. 2000

◎『創立80周年記念誌 福岡市立福岡女子高等学校』福岡女子高等学校. 2006（40、50、60、70年史もあり）

◎福岡県立福岡中央高等学校百年史委員会編『福岡中央百年史』福岡中央高等学校. 1998（20、60、80年史もあり）

学校（国公立大学・旧制高校）

【か】　◎九州大学文書館編『九州大学百年史写真集 1911-2011』九州大学百年史記念事業委員会. 2011（写真集を除く百年史本編はウェブで公開、ほか記念誌多数あり）

　　　　◎九州大学さようなら六本松誌編集委員会編『青春群像さようなら六本松 1921福高-九大2009』花書院. 2009

　　　　◎九州歯科大学創立百周年記念事業部会編『九州歯科大学百年史』九州歯科大学. 2014（50、60年史もあり）

【は】　◎作道好男・江藤武人編『あゝ玄海の浪の華 旧制高等学校物語（福岡高校編）』財界評論新社. 1969

　　　　◎福岡高等学校学而寮寮史編纂委員会編『福岡高等学校学而寮史』旧制福岡高等学校八十周年記念実行委員会. 2002

　　　　◎福岡女子大学五十年史委員会編『福岡女子大学五十年史』福岡女子大学. 1973

学校（その他私立学園史等）

【あ】　◎沖学園創立50周年記念誌編集委員会編『沖学園創立50周年記念誌 学校法人沖学園高等学校50周年隆徳館15周年』学校法人沖学園. 2006（10、30年史もあり）

【か】　◎『九州産業大学50年史 1960-2010』中村産業学園九州産業大学・九州造形短期大学. 2011（15、40年史もあり）

【さ】　◎60年史編集委員会編『先駆 創立六十年史』佐藤ビジネス専門学校. 1994

　　　　◎西南学院百年史編纂委員会編『西南学院百年史』通史編・資料編. 西南学院. 2019（50、55、58、60、70年史もあり）

【た】　◎筑紫女学園百年史編纂委員会編『筑紫女学園百年史』筑紫女学園. 2009（70、80、90年史もあり）

　　　　◎『都築育英学園十五年史』都築育英学園十五年史編集委員会. 1981

【な】　◎『中村学園50年史写真集』中村学園. 2004（20、30、高校30年史もあり）

【は】　◎東福岡学園・東福岡高等学校編『学園創立50周年記念誌 自彊不息』東福岡学園. 1996（40年史等あり）

　　　　◎『ひかり 創立十周年記念誌』福岡海星女子学院付属小学校. 1977

　　　　◎記念誌編集委員会編『ふれあい 創立五十周年記念誌』福岡文化学園. 1991

　　　　◎福岡女学院125年史編集委員会編『福岡女学院125年史 1885～2010』福岡女学院. 2011（50、75、80、85、90、95、100、105年史等もあり）

　　　　◎福岡大学75年史編纂委員会編『福岡大学75年の歩み』写真・年表編、資料編、事典編. 福岡大学. 2009-2014（25、35、50年史もあり）

　　　　◎福岡大学附属大濠高等学校三十五周年記念史編纂委員会編『三十五年のあゆみ』福岡大学附属大濠高等学校. 1984（25年史もあり）

　　　　◎『福岡歯科大学40年史』福岡歯科大学. 2012（10、20、30年史もあり）

　　　　◎福岡双葉学園創立50周年記念誌編集委員会編『創立五十周年記念誌』福岡双葉学園. 1983

教育

◎『福岡県教育会五十年史』福岡県教育会. 1939

◎福岡市学校教育百年誌編さん委員会編『福岡市学校教育百年誌』福岡市教育委員会. 1977

◎『福岡県教育百年史』1-7. 福岡県教育委員会. 1977-1980

◎福岡県教職員組合編『福岡県教組30年史』葦書房. 1982

◎『福岡市立高教組三十年史』福岡市立高等学校教職員組合. 1983（20年史もあり）

◎『福岡の校歌』定直泰雄. 1989

◎創立80周年記念事業記念誌部会編『日本ボーイスカウト福岡県連盟創立80周年記念誌』日本ボーイスカウト福岡県連盟. 2006（20、60年史もあり）

◎『福岡県の学校給食のあゆみ 公益財団法人移行記念誌』福岡県学校給食会. 2012

◎『市民の学び・協働・創造 福岡市公民館60年のあゆみ』福岡・社会教育研究会. 2014（40年史もあり）

◎石瀧豊美『黒田奨学会の歩み百年史』黒田奨学会. 2015（80年史もあり）

◎『福岡県立図書館開館100周年記念誌』福岡県立図書館. 2019

警察・消防・災害

【警察】

◎『福岡県警察史』明治年代編、明治大正編、昭和前・後編. 警察協会福岡支部福岡県警察本部. 1942-1993

◎福岡県警察20年の歩み編さん委員会編『福岡県警20年のあゆみ』福岡県警察本部. 1974

◎夕刊フクニチ新聞社編『福岡犯罪50年史』戦前編、戦後編. 葦書房. 1975・1976

◎福岡県警察史編さん室編『激流の百年』福岡県警察本部. 1976

◎読売新聞西部本部社会部『激動の一世紀 福岡県警の百年』プランニング秀巧社. 1979

◎加治屋知暁、警友会史編集委員会編『福岡県警友会三十五年史』福岡県警友会. 1986

◎『博多駅 鉄警隊の微笑・苦笑物語』正・続巻. 福岡県警察鉄道警察隊. 1993・1994

◎フクオカ犯罪史研究会『実録・福岡の犯罪』上・下巻. 葦書房. 1993

◎福岡更生保護史編集委員会編『福岡更生保護五十年史 更生保護制度施行50年記念』福岡県更生保護協会. 2000

【消防】

◎『三宅・三宅東消防史』旧三宅消防史編集委員会. 1999

◎井上雅寶監修、箱島康男編著『博多火消乃華』福岡市博多消防団. 2004

◎『福岡市消防年報 令和元年版』福岡市消防局総務部総務課. 2020(1961-)

【災害】

◎『福岡地方における水害情報の蓄積伝播の研究』九州経済調査協会. 1986

◎『福岡の気象百年 創立百周年記念』福岡管区気象台. 1990

◎『福岡県災異誌』1-3. 福岡県立図書館. 1991

◎立石イワオ編『福岡県近世災異誌』同刊行会. 1992

◎『福岡沖地震 2005年3月20日午前10時53分』西日本新聞社. 2005

◎『2005年福岡県西方沖地震災害調査報告』日本建築学会. 2005

◎福岡県総務部消防防災安全課編『福岡県西方沖地震震災対応調査点検委員会報告書』福岡県. 2005

◎『島だより 福岡県西方沖地震被災者の早期復興を願って』読売新聞西部本社. 2005

◎『地震、そのとき博物館は 福岡県西方沖地震における県内博物館の被災に関する報告書2005』福岡県博物館協会. 2006

◎『福岡県西方沖地震から学ぶプロジェクト report 2005』Fukuokaデザインリーグ. 2006

◎『福岡県西方沖地震から一年 記録誌』福岡市地震災害復旧・復興本部. 2006

◎『福岡県西方沖地震記録誌 20年版』福岡市地震災害復旧・復興本部. 2008

◎髙橋和雄『玄界島の震災復興に学ぶ 2005年福岡県西方沖地震』古今書院. 2016

◎二見龍『自衛隊最強の部隊へ―災害派遣編 地震発生! 玄界島へ出動せよ!』誠文堂新光社. 2011

医療

◎奥村武『福岡医学歴史散歩』福岡市医師会. [出版年不明]

◎『福岡逓信病院三十年史』福岡逓信病院. 1976

◎『福岡の国保六十年史 国民健康保険法施行60周年』福岡県国民健康保険団体連合会. 1999(40、50年史もあり)

◎『国立福岡中央病院20年史 1963〜1983』国立福岡中央病院. 1983(10年史もあり)

◎国立病院九州がんセンター十周年記念誌編集委員会編『国立病院九州がんセンター十周年記念誌 1972〜1981』国立病院九州がんセンター. 1983

◎浜の町病院編『浜の町病院三十年誌 1984』浜の町病院. 1984(20年史もあり)

◎『国立福岡中央病院附属看護学校40周年記念誌』国立福岡中央病院附属看護学校. 1987(30年史もあり)

◎六十周年記念事業特別委員会編『福岡市歯科医師会六十年史』福岡市歯科医師会. 1990

◎『今津赤十字病院60年史』今津赤十字病院. 1991

◎福岡市医師会学校心臓検診部編集委員会編『福岡市学校心臓検診20年記念誌』福岡市医師会. 1995(10年史もあり)

◎福岡市学校精神保健協議会編集委員会編『福岡市学校精神保健協議会10周年記念誌』福岡市医師会. 1995

◎『福岡市医師会勤務医会創立25周年記念誌』福岡市医師会勤務医会. 1998

◎日本赤十字社編『日本赤十字社福岡県支部創設110周年記念誌』日本赤十字社福岡県支部. 1999(90、100年史もあり)

◎「済生会福岡総合病院八十周年記念誌」編集委員会編『済生会福岡総合病院八十周年記念誌』済生会支部福岡県済生会福岡総合病院. 1999

◎『50年のみちすじ 創立五十周年記念誌』福岡県放射線技師会. 1999

◎『がん征圧 昨日今日明日 創立40周年記念誌』福岡県対ガン協会. 2000(25、30年史もあり)

◎『訪問看護ステーションのあゆみ 1994〜2000』福岡市医師会. 2001

◎『日母からの五十年 福岡県産婦人科医会創立50周年記念誌』福岡県産婦人科医会. 2004

◎福岡市医師会成人病センター編『軌跡 福岡市医師会成人病センター創立50周年記念誌』福岡市医師会, 2014（30、40年史もあり）
◎福岡市医師会乳幼児保健委員会編『福岡市医師会方式乳幼児健診20周年記念誌 福岡レポート2009』福岡市医師会, 2009（10年史もあり）
◎『その先へ飛躍 社団法人福岡県看護協会70周年記念誌』福岡県看護協会, 2017（40、50、60年史もあり）
◎福岡市医師会医師会史編集会議編『福岡市医師会史 2007～2017』福岡市医師会, 2019（他、周年史あり）
◎『健やかな成長を願って 20周年記念誌』福岡市立こども病院・感染症センター, 2002（10年史もあり）
◎『看護のあゆみ』九州大学病院看護部, 2010

福祉

◎『教育の谷間　ぼくたちにも学校がほしい』大濠養護学校緑園分校, 1972
◎『40年のあしあと』福岡県立百道松風園, 1988
◎いしがのぶこ文、むらせかずえ絵『聖福寮の子どもたち』石風社, 1989
◎福岡市社会福祉事業団編『福岡市立心身障害福祉センター（あいあいセンター）開設10周年記念誌』福岡市社会福祉事業団, 1990
◎福岡市社会福祉事業団編『20年のあゆみ　設立20周年記念誌』福岡市社会福祉事業団, 1993
◎『創立50周年記念会史』福岡市母子福祉会, 2000
◎福岡市保育協会編纂委員会編『福岡市保育のあゆみ』1・2, 福岡市保育協会, 1987・2000
◎『シルバー連合会ふくおか10年の歩み 設立10周年記念誌』福岡県シルバー人材センター連合会, 2006
◎『福岡ろう史』福岡県聴覚障害者協会, 2009
◎『今津福祉村の歩み 結成40周年記念誌』今津福祉村, 2011（10、15、20、30年史もあり）
◎『福岡市老人クラブ連合会50年のあゆみ 愛称ふくふくクラブ福岡』福岡市老人クラブ連合会, 2013

電気・ガス・上下水道・ごみ

【電気】
◎東邦電力編、渡辺彌一校訂『九電鉄二十六年史』東邦電力, 1923
◎桜井賢三著『九州水力電気株式会社二十年沿革史』九州水力電気, 1933
◎『電気協会九州支部二十年史』電気協会九州支部, 1944
◎『九州配電株式会社十年史』九州配電株式会社清算事務所, 1952
◎東邦電力史編纂委員会編『東邦電力史』同刊行会, 1962
◎九電工50周年記念事業推進室編『九電工50年史』1・2, 九電工, 1995（20年史もあり）
◎九州電力60年史編集事務局編『九州電力60年史』九州電力, 2012（5、10、30、50年史、福岡支店40年史もあり）

【ガス】
◎西部瓦斯株式会社史編纂委員会編『西部瓦斯株式会社史』本編・資料編, 西部瓦斯, 1982（40年史もあり）
◎西部ガスエネルギー50年史刊行・編集委員会編『西部ガスエネルギー株式会社50年史』西部ガスエネルギー, 2001

【上水道】
◎『組合のあゆみ』福岡市管工事協同組合, 1970
◎『福岡市水道七十年史』福岡市水道局, 1994（50、60年史あり）
◎企業団30年史編集委員会編『企業団30年の歩み』福岡地区水道企業団, 2004

【下水道】
◎『福岡市の下水道（令和2年度版）』福岡市道路下水道局計画部下水道事業調整課, 2020（1971-）

【ごみ】
◎『環境美化と共に歩む』福岡市環境事業協会, 1985
◎『福岡市環境事業史』福岡市環境局, 2005

交通

【全般・歴史】
◎木下良監修、武部健一『山陰道・山陽道・南海道・西海道』完全踏査 続古代の道, 吉川弘文館, 2005
◎金田章裕・木下良・立石友男・井村博宣編『地図でみる西日本の古代―律令制下の陸海交通・条里・史跡―』日本大学文理学部叢書, 平凡社, 2009
◎『街道と宿場町』アクロス福岡文化誌1, アクロス福岡文化誌編纂委員会, 2007
◎西日本シティ銀行ほか編『アジアゲートウェイとしてのFUKUOKA』海鳥社, 2016

【道路】

◎『福岡市土木史 福岡市の道路の歩み』福岡市土木局，2006
◎福岡北九州高速道路40年史編集委員会編『福岡北九州高速道路公社40年史』福岡北九州高速道路公社，2012（10、20、30年史もあり）

【鉄道】

◎原田種夫『博多ステーションビル〈と・その名店〉』ジャパン・コンサルタント・ルーム，1964
◎『九州鉄道会社史料集 明治百年記念』鶴久二郎，1967
◎『博多駅史85年のあゆみ』博多駅85年史編纂委員会，1977（65年史もあり）
◎西日本鉄道株式会社監修『チンチン電車の思い出 福岡市内電車六九年の歴史』歴史図書社，1980
◎博多ステーションビル30年史委員会編『株式会社博多ステーションビル30年史』博多ステーションビル，1991（10、20年史もあり）
◎『福岡市高速鉄道建設史』福岡市交通局，1990
◎『福岡市高速鉄道博多・福岡空港間建設史』福岡市交通局，1995
◎平山公男『博多チンチン電車物語』葦書房，1999
◎福岡市交通局監修『公共交通機関のユニバーサルデザイン 福岡市営地下鉄七隈線トータルデザイン10年の記録』日本サインデザイン協会，2005
◎『七隈線建設史』福岡市交通局，2007
◎西日本鉄道株式会社100年史編纂委員会編『西日本鉄道百年史』西日本鉄道株式会社，2008（70年史、100年史ダイジェスト版もあり）
◎西日本鉄道株式会社110年史編纂委員会編『創立110周年記念誌「まちとともに、新たな時代へ」』西日本鉄道，2020（電子ブック）
◎樋口庄造『旧国鉄筑肥線そこに駅があった』西日本新聞社，2015
◎『JR九州30年史 1987〜2017』九州旅客鉄道，2017（10、20年史もあり）

【港湾】

◎福岡市港湾局編『博多港の歩み』福岡市役所，1969
◎福岡市港湾局編『博多港史 開港百周年記念』福岡市，2000

【空港】

◎西日本空輸創立15年史編集会編『西日本空輸株式会社創立15年史』西日本空輸，1969
◎杉山均編『福岡雁の巣飛行場開設六十周年記念誌 雁の巣』九州三路会，1996
◎福岡航空交通管制部30周年記念事業実行委員会編『ふっかん30年の歩み 福岡航空交通管制部30年史』日交西部本社，1996
◎『福岡空港地主組合50年史 あゆみ』福岡空港地主組合，1997
◎福岡空港ビルディング株式会社地域・広報部編『福岡空港ビルディング50年の歩み』福岡空港ビルディング，2017（10、20、30、40年史もあり）

産 業 （ 全 般 ）

◎『わが社の社是・社訓』経営資料1，福岡商工会議所，1965
◎『福岡商工会議所100年のあゆみ』福岡商工会議所，1979
◎『福岡商工会議所百年史』福岡商工会議所，1982（博多商工会議所50年史もあり）
◎西日本新聞社ほか編『福岡天神都心界五十年の歩み』都心界，1999（25、40年史もあり）
◎『福岡経済同友会70年史』福岡経済同友会，2018（5、20、30、50年史もあり）
◎『九経調70年のあゆみ 九州・沖縄・山口とともに』九州経済調査協会，2018（3、5、10、50年史もあり）

産 業 （ 農 ・ 林 ・ 水 産 ）

◎『筑豊沿海志 大典記念』筑豊水産組合，1917
◎『農業関係碑誌集録』福岡県立農業試験場，1974
◎『福岡県酪農史』福岡県酪農業協同組合連合会，1976
◎『福岡県立農業試験場百年史』福岡県立農業試験場，1979（80年史もあり）
◎矢野弘編『福岡県農業百年のあゆみ 農業統計100年累年表』福岡県自治体問題研究所，1984
◎『福岡市木材協同組合のあゆみ』福岡市木材協同組合，1985
◎『福岡県農協共済三十年史』福岡県共済農業協同組合連合会，1986（10、20年史もあり）
◎『福岡県購販連史』福岡県購買販売農業協同組合連合会，1988
◎『福岡県立農業試験場思い出の記 昭和14年〜56年 跡地の碑建立記念』福岡県立農業試験場，1995
◎福岡県筑前海沿岸漁業振興協会編『福岡市漁村史』福岡市漁業協同組合，1998
◎福岡市農業協同組合総合企画課『福岡市農業協同組合40年史』福岡市農業協同組合，2003（20、30年史もあり）
◎展覧会図録『ドンザ 知られざる海の刺し子展』福岡市博物館，2005

◎三井田恒博編著『近代福岡県漁業史 1878-1950』海鳥社, 2006
◎JA福岡市東部総合企画室編『JA福岡市東部創立50周年記念誌』JA福岡市東部, 2014

産業（製造・建設・倉庫）

◎沿革史編纂委員会編『福岡県建設業協会沿革史 協会五十周年記念』福岡県建設業協会, 1961
◎組合設立三十年史編集委員会編『設立三十周年史』福岡印刷工業協同組合, 1982（10年史もあり）
◎図書出版海鳥社『岩崎建設百参拾年史』岩崎建設, 1998（100、110年史もあり）
◎『九州地方建設局五十年史』建設省九州地方建設局, 1998
◎『福岡倉庫株式会社50年史』福岡倉庫, 1998
◎『夢、限りなく 発明協会福岡県支部創立50周年記念誌』発明協会福岡県支部, 2000
◎山村信榮『博多人形沿革史抄』江戸時代編, 博多人形商工業協同組合, 2000
◎『博多人形沿革史』博多人形商工業協同組合, 2001
◎記念誌編集委員会編『福岡県印刷工業組合創立50周年記念誌』福岡県印刷工業組合, 2006（30年史もあり）
◎『西日本新聞印刷40年史』西日本新聞印刷, 2007
◎武野要子監修『博多織史』博多織工業組合, 2008
◎『五十年のあゆみ』九州めっき工業組合, 2015（30年史もあり）

産業（食品製造・飲食店）

◎『福岡県鮨業界名簿』福岡市寿司商業組合, 1955
◎橋詰武生編『福岡県酒造組合沿革史』福岡県酒造組合, 1957
◎ベーカータイムズ社九州支社編『福岡県パン業界のあゆみ』福岡県文化会館, 1973
◎福岡県醤油醸造協同組合ほか編『福岡県醤油組合七十年史』福岡県醤油工業協同組合, 1979
◎『和菓子発祥の地ふくおか五十年』福岡県菓子工業組合, 1990
◎『福岡県蒲鉾史 創立50周年記念』福岡県蒲鉾組合連合会, 1992
◎『還輝 福岡県味噌工業協同組合創立60周年記念誌』福岡県味噌工業協同組合, 2000
◎『福岡市パン組合史 パン発達史 福岡市パン協同組合創立50周年記念』福岡市パン協同組合, 2002
◎『ふくや70周年史 1948→2017』ふくや社史編纂室, 2017

産業（卸売・小売）

◎松本治彦『井筒屋三十年史』井筒屋, 1965
◎『福岡花市場50年のあゆみ』福岡県花卉園芸農業協同組合, 1981（40年史もあり）
◎因幡町商店街35年史編集委員会編『因幡町商店街35年史』天神ビブレ商店会, 1984
◎福岡和服裁縫組合ほか編『福岡和裁界60年の歩み』日本和裁士会福岡県支部, 1985
◎三森屋50年史編集委員会・西日本新聞社編『いつも、そこに人がいた 三森屋50年の歩み』三森屋, 1997
◎福岡中央魚市場株式会社五十周年記念行事推進委員会編『福岡中央魚市場株式会社五十年史 人の暮らしのあるところ、魚がある』福岡中央魚市場, 1999
◎『大橋商店街連盟五十年のあゆみ』大橋商店街連盟, 2001
◎福岡魚市場40年史編纂委員会編『株式会社福岡魚市場40年史』福岡魚市場, 2003
◎『福岡古書組合七十五年史』福岡市古書籍商組合, 2003
◎『福岡市中央卸売市場50周年記念誌 飛翔』福岡市中央卸売市場開設50周年記念事業実行委員会, 2005（10、20年史もあり）
◎新天町60年史編集委員会編『新天町60年史』新天町商店街公社, 2006（20、40年史もあり）
◎『天神地下街30年の歩み』福岡地下街開発, 2006
◎金文会百周年実行委員会編『金文会百年史 一筋の長い道』金文会, 2014（60、80年史もあり）
◎80周年記念誌編集部編『「岩田屋」天神開店80周年記念誌』岩田屋三越, 2016（20、30、50年史もあり）
◎『福貿会60年のあゆみ 2009-2018』福岡貿易会, 2018（50年史もあり）

産業（金融）

◎福岡相互銀行企画部編『50年のあゆみ』福岡相互銀行, 1974（40年史もあり）
◎『福岡証券取引所30年史』福岡証券取引所, 1979（10年史もあり）
◎『福岡銀行年表 創立50周年記念』福岡銀行, 1995（20年史もあり）

◎西日本金融制度研究会編『西日本銀行五十年史』西日本銀行, 1995（10、20、30、40年史もあり）
◎西日本シティ銀行合併史編纂委員会編『西日本シティ銀行誕生への道のり 合併は何故成功したか』西日本シティ銀行, 2012

産 業（情 報 通 信）

◎『福岡電話60年史』福岡電話局, 1962
◎『西広二十年史』西広, 1970（10年史もあり）
◎西部本社五十年史編集委員会編『毎日新聞西部本社五十年史』毎日新聞西部本社, 1973
◎読売新聞社編『読売新聞西部20年のあゆみ』読売新聞西部本社, 1984（10年史もあり）
◎『朝日新聞西部本社五十年史』朝日新聞西部本社五十年史編修委員会, 1985
◎九州広告業協会三十五年史編集委員会編『九州広告業協会35年史』九州広告業協会, 1993
◎『NHK福岡放送局開局70周年記念 1930～2000年の記録』NHK福岡支局, 2000（50年史等もあり）
NHK福岡を語る会編『博多放送物語 秘話でつづるLKの昭和史』海鳥社, 2002
◎九州朝日放送50周年記念事業委員会編『九州朝日放送50年史』本編、資料編, 九州朝日放送, 2004（30年史もあり）
◎テレビ西日本50年史編纂室編『テレビ西日本開局50年史 おっ!? テレ西』テレビ西日本, 2008（10年史もあり）
◎RKB毎日放送株式会社60年史編纂委員会編『RKB50～60年史 アナログからデジタルへ』RKB毎日放送, 2011（10、20、30、40、50年史もあり）
◎TVQ社史編纂委員会編『TVQ九州放送20年史』TVQ九州放送, 2011（15年史もあり）
◎『西日本新聞140年史』西日本新聞社, 2017（75、100、120、130年史等もあり）
◎福岡放送50年史編纂委員会編『福岡放送50年史』福岡放送, 2019（30年史もあり）

戦 争・引 揚・復 興

◎博多引揚援護局局史係編『局史』厚生省引揚援護院, 1947
◎落石栄吉『戦後博多復興史』同刊行会, 1967
◎『福岡の空襲 市民の手で綴る福岡の戦災誌』第1集, 福岡空襲を記録する会, 1975
◎『福岡大空襲 改訂』西日本新聞社, 1978
◎『私の8月15日―その日私は―平尾大学生の手記』平尾公民館, 1978
◎『戦争を語る』戦争体験談集 第1集, 脇山小学校平和教育委員会, 1983
◎『火の雨が降った 6・19福岡大空襲』福岡空襲を記録する会, 1986
◎引揚げ港・博多を考える集い編集委員会編『戦後50年引揚げを憶う アジアの友好と平和を求めて』引揚げ港・博多を考える集い, 1995
◎『平和を祈って戦争体験を伝える 戦後五十年』福岡市老人クラブ連合会, 1997
◎アメリカ戦略爆撃調査団聴取書を読む会編『福岡空襲とアメリカ軍調査 アメリカ戦略爆撃調査団聴取書を読む』海鳥社, 1998
◎木村秀明編『米軍が写した終戦直後の福岡県』引揚げ港・博多を考える集い編集委員会, 1999
◎『博多港よ 「博多港引揚懇親会」アンケート集』引揚港・博多を考える集い, 2000
◎『福岡大空襲60周年 語りつぎ―6.19平和のための福岡女性のつどい』福岡女性団体交流会, 2005
◎福岡県傷痍軍人会創立五十五周年記念誌編集委員会編集『昭和に生きて 福岡県傷痍軍人会 創立五十五周年記念誌』福岡県傷痍軍人会, 2008
◎戦争体験証言集編集委員会編『戦争体験証言集・今、語り伝えたい…』飯倉校区人権尊重推進協議会, 2009
◎川口勝彦・首藤卓茂『福岡の戦争遺跡を歩く』海鳥社, 2010
◎高杉志緒『日本に引揚げた人々 博多港引揚者援護者聞書』図書出版のぶ工房, 2011
◎引揚げ港・博多を考える集い監修『博多港引揚』図書出版のぶ工房, 2011
◎川口勝彦『福岡大空襲を語り継いで』川口勝彦先生追悼遺稿集刊行会, 2011
◎『福岡大空襲の思い出』大名国民学校昭和二十年卒業生, 2012
◎引揚げ港・博多を考える集い編『あれから七十年 博多港引揚を考える』図書出版のぶ工房, 2017
◎引揚げ港・博多を考える集い編『あれから七十三年 十五人の戦後引揚体験記』図書出版のぶ工房, 2018
◎引揚げ港・博多を考える集い編『あれから七十五年 戦後引揚と援護、二十三人の体験記 旧満州と朝鮮半島引揚十三話、援護ほか十一話』図書出版のぶ工房, 2020

宗 教

◎広渡正利編『博多承天寺史』文献出版, 1977
◎福岡中部教会百年史編集委員会編集『日本基督教団福岡中部教会百年史』日本基督教団福岡中部教会, 1985（70、80年史もあり）
◎大名町教会史編集委員会編『大名町教会百年史 1887～1986』大名町カトリック教会, 1986
◎大日本神祇会福岡県支部編『福岡県神社誌』上・中・下巻, 防長史料出版社, 1988
◎日本聖公会福岡教会百年史編集委員会編『日本聖公会福岡教会百年史 1885-1985』日本聖公会福岡教会, 1989

◎広渡正利編『博多承天寺史補遺』文献出版, 1990
◎展覧会図録『博多禅 日本禅宗文化の発生と展開』福岡市博物館, 1991
◎広渡正利編『石城遺寶』文献出版, 1991
◎広渡正利『筑前一之宮 住吉神社史』文献出版, 1996
◎広渡正利『香椎宮史』文献出版, 1997
◎福岡YWCA50年史編集委員会編『玄海に虹かけて 福岡YWCA50年史』福岡YWCA, 1998（40年史もあり）
◎広渡正利『筥崎宮史』文献出版, 1999
◎展覧会図録『空海と九州のみほとけ』福岡市博物館, 2006
◎福岡YMCA史編集委員会編『福岡におけるYMCA100年の歩み』福岡YMCA, 2011
◎アクロス福岡文化誌編纂委員会編『福岡県の神社』アクロス福岡文化誌1, アクロス福岡, 2012
◎展覧会図録『博多聖福寺 日本最初の禅寺』日本最初の禅寺博多・聖福寺展実行委員会, 2013
◎アクロス福岡文化誌編纂委員会編『福岡県の仏像』アクロス福岡文化誌8, アクロス福岡, 2014
◎展覧会図録『九州仏』福岡市博物館, 2014
◎展覧会図録『浄土九州』福岡市博物館, 2018

祭礼

◎『博多祇園山笠今昔物語』博多祇園山笠振興期成会, 1952
◎落石栄吉『博多祇園山笠史談』博多祇園山笠振興会, 1961
◎『博多山笠記録』博多祇園山笠振興会, 1975
◎『博多山笠記録』（巻之壱 増補改訂版）中西正則, 2001
◎『福岡の祭り』アクロス福岡文化誌4, アクロス福岡文化誌編纂委員会, 2010
◎福岡市民の祭り振興会50周年記念誌委員会編『博多どんたく港まつり 福岡市民の祭り50周年史』福岡市民の祭り振興会, 2011（40年史もあり）
◎保坂晃孝監修, 福岡市博物館ほか編『博多祇園山笠大全』西日本新聞社, 2013
◎『博多祇園山笠振興会六十年史』博多祇園山笠振興会, 2014（40, 50年史もあり）
◎『博多松ばやし調査報告書』福岡文化財叢書第6集, 福岡市, 2020

催事

◎『記念写真帖 第13回 九州沖縄八県聯合共進会』福岡県協賛会, 1910
◎『東亜勧業博覧会誌』東亜勧業博覧会, 1928
◎『博多築港記念大博覧会誌』博多築港記念大博覧会, 1937
◎西日本新聞社編集局編『福岡大博覧会 明日をつくる科学と産業』福岡大博覧会事務局, 1966
◎『ふくおか'82大博覧会ガイドブック』ふくおか'82大博覧会事務局, 1982
◎西日本新聞社ほか編『アジア太平洋博覧会福岡―'89 公式記録』アジア太平洋博覧会協会, 1990
◎西日本新聞社編『熱く燃えた夏福岡 第18回ユニバーシアード大会1995福岡公式報告書』1995年ユニバーシアード福岡大会組織委員会, 1996
◎『アイランド花どんたく公式記録 第22回全国都市緑化ふくおかフェア』第22回全国都市緑化ふくおかフェア実行委員会, 2006
◎『大濠美術館ものがたり 昭和2年福岡、東亜勧業博覧会開幕。』福岡市美術館, 2007

スポーツ

◎『福岡溜会30年史』福岡溜会, 1986
◎福岡カンツリー倶楽部和白40年史刊行小委員会編『和白40年史』福岡カンツリー倶楽部, 1993（30年史もあり）
◎『玉竜旗70年史 玉竜旗高校剣道大会記念誌』西日本新聞社, 1997
◎『金鷲旗70年史 金鷲旗高校柔道大会記念誌』西日本新聞社, 1997
◎『福岡県体育会50年史』福岡県体育協会, 1997
◎福岡国際マラソン選手権大会50年史編集会編『福岡国際マラソン50年史』福岡国際マラソン選手権大会組織委員会, 1997
◎『福岡県サッカーの歩み 福岡県サッカー協会創立50周年記念誌』福岡県サッカー協会, 1999
◎『福岡市ソフトボール協会創立50周年記念誌』福岡市ソフトボール協会創立50周年実行委員会, 2002
◎『福岡市体育協会50年史』福岡市体育協会, 2011（20, 40年史もあり）
◎『ホークス80年史 南海、ダイエー、ソフトバンクー時代を超えたホークス全史』1・2, ベースボール・マガジン社, 2018（他に年史多数あり）
◎『ライオンズ70年史 1951-2020』ベースボール・マガジン社, 2020（他に年史多数あり）

文化

【ことば・風俗】

◎原田種夫『博多方言』（複製）全国方言集成,国書刊行会,1975

◎江頭光『博多人情 ことわざ百科』西日本新聞社,1976

◎波多江五兵衛『冠婚葬祭博多のしきたり』西日本新聞社,1976

◎御田酔月『はだかにわか 博多仁和加集』福岡事業広告社,1984

◎松井喜久雄 文、西島伊佐雄 さし絵『博多方言』松井喜久雄,1997

【文学・民話】

◎佐々木滋寛編『筑前の伝説』九州土俗研究会,1936

◎大石実編『福岡県の文学碑』古典編、近・現代編,海鳥社,1999・2005

◎鶴陽会福岡支会編著『福岡市に伝わるむかし話』鶴陽会福岡支会,2002

◎副田虎王一『樋井川の民話』1-3,副田虎王一,2004

◎青木晃編『福岡地区の史跡と民話』1-7,郷土史学習運営委員会,2007~2011

◎さわら魅力づくり推進委員会文章、相原啓一絵『さわら昔ばなし』さわら魅力づくり推進委員会,2009

【劇場】

◎川添末子『博多座 明治・大正・昭和の歴史』文芸社,2001

◎『博多・劇場五〇年のあゆみ』1・2,福岡市興行協会,1972・2003

◎『博多座十年誌』博多座,2009（5年史もあり）

◎草場隆『博多座誕生物語―元専務が明かす舞台裏』花乱社,2011

◎『福岡市民劇場創立五十周年記念誌 1961~2011』福岡市民劇場,2011（30年史もあり）

【音楽】

◎『九大フィルハーモニー・オーケストラ50年史 1909-1959』九大フィルハーモニー会,1963（60、70、80、90、100年史もあり）

◎『学校法人福岡音楽学院二十五年誌』福岡音楽学院,1982（20年史もある）

◎田代俊一郎『福岡音楽散歩 ライブハウスの人々』書肆侃侃房,2009

◎『九州交響楽団60年史』九州交響楽団,2014（20、30、50年史もあり）

◎田代俊一郎『博多ロック外伝』INSIDEOUT,2016

【映像・映画】

◎能間義弘『図説福岡県映画史発掘』戦前篇,国書刊行会,1984

◎『福岡映像史』福岡市美術館,1992

◎「Back to the movies」編集部編『バック・トゥ・ザ・ムービーズ 福岡市の映画と映画館100年の歩み』葦書房,1995

◎能間義弘『福岡博多映画百年 映画と映画館の興亡史話』今村書店サンクリエイト,2003

【国際】

◎福岡アメリカ・センター40年展実行委員会編『福岡アメリカ・センター40年』福岡日米協会,1993

◎『福岡ユネスコ協会50年の歩み』福岡ユネスコ協会,1997（55年史もあり）

◎島村恭則『〈生きる方法〉の民俗誌 朝鮮系住民集住地域の民俗学的研究』関西学院大学研究叢書第132編,関西学院大学出版会,2010

◎『福岡韓国民団70年史』在日本大韓民国民団福岡県地方本部,2016

【その他】

◎『福岡文化連盟三〇年史』福岡文化連盟,1995

◎岡本顕実編著『松樹千年翠 海辺に愛を植える女たち』はかた夢松原の会,1997

◎福岡市美術館編『福岡美術戦後物語 ふるさと美術誌―福岡市を中心に』福岡美術戦後物語実行委員会,1998

◎江頭光『「博多」の旗を振りながら 西島伊佐雄と博多町人文化連盟の二十五年』かたりべ文庫,2000

◎『ふるさとの食』アクロス福岡文化誌2,アクロス福岡文化誌編纂委員会,2008

◎九州コミュニティ研究所編『博多灯明100万灯へのあゆみ』博多灯明ウォッチング記念誌発行委員会,2017

◎武田義明『風の街福岡デザイン史点描』花乱社,2017

歴史

【全般】

◎福岡大学人文学部歴史学科編著『歴史はおもしろい 12のテーマで読み解く、高校生のための歴史学入門』西日本新聞社,2006

◎福岡大学人文学部歴史学科編著『歴史はもっとおもしろい 歴史学入門12のアプローチ』西日本新聞社,2009

◎『部落解放史ふくおか』（現『リベラシオン』）福岡部落史研究会（現:福岡県部落解放・人権研究所）,1975-

【先史】
◎展覧会図録『縄文時代展』福岡市博物館1995
◎展覧会図録『弥生人のタイムカプセル』福岡市博物館1998
◎小林茂・磯望・佐伯弘次・髙倉洋彰編『福岡平野の古環境と遺跡立地―環境としての遺跡との共存のために』九州大学出版会, 1998
◎小田富士雄編『九州考古学散歩』学生社, 2000
◎常松幹雄『最古の王墓・吉武高木遺跡』シリーズ「遺跡を学ぶ」24, 新泉社, 2006
◎山崎純男『最古の農村・板付遺跡』シリーズ「遺跡を学ぶ」48, 新泉社, 2008
◎展覧会図録『新・奴国展 ふくおか創世記』福岡市博物館, 2015

【古代】
◎中山平次郎『古代乃博多』九州大学出版会, 1984
◎朝日新聞福岡本部編『鴻臚館の時代』はかた学1, 葦書房, 1989
◎朝日新聞福岡本部編『古代の都市博多』はかた学2, 葦書房, 1989
◎朝日新聞福岡本部編『海が語る古代交流』はかた学3, 葦書房, 1990
◎髙倉洋彰・磯望・小林茂・石松好雄・長洋一編『太宰府市史 通史編』1, 太宰府市, 2005
◎川添昭二監修, 重松敏彦編『大宰府古代史年表』吉川弘文館, 2007
◎『古代の福岡』アクロス福岡文化誌3, アクロス福岡文化誌編纂委員会, 2009
◎杉原敏之『遠の朝廷・大宰府』シリーズ「遺跡を学ぶ」78, 新泉社, 2011
◎柳沢一男『筑紫君磐井と「磐井の乱」・岩戸山古墳』シリーズ「遺跡を学ぶ」94, 新泉社, 2014
◎平田寛『九州美術史年表』古代・中世篇, 九州大学出版会, 2001
◎展覧会図録『よみがえれ! 鴻臚館』福岡市博物館, 2017

【中世】
◎小松茂美編『日本絵巻大成14 蒙古襲来絵詞』中央公論社, 1978
◎川添昭二編『九州中世史研究』1-3, 文献出版, 1978-1982
◎川添昭二『中世九州の政治と文化』文献出版, 1981
◎朝日新聞福岡本部編『甦る中世の博多』はかた学4, 葦書房, 1990
◎展覧会図録『大航海時代と博多 福岡市博物館開館記念展』福岡市博物館, 1990
◎展覧会図録『堺と博多展 よみがえる黄金の日々』福岡市博物館, 1992
◎展覧会図録『嶋井宗室展 博多の豪商』福岡市博物館, 1997
◎伊藤幸司『中世日本の外交と禅宗』吉川弘文館, 2002
◎川添昭二『中世九州の政治・文化史』海鳥社, 2003
◎展覧会図録『チャイナタウン展 もうひとつの日本史−博多・那覇・長崎・横浜・神戸−』福岡市博物館, 2003
◎大庭康時・佐伯弘次・菅波正人・田上勇一郎編『中世都市・博多を掘る』海鳥社, 2008
◎大庭康時『中世日本最大の貿易都市・博多遺跡群』新泉社, 2009
◎展覧会図録『栄西と中世博多展』福岡市博物館, 2010
◎小島毅監修, 中島楽章・伊藤幸司編『寧波と博多』汲古書院, 2013
◎大内氏歴史文化研究会編『大内氏の世界をさぐる 室町戦国日本の覇者』勉誠出版, 2019
◎川添昭二『中世・近世博多史論』海鳥社, 2008

【近世以降】
◎川添昭二・福岡古文書を読む会『新訂黒田家譜』1-7文献出版, 1983-1987
◎由比章祐『筑前西郡史』I・II幕末編, 福岡地方史研究会, 1980・1981
◎安川巌『物語福岡藩史』文献出版, 1985
◎朝日新聞福岡本部編『江戸の博多と町方衆』はかた学5, 葦書房, 1995
◎朝日新聞福岡本部編『博多町人と学者の森』はかた学6, 葦書房, 1996
◎朝日新聞福岡本部編『福岡城物語』はかた学7, 葦書房, 1996
◎展覧会図録『玄界灘の江戸時代』福岡市博物館1997
◎福岡地方史研究会編『福岡藩分限帳集成』海鳥社, 1999
◎展覧会図録『黒田家 その歴史と名宝展』福岡市博物館, 2002
◎展覧会図録『黒田長政と二十四騎』福岡市博物館, 2008
◎『福岡県の名城』アクロス福岡文化誌7, アクロス福岡文化誌編纂委員会, 2013
◎『福岡県の幕末維新』アクロス福岡文化誌9, アクロス福岡文化誌編纂委員会, 2015
◎石瀧豊美『玄洋社・封印された実像』海鳥社, 2010

協力者一覧

（資料等のご所蔵者、資料・画像等をご提供いただいた方々、刊行にあたってご協力いただいた方々）

池田善朗	国土地理院
有限会社 いさお企画	椎原一久
石橋清助	重松一
五十川弥文	清水駿一
市丸まさヲ	下沢轍
梅本真央	竹園満夫
遠藤和博	株式会社 手塚プロダクション
大多和歌子	鳥飼和文
大西憲一郎	筥崎宮
甲斐順一	廣田喜久雄
香椎宮	社会福祉法人福岡市保育協会
亀田フミ子	米国公文書館
川上信也	報恩寺
河原田浩	松井俊規
北崎義成	山田修三
九州コミュニティ研究所	吉村睦子
櫛田神社	和田豊
久保田篤	
窪山学	（敬称略、五十音順）
黒田長高	

新修 福岡市史 ブックレット・シリーズ ❶

わたしたちの福岡市 —歴史とくらし—

令和3年3月31日　初版 第1刷発行
令和5年3月31日　第2版 第1刷発行

編集／福岡市史編集委員会
発行／福岡市
特別協力／福岡市文化芸術振興財団
印刷・製本・販売／株式会社 梓書院
装幀／毛利一枝
本文デザイン／gallery LUMO

©Fukuoka–shi,2021　ISBN978-4-87035-713-6